协文史丛书之四

长寿果业

CHANGSHOU GUOYE

《长寿果业》编辑委员会 编

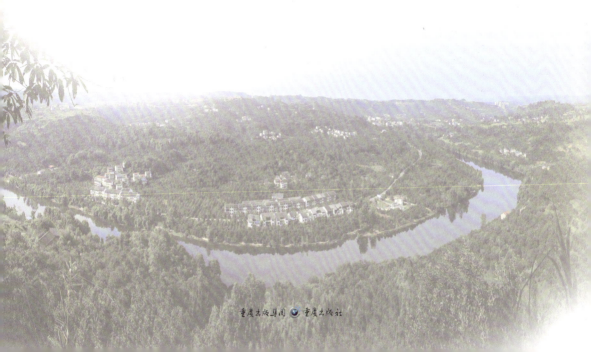

重庆出版集团 重庆出版社

图书在版编目(CIP)数据

长寿果业 /《长寿果业》编辑委员会编 . —重庆:重庆出版社,2016.12

　ISBN 978-7-229-11843-3

　Ⅰ.①长… Ⅱ.①长… Ⅲ.①果树业—概况—长寿区 Ⅳ.①F326.277.19.3

中国版本图书馆CIP数据核字(2016)第289987号

长寿果业
CHANGSHOU GUOYE
《长寿果业》编辑委员会　编

责任编辑:秦　琥　林　郁　吴　昊
责任校对:夏　宇
装帧设计:重庆长文传媒有限公司·樊　强　周　宇

重庆出版集团
重庆出版社 出版

重庆市南岸区南滨路162号1幢　邮政编码:400061　http://www.cqph.com

重庆出版社艺术设计有限公司制版

重庆奥博印务有限公司印刷

重庆出版集团图书发行有限公司发行

E-MAIL:fxchu@cqph.com　邮购电话:023-61520646

全国新华书店经销

开本:787mm×1092mm　1/16　印张:20.5　字数:303千　插页:6
2016年12月第1版　2016年12月第1次印刷
ISBN 978-7-229-11843-3

定价:60.00元

如有印装质量问题,请向本集团图书发行有限公司调换:023-61520678

▲龙溪河、东林寺、柚树林……长寿邻封镇，这里出产最好的长寿沙田柚

▲浩瀚的湖面，肥沃的岛屿，这里是夏橙的"天堂"

▲果树成行,绿满林岗,长寿龙河晚熟柑橘基地一片欣欣向荣

▲洪湖梨花满山岗

祖父雷堯階　祖母張其賢

▲长寿沙田柚品牌的奠基人雷尧阶全家福

▲最早关注长寿沙田柚的果树专家张育明教授

堯峯柑橘栽培
園之雷堯階偏

贈園果峯堯壽長

▲雷尧阶所著的栽培书

▲ 长寿沙田柚的第一个权威鉴定专家章恢志教授

▲ 为纪念长寿沙田柚获奖所建的纪念碑

▲ 长寿最"老"的沙田柚树和它的"身份证"

▲长寿沙田柚荣获全国奖杯

▲沙田柚吸引中外游客

▲20世纪70年代,时任中共重庆市委书记廖伯康(前右二)视察长寿夏橙基地

▲长寿湖夏橙花果同季

▲夏橙迎来丰收

▲夏橙即将走出长寿湖

▲ 十果同枝，晚熟柑橘创造了纪录

建设高标准基本农田
实现高效益农业发展

▲ 现代农业园区中的晚熟柑橘基地

▲20世纪80年代村民在自家院里采摘葡萄

▲20世纪70年代一村民正在给自家果树剪枝

▲居民家门口丰收的广柑

▲洪湖畔脐橙黄

▲挂满枝头的洪湖梨子

▲黄葛李花正鲜艳

▲立体养殖,血橙树下养鸡

▲长寿义河，丰收的西瓜即将走向市场

▲长寿江南街道，枇杷熟了

▲ 渡舟草莓园

▲ 杨贵妃与龙溪河荔枝

《长寿果业》编辑委员会

顾　问：赵世庆　巴川江

主　任：张　华

副主任：陈会明　涂奇微　王永全　邓有国　叶金龙
　　　　江　涛　陈志洪　杨　明　蒋锡宽

委　员：向　表　张炳炎　龚成才　邹楚蕾　郑美中
　　　　李健康　张国清　许孟雯　孔庆春　张秀兰
　　　　石　静　谢　强　罗雪松　张长轩　韩　峰

《长寿果业》编辑室

主　编：邓有国

执行主编：李永明

副主编：陈志洪　杨　明　张炳炎

编　辑：张秀兰

编　校：许孟雯　孔庆春　张秀兰　石　静　谢　强
　　　　罗雪松　张长轩　韩　峰　张　伟　李华锋
　　　　蒲　涛

图片提供：张明生　樊　强　卓长斌　陈永冬冬
　　　　　袁志龙　秦启胜　周　宇　游　遥　杨柳

封面设计：樊　强　周　宇

序

政协重庆市长寿区委员会主席　张　华

　　水果,因其丰富的营养价值,而成为人民生活的必需品。果业,因其恒久的社会需求,其历史与人类文明相始终。我国果树种植已有4000年以上历史,是世界果树起源中心之一,早在《诗经》中就有栽培果树和野生果树的记载,在《齐民要术》中对果树品种、选种、繁殖、栽植、贮藏加工及病虫防治等方面都有详细记载。放眼中国果业的发展历史和现实版图,长寿所处的巴渝地区,既是中国古代果业最早的核心起源区,又是中国当代果业重要的特色产业带。从历史和现实两个维度审视,我们会惊喜地发现,长寿,还有一个足以引为自豪的特色形象:果乡长寿!

　　长寿,曾经是中国果业的起源地。从战国到北周的800年时间里,长寿这块热土始终有着一个特殊的名字:枳。枳,既是繁衍柑橘的远系祖先,又是嫁接柑橘的最佳砧木。既然,长寿以枳命名,必然,长寿以枳闻名。有史以来,长江沿线的巴蜀鄂西柑橘带,声名远播,史不绝书,而长寿正好处于这个柑橘带的腹心,且以枳扬名,说明早期柑橘的起源,长寿的确功不可没。

　　长寿,曾经以盛产荔枝闻名远近。唐宋时期,乐山以东,夔门以西的长江沿线,曾经是一条声名远播的荔枝产业带。其中,长寿出产的荔枝,更是蜚声天下,传为美谈,古代文献多有记载。尤其值得一提者,晚唐诗人杜牧"一骑红尘妃子笑,无人知是荔枝来"揭示的杨贵妃喜食荔枝,就是长寿所产。

　　长寿,是柑橘类水果的重要产区。晚清民国时期,以红橘和广柑为代表的传统柑橘,曾经大放异彩。始有复元乡之喻氏果园,"专种红橘,无副属品",栽培红橘5000株,成为长寿标志性的红橘果园。继有三洞沟之李家果园,种植红橘4000余株,"以橘为主,他则副之",成为当时长寿最大的综合性果园。解放后,长寿先后引进锦橙、脐橙系列,改进优化传统柑橘的品种结构,实现了传统柑橘的更新换代。

长寿，是沙田柚品牌的地理标志。沙田柚，是全国最大的柚类果树品种。长寿沙田柚，清末引种于广西容县沙田村，经过本土化培育，实现了"源于沙田，优于沙田"的品质提升，曾经两度获评全国柚类金奖，成功注册国家商标局颁发的地域性商标。民国年间，私家柚园蓬勃发展，而今，现代柚园规模宏大，栽培面积近10万亩，年产量近6万吨，形成了质优量丰的长寿沙田柚产业。

长寿，是中国最大的晚熟柑橘基地。自20世纪70年代起，长寿先后引种夏橙、塔罗科血橙、W.默科特杂柑、鲍威尔脐橙、班菲尔脐橙等品种，晚熟柑橘种植面积达25万亩，年产鲜果20万吨，成为国内最大的晚熟柑橘集中种植区和全国最大的标准化晚熟柑橘基地。

尽管，长寿果业历史厚重，产业发达，可是，迄今为止，却没有一部完整反映长寿果业历史与现状的读物，这不能不说是一个缺失和遗憾。因此，近年来，社会各界对系统挖掘整理长寿果业文化资料的呼声越来越高。政协重庆市长寿区委员会决定编纂出版一部反映长寿果业的文史资料，以充分发挥政协的文史工作职能，顺应时代发展需要和人民意愿，为加快建成"三地一中心"做出应有贡献。

正是带着这样的激情，肩负着历史的责任以及促进经济发展、民生改善的需要，全体编辑人员经过近一年的艰辛努力，在各方面的支持下，长寿政协文史丛书之四《长寿果业》终于问世了。该书对长寿果业从远古到当代的发展历史进行了深度挖掘和清晰梳理，对长寿果业的产业构成和产品特色进行了较为全面的介绍，堪称长寿果业文化的集大成之作。全书构思周详，史料翔实，详略得宜，图文并茂，既有历史的回顾，又有现状的描述，是了解长寿果业历史与现实的重要参考读物。

《长寿果业》也是十四届区政协在组织编写出版《天赐长寿》、《长寿工业》、《长寿民间文化》之后的又一部扛鼎之作，是发挥参政议政职能和人才荟萃优势，参与和支持地方经济发展的又一有益尝试。我相信，本书的出版发行，不但能够帮助人们认识、关心、支持长寿果业，还将对发展果树生产、改善人民生活，发展农村经济、改善生态环境发挥积极作用。

2016年11月

目　录

················ **第四章　椭圆露脐　清甜幽香** ················

················ **第五章　紫衣泽润　汁液如血** ················

················ **第六章　绿叶素荣　红橘广柑** ················

·········· 第十章 果业功臣 青史流芳 ··········

第一章

果业灵壤　名响古今

如果穿过时光的隧道,向历史的纵深处回望,就会发现,长寿果业今天的峥嵘气象,蕴藏着悠久的历史渊源和深厚的文化传统。长寿果业何时开始起步,古代有何建树,晚清民国时期有何跨越,新中国成立后为何徘徊前行,改革开放后如何崛起,撤县设区后何以创造辉煌,要回答这些问题,有必要对长寿果业的发展历史作出纵向梳理。本章对长寿果业从古到今的发展脉络进行轮廓式描述,希望有助于人们从历史角度,去把握长寿果业的来龙去脉。

古代长寿的果业

中国果业起源地

　　纵观中国果业的发展版图,长寿所在的巴渝地区,不仅是当今中国果业的繁富之区,而且曾经也是中国果业的重要起源地。

　　中国果业起源于西南。现代研究表明,当今中国的主要水果品种,尤其柑橘类水果,追根溯源,都源于中国的西南山区,后沿着奔腾的长江水系,向东、向南扩散,走向全国各地。长寿,雄踞长江之滨,是早期果业从西南山区扩散到长江中下游地区的必经之地,长寿果业起步之早,完全在情理之中。

　　中国果业,曾经兴盛于重庆。重庆所在的三峡地区,是东方人类最早的集中聚居区,是中华文明第一缕曙光升起地之一。果树的栽培,是远古巴渝文明的重要特征。从巴蜀到鄂西,曾经是中国最早的柑橘生产带。战国时期楚国诗人屈原的《橘颂》，赞美的就是巴蜀鄂西的柑橘。西汉司马迁《史记·货殖列传》记载"蜀汉江陵千树橘……此其人皆与千户侯等"，足见以三峡为核心的巴蜀鄂西柑橘产业之发达。西汉开始，中央王朝在江州（治今重庆江北嘴）、朐忍（治今重庆云阳旧县）、鱼复（治今重庆奉节县东北）设置橘官，专营柑橘栽培。长寿，位于中国最早的柑橘带上，柑橘栽培之兴盛，毋庸置疑。

从现有文献记载看，春秋战国到秦汉时期，以三峡为核心的巴蜀鄂西长江沿线果业非常发达，其最有影响的品种应该是柑橘。而今国家鼓励发展的长江柑橘带，其区域范围几乎与历史上的长江柑橘带完全重合。

长寿以枳闻名

春秋到秦汉之际，当巴蜀鄂西长江沿线柑橘产业发达之时，长寿的柑橘产业，又是怎样一番景象呢？由于没有任何史书记载，长期以来，人们对这段辉煌的历史只好付诸阙如，难闻其详。

可是，人们忽略了长寿曾经拥有的一个名字——枳。

保存至今的长寿最古老县志明朝成化年间的《重庆府志·长寿县志》有这样一段记载：

> 长寿，在（重庆）府东三百三十里。禹贡梁州之域，天文井鬼分野。周雍州之地，春秋巴地，战国楚黔中地。古未有县，秦置枳县，其地属焉。

据专家考证，战国中后期，楚国把今天涪陵及其周边地区叫枳，长寿就属于楚国黔中郡的枳地。公元前316年秦国吞并巴蜀后，在重庆设置巴郡，到秦昭襄王三十年（前277年），秦国将从楚国夺得的枳地，更名为枳县。枳县的管辖范围，大致相当于今天的涪陵、长寿、武隆、丰都、南川。到汉代，巴郡更名为江州，枳县为江州辖县，长寿仍然属于枳县范围。三国蜀汉时期（220—263年），刘备在今长寿城区河街设置常安县，大约二三十年就废止了，长寿仍然属于枳县。南北朝时期北周武帝宇文邕保定元年（561年），废枳县，其地并入巴县。唐初高祖李渊武德二年（619年），析巴县地始置乐温县。可见，从战国时期属于楚国黔中郡枳地开始，经秦末属于巴郡枳县，到北周废止枳县，长寿叫枳的时间大约有800年。

枳，之所以广为人知，与"南橘北枳"的故事有很大关系。其中的"橘生淮南则为橘，生于淮北则为枳"，成为流传古今的名言。明朝末年的《喻世明言》，将这句名言浓缩成了"南橘北枳"四个字。虽然，按照现代的植物分类，橘和枳，是两种不同的植物，但是，由于"南橘北枳"的历史故事，使人们认为枳就是橘子的变异品种。简而言之，枳与橘，具有一种历史联系。

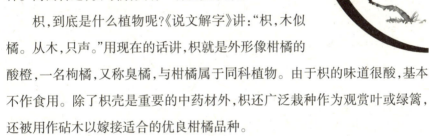

枳，到底是什么植物呢？《说文解字》讲："枳，木似橘。从木，只声。"用现在的话讲，枳就是外形像柑橘的酸橙，一名枸橘，又称臭橘，与柑橘属于同科植物。由于枳的味道很酸，基本不作食用。除了枳壳是重要的中药材外，枳还广泛栽种作为观赏叶或绿篱，还被用作砧木以嫁接适合的优良柑橘品种。

在古代柑橘发展过程中，枳发挥了非常重要的作用。早在春秋时期，我们的祖先就利用枳作砧木，橘作接穗，嫁接繁殖橘苗了。有一个重要的现象，枳地周边的巴蜀鄂西长江沿线地区，历来是重要的柑橘种植带。如前所述，战国秦汉时期，这一带就有屈原的名作《橘颂》，就出现了司马迁"蜀汉江陵千树橘"的记述。到了唐代，巴蜀鄂西进入柑橘种植的又一个兴盛期，柑橘多以"贡品"出现。到了宋代，巴蜀鄂西柑橘延续唐代的辉煌，且柑橘在水果中地位继续攀升，开始与荔枝齐名。

枳是柑橘育苗嫁接的基础。自古以来，长江中上游一带之所以柑橘发达，应该说与枳的盛产不无关系。可是，枳并非仅仅是柑橘的"辅翼"。现代科学研究对于枳与柑橘关系的揭示，为我们重新认识"枳"为何物，提供了重要的植物学依据。近年来，植物学家从云南省富民县老青山海拔2000多米的半山沟中，发现了一种形态不同于普通枳的常绿类型枳，这是目前已知最为原始的枳属植物品种，是人为遗弃的半野生天然枳杂种。经过专家的大量

实验性研究,富民枳被认为是联系枳属与柑橘属的"桥梁",也就是说,柑橘类水果,是从枳属植物演化而来的。从基于叶绿体基因组的聚类图看,富民枳叶绿体DNA与普通枳差异大,却更接近枸橼(香水柠檬)、柚和甜橙。据此推测,富民枳可能与枸橼、柚等柑橘类水果有更相似的母系血缘或起源关系。

因此长寿曾经以枳闻名,绝非偶然。长寿以枳命名长达800年之久,说明枳的栽培历史悠久,产量很大,且质量很好,堪为枳的代表。既然枳是柑橘的同族或祖先,长寿显然是中国柑橘的发祥地之一。而今,以沙田柚、夏橙、脐橙、血脐、晚熟柑橘为代表的柑橘产业,占了长寿水果产业80%以上的份额,与长寿特有的适宜柑橘类水果栽培的自然环境,显然有着不可分割的联系。因而,长寿古以"枳"作为地名,正说明了长寿古代柑橘产业的发达。

乐温荔枝的兴衰

如果说,枳是长寿历史上果业发达的第一个标志,那么,荔枝,则是长寿历史上果业发达的第二个标志。

晚唐诗人杜牧的《过华清宫》,用"一骑红尘妃子笑,无人知是荔枝来"的名句,委婉地批评了唐玄宗为博得杨贵妃欢心而利用快马运送鲜活荔枝之举。

杨贵妃与荔枝的典故,见于《新唐书·玄宗贵妃杨氏传》:"妃嗜荔枝,必欲生致之,乃置驿传送,走数千里,味未变已至京师。"

杨贵妃与荔枝

杨贵妃喜欢吃的荔枝从哪里来,这个问题学术界一直有争议。在一般人印象里,杨贵妃吃的荔枝应该来自岭南。苏轼也甚爱荔枝,曾在《惠州一绝》中写道"日啖荔枝三百颗,不辞长作岭南人"。这也可以看作岭南出产荔枝的佐证。

但根据现代考证，杨贵妃喜欢吃的荔枝，来自唐代的涪州乐温县，即今天的长寿。

长寿的乐温时代，大约相当于唐宋元时期（约618—1368年），有700多年时间，曾经是国内著名的荔枝产地。安史之乱以后，唐朝国势衰落，出现藩镇割据，削弱了中央的统治力量。唐宪宗（779—820年）即位后，决心"以法度裁制藩镇"，提高宰相权威，平定藩镇叛乱，致使"中外咸理，纪律再张"，史称"元和中兴"。于是，命宰相李吉甫编纂《元和郡县图志》，将所属各府州县的户口、沿革、山川、古迹以至贡赋等依次作了记述。

《元和郡县图志》卷三〇记载涪州乐温县"东南至州一百一十里，……因乐温山为名，在县南三十里。此县出荔枝"。北宋初年的《太平寰宇记》卷一二〇则记载，涪州乐温县"县地颇产荔枝，其味尤胜诸岭"。

这两个记载，相距约200年，而且宋代的记载较唐朝更详细，强调乐温荔枝，产量颇丰，品质之佳，超过岭南。

唐宋时期，涪州下辖涪陵、乐温、武龙（今武隆）三县。而当时两部最为权威的地理总志，均没有涪陵、武隆盛产荔枝的记载，而对乐温盛产荔枝记载却十分明确，且评价甚高，说明乐温荔枝，在当时已经具有品牌效应。据明朝成化年间《重庆府志·长寿县志》记载，乐温县的得名，是因为"其地温燠，六月初，民乐稻早熟"。荔枝为喜热植物，乐温荔枝品质之佳美，当与气候温燠有关。

杨贵妃所食荔枝，来源于涪州，在宋代几乎是定论。苏东坡有《荔枝叹》云："永元荔枝来交州，天宝岁贡取之涪。"蔡襄《荔枝谱》直言"唐天宝，妃子尤爱嗜涪州，岁命驿致"。

享誉海外的历史学家严耕望先生（1916—1996年），经过严密考证，证明杨贵妃喜食的荔枝，明确无误来源于乐温，即今天的长寿。而且，还考证出从龙溪河经垫江、梁平至四川开江、宣汉，北上越过大巴山山脉到达陕西汉中的西乡县，入子午谷，过子午关，从长安正南进抵京师的荔枝输送道路，即"天宝荔枝道"。

既然杨贵妃喜食的荔枝来源于乐温，那就必然涉及到妃子园也在乐温的问题。尽管，妃子园的地址，有合江、涪陵之说，但妃子园在长寿，理由显然更加充分。

南宋孝宗淳熙四年（1177年）七月十四日，著名诗人范成大从四川制置使（四川最高军政长官）离任，沿江返杭州途中，船泊乐温江边码头，写下了《大热泊乐温有怀商卿德称》，诗中描写当时的长寿景物，有"城郭廪君国，山林妃子园"的句子，可以作为妃子园在长寿的佐证。

南宋王象之《舆地纪胜》卷一百七十四记载：

> 妃子园，在州之西，去城五五里。百余株，颗肥肉肥，唐杨妃所喜。一骑红尘妃子笑，无人知道荔枝来，谓此。当时以马递，驰载七日七夜至京，人马毙于路者甚众，百姓苦之。蜀中荔枝，泸叙之品为上，涪州次之，合州又次之。涪州徒以妃子得名，其实不如泸叙。

王象之称"妃子园"在涪州西55里，与范成大写乐温诗中的"山林妃子园"可以互为佐证，说明为唐朝杨贵妃输送荔枝的妃子园，确实在今天的长寿境内。

而今，尽管在龙溪河入江口处发现了茂密的荔枝林，但是，长寿已经不复盛产荔枝，于是，人们提出疑问：如此盛名的乐温荔枝，为什么会不复存在？

一直以来，中国荔枝有三大产区：岭南、东南、巴蜀。巴蜀荔枝，最早植于秦代。晋代左思《蜀都赋》描绘四川的自然景色，曾称赞"旁挺龙目，侧生荔枝。布绿叶之萋萋，结朱实之离离。"《华阳国志》又载江阳郡（泸州）出产荔枝。唐宋时期，是巴蜀荔枝种植的鼎盛时期，在今重庆之合川、长寿、涪陵、忠县、万州和四川的宜宾、泸州、乐山等地，都有大量种植，形成了一个长江上游荔枝带。

唐朝元和十五年（820年）夏，白居易谪守忠州，作《荔枝图序》，其文曰：

> 荔枝生巴峡间，树形团团如帷盖。叶如桂，冬青；华如橘，春荣；

实如丹,夏熟。朵如葡萄,核如枇杷,壳如红缯,膜如紫绡,瓤肉莹白如冰雪,浆液甘酸如醴酪。大略如彼,其实过之。若离本枝,一日而色变,二日而香变,三日而味变,四五日外,色香味尽去矣。

这段美文,实为唐代巴蜀地区盛产荔枝的明证。可是,到了明清时期,虽有泸州、合江等地爝火不息,但从总体态势上看,巴蜀地区的荔枝已经江河日下,一蹶不振,长寿荔枝,则完全丧失了影响力。

探寻长寿荔枝消失的原因,大概有三个方面:

气候变冷。荔枝属于亚热带水果,生长期喜高温高湿气候,一般在海拔500米以下近水的土壤呈酸性的丘陵地带才能生长。竺可桢先生(1890—1974年)对中国5000年来的气候作了严密考证,结论认为:商周至汉唐时,中国气温普遍高于现在,从宋开始,特别是12世纪南宋时期开始进入寒冷时代,中国气温普遍低于现在,只是在20世纪初才出现转温暖的趋势,这种情况也表现在西南

地区。从南宋开始的寒冷时代,气候变得干燥寒冷,无疑对生性畏寒的荔枝而言是致命打击。

生态恶化。近百年来,金沙江、岷江、长江河谷地带森林砍伐殆尽,加剧气候干燥寒冷,无疑对荔枝影响很大。只有少数地处山坳,林木簇拥,避风保暖条件极好的地方,荔枝树才得以残存。

战火破坏。宋末元初、明末清初,巴蜀地区持续战乱,很多地方的荔枝树遭到破坏,损失殆尽。

八类水果齐发展

柑橘、荔枝，是古代长寿果业史上的两大标志性产品，让长寿果业在中国果业史上写下了独具亮丽色彩的篇章。然而，长寿果业决不只有柑橘和荔枝。

明朝成化年间《重庆府志·长寿县志》，收录有明初四川布政使涿郡人李敩《乐昌十景诗》之《桃源洞天》，全诗如下：

> 洞口桃千树，东风几度花。隔溪羊起石，经宿枣如瓜。
>
> 犬吠云深处，鹤鸣月欲斜。有人曾到此，日日饭胡麻。

桃源洞天，写的就是现在的三洞沟大峡谷。从"洞口桃千树"和"经宿枣如瓜"两句诗看，至少明朝初年长寿已经栽种桃子和枣子两种水果。而明朝成化年间《重庆府志·长寿县志》，还清晰记载了"桃花溪"、"桃花洞"的存在，说明长寿栽种桃子的时间，确实由来已久。事实上，从桃子起源于西南山区，沿着长江河道向外扩散的情形看，长寿栽培桃子的历史，应该与柑橘同步。枣子，以北方所产为著名，但三峡地区产枣历史也相当悠久。唐代安史之乱后，杜甫流落夔州，其《又呈吴郎》一诗中有"堂前扑枣任西邻，无食无儿一妇人"的句子，由此可证，至少唐朝，长寿有枣子的栽培，应该不足为奇。

长寿本土文献关于果树的正式记载，始于康熙五十三年（1714年）《长寿县志》。该书卷六记述长寿果树有"桃、李、梅、黄柑、栗、梨、枇杷、橘"八个大类。事实上，古代长寿的果树，应远远不止这八个大类。光绪元年（1875年）《长寿县志》记载长寿"果如桃、李、杏、枣、梨、栗、葡萄、枇杷之类，俱适口"。这个记载，在康熙五十三年（1714年）《长寿县志》记载的八个大类基础上，增加了杏、枣、葡萄、枇杷。其实，中国的果树往往呈带状分布，古代巴蜀鄂西一带拥有的水果，长寿应该都有，只是重点和特色各有侧重罢了。

晚清民国的跨越

清末至民国(1840—1949年),短短百余年时间,是长寿果业承前启后、开创基业的重要时代。在长寿果业中占有重要地位的沙田柚、红橘、广柑等传统优势产品,就是在这个时期奠定的基础,推动长寿果业实现了一次历史的跨越。

纵观这个时期长寿果业的发展轨迹,呈现出如下四个显著的特点:

果树品种的扩容。长寿的果品种类,明朝成化年间《重庆府志·长寿县志》提到了桃和枣;康熙五十三年(1714年)《长寿县志》记载有"桃、李、梅、黄柑、栗、梨、枇杷、橘"八类;光绪元年(1875年)《长寿县志》增加了杏、枣、葡萄、枇杷四类。而到民国十七年(1928年)《长寿县志》则较之前增加了花红、柿子、石榴、柚、橙、佛手柑、香橼、樱桃、无花果、橄榄、拐枣、红姑娘(锦荔枝)、甘蔗、芭蕉等,总品种达25个之多。民国三十三年(1944年)《长寿县志》,记载的水果类别与民国十七年(1928年)《长寿县志》大致相同。由此说明,光绪元年(1875年)至民国十七年(1928年)的50余年间,长寿的水果种类有过一次集中的扩容过程,其中,有的是原有产品栽培规模的扩大,有的则是外地新品种的引进。

优质果品的引种。在清末至民国这段时期引入长寿的多种水果中,对长寿果业产生重大影响者,首推沙田柚。沙田柚的成功引种,不仅是晚清民国时期长寿果业史上最重大的事件,而且是整个长寿果业史上最有影响的事件。光绪十三年(1887年),长寿合兴人孔合清,任广东高要县巡检,同僚赠送其广西沙田柚,品之味佳,特留种子200余粒,邮回家乡种植,是为长寿沙田柚引种之始。1912年,雷尧阶从孔家花园引种沙田柚,因品质低劣而告失败。1913年,雷尧阶从城内林庄其外婆戴孔氏家引得正宗沙田柚苗三株,植于邻封平庄老宅旁,成活二株,逐渐育成正宗的古老钱沙田柚。1938年秋冬之际,四川省园艺试验场技佐张育明,前来长寿调研柚业,这是国内果树专家首次考察长寿沙田柚。1939年,四川省建设厅柑橘专家杨定伦,赶往长寿考察沙田柚,撰成《四川柑橘调查》一文,首次披露了孔合清从广西邮寄沙田柚种子回长寿育苗的史实。1941年冬天,四川省园艺试验场场长、著名果树专家章恢志教授带领技佐陈湘芸女士前往长寿,对沙田柚种植进行全面调研,写成了《长寿沙田柚的由来与发展历史——四川长寿沙田柚品系之调查及检定》一文,成为长寿沙田柚发展史上的经典文献。尤其重要的是,该文已经对长寿沙田柚做出了"原自广西传入,品质优绝,不亚于沙田原种"的结论,从而奠定了长寿沙田柚"源于沙田、优于沙田"的果业地位。1944年,四川60余县,兼湖南长沙、湖北黄冈、云南昆明等地,纷纷前来长寿购买沙田柚苗。1945年,长寿沙田柚年产果约100万个。1947年3月,长寿县柑橘产销合作社在河街成立,对长寿沙田柚实行产供销一条龙服务。10月,长寿沙田柚销往汉口、宜昌、万县、重庆、成都等5个城市。1949年,全县栽培沙田柚达到2万株。

清末至民国这段时间,引种到长寿的另一种重要水果是广柑。据有关资料记载,1927年,长寿渡舟人李其章的三洞沟李氏果园,已经有从广东引入的广柑200株,其中40余株进入试花期。而据1951年《长寿县园艺生产情况》记述,"甜橙栽培历史只有三十多年,种苗来自江津"。据此,广柑引种时间应该在1915年前后,引种地应该是江津。李其章应该是长寿规模化引种广柑的第一人。

私家果园的兴起。相对于房前屋后的零星栽培,果园化栽培的管理水准和果品质量,显然大不相同。清末至民国这段时期,长寿果业发展的一个巨大进步,就是私家果园的兴起,且都是以优良果品为基础。目前已知长寿最早的私家果园,是位于原复元乡的喻长泰喻氏果园,创办于清朝光绪二十一年(1895年),"专种红橘,无副属品",栽培红橘5000株,产红橘120万~130万个,成为长寿红橘的标志性果园。目前已知长寿最早的综合性私家果园,是位于三洞沟的李其章(述文)李氏果园,创办于清朝"光绪季年",在1900—1908年之间。该果园"以橘为主,他则副之",除种植红橘4000余株外,还种植了一定数量的沙田柚、广柑、梨子、桂圆、核桃、板栗、花红、桃子、李子等品种。但这个时期的私家果园,最多的是沙田柚园。长寿沙田柚由孔合清最先引种,但最早的栽培者却是孔合清之子孔庆翼。从最初的沙田柚种子育苗,到淘汰变异品种,保留扩大优质柚苗,长寿沙田柚的早期试种、选优、繁育,都是在孔庆翼家完成的。真正对沙田柚实行建园栽培的,首推李其章,其三洞沟李氏果园栽种"橙子约一百株,系沙田柚种,其味醇似蜜而清香,较垫江、涪陵之橙高尚多矣"。于是,自民国初年起,沙田柚引起了绅士阶级的关注,群相竞栽,皆以早成名园为目标,呈现出私家柚园蓬勃发展的势态。据民国三十年(1941年)调查,长寿私家柚园共有18家,包括雷尧阶的邻封平庄尧峰老园、尧峰第一新园、尧峰第二新园,王绍舫的王家果园,周升平的升平果园,雷清和的雷家柚园,舒雪林的龙山果园,傅玉如的傅家果园,孔庆翼的孔家果园,王广义的硕果园,汪晴笙的汪家果园,余绍书的余家果园,杨玉书的杨氏果园,查惠晋的查氏果园,周何桥的周家柚园,余永清的余家柚园,石堰戴家的红日果园,扇沱周家的周家果园等。而在这些私家柚园中,对长寿沙田柚贡献最巨、影响最大的首推雷尧阶的尧峰果园。

栽培技术的推广。私家果园之所以获得成功,一个重要原因是重视栽培技术的推广运用。喻氏果园的栽培技术,有两个突出特点:一为储肥施肥的讲究,不仅储蓄有方,而且施用得当;二为治虫剪枝的精细,保证果木的正常发育。李氏果园的栽培技术,重点体现在"种橙之法,最为精详",对沙田柚的育苗嫁接殡、靠并用,以靠为主,且"培壅亦得法,其施肥之诀与壅橘迥异"。不过,这个阶段长寿果业在栽培技术上的最大成果,是雷尧阶编著的《尧峰柑橘栽培》,于1932年10月第一次出版发行,1937年11月再版发行,这是长寿沙田柚栽培史上的第一部专著,对长寿沙田柚栽培技术进行了系统总结。全书分为"果园的设计"、"气候及土质"、"柚苗繁殖法"、"栽培时期及距离"、"栽植时应注意之点"、"柚苗之输送及包装"、"柚树整枝法"、"肥料施法"等八章。书中讲述的沙田柚栽培方法,除了吸纳广西沙田柚的栽培技术外,更多的则是结合了雷尧阶本人经营尧峰果园的实践经验,颇有"不传之妙",对长寿沙田柚的栽培具有很强的指导性。

徘徊前行三十年

从1949年12月长寿解放,到1978年12月中共十一届三中全会召开之前,这30年时间,是长寿果业发展的一个特殊时期。一方面,长寿果业的发展受全国政治气候和经济形势的影响,时快时慢,时进时退,处于一种徘徊起伏的状态。另一方面,锦橙、脐橙、血橙、夏橙等优良品种,先后于这个时期引种到长寿,并获得成功,为后来长寿果业的大发展奠定了坚实基础。

柑橘生产徘徊起伏

这个时期,长寿的果树生产,始终以柑橘为主,几乎占到种植面积和果品产量的80%以上。因而,柑橘的生产,最能反映这个时期长寿果业的发展面貌。20世纪50年代上半期,随着新中国成立初期国民经济三年恢复工作的完成,长寿柑橘生产得到恢复和发展。到1953年,全县柑橘产量超过2000吨,比1949年的1500吨,增长约34%。1958年5月开始,全国范围内连续三年开展"大跃进"和人民公社化运动,"左"倾冒进导致国民经济比例的重大失调,造成严重的经济困难。受此影响,长寿柑橘产量大幅下降。到1961年,全县柑橘产量只有230吨,比1953年锐减1800多吨。面对"大跃进"和人民公社化运动的严重影响,1961年至1965年,国家实行"调整、巩固、充实、提高"的经济方针,对国民经济进行全面调整。受国家宏观经济形势好转的影响,长寿柑橘产量迅速回升。1965年,全县柑橘产量反弹到2400余吨,比1961年增长10倍,创造历史以来最高水平。正当宏观经济形势好转之时,一场声势浩大的政治运动,将长寿柑橘的良好发展势头拦腰截断。"文化大革命"期间,国民经济受到空前破坏,整个生产形势严重倒退。这十年,长寿柑橘产量再一次急剧下降。1976年"文化大革命"结束时,全县柑橘产量猛降到400吨,比1965年锐减2000余吨,成为长寿果业史上的最大跌幅。1976年10月粉碎"四人帮","文化大革命"结束,国民经济呈现恢复势头。之后,到党的十一届三中全会召开的两年时间,由于国内各种因素的影响,导致"党的工作在徘徊中前进",国民经济虽有所恢复,但形势依然不稳定。1977年,长寿柑橘生产得到恢复,柑橘产量猛增至1400余吨,比1976年净增了1000余吨,增长250%。1978年,长寿柑橘生产出现回落,产量又降到不足900吨,较1977年猛降了500多吨,下降近60%。

沙田柚产量直线下滑

新中国成立不久,长寿县对沙田柚采取了一系列保护措施,实现了沙田柚在土地改革中的平稳过渡,生产得到有效恢复。1955年,沙田柚产量达到563.4吨,较1949年净增150吨,增长达36%。后来经"大跃进"和人民公社化运动的"折腾",到1961年,全县沙田柚产量猛降到仅20吨,创造了新中国成立以来的最低水平。随着国民经济的全面调整,到1965年,全县沙田柚产量达到1100余吨,创历史最高水平,5年间的年均递增速度达到47.45%。"文化大革命"期间,长寿沙田柚生产再次跌入低谷,从1966年开始下滑,到1970年,全县沙田柚产量仅有60吨,较1965年净减1100吨,5年间年均减速45%。此后,生产形势曾经一度有所恢复,但很快继续下滑,到1976年"文化大革命"结束时,长寿沙田柚产量惊人地下降到15吨,比三年困难时期中1961年的20吨还低,整个沙田柚产业已经濒临绝境。党的十一届三中全会召开之前的两年,生产有所恢复,1977年达到600吨,1978年达到675吨。

红橘产业时高时低

新中国成立前,长寿的红橘产业,已经奠定了良好基础。1950年,长寿红橘产量约1450万个,是远近闻名的红橘大县。土地改革后,从地主家分得红橘的农民,由于不懂栽培技术,致使红橘产量锐减,到1952年,长寿红橘产量下降到约820万个,较1950年减少630万个,减幅达44%。由于采取了补救措施,红橘产量开始恢复,1954年,红橘产量猛增至1600万个,较1952年增产780万个。此后的产量,时高时低,始终没有超过1954年的水平。特别是受三年困难时期的影响,1961年,红橘产量仅560万个。1962年起,随着国

民经济的全面调整,红橘产量开始上升,到 1965 年,长寿县收购红橘近 1170 吨,创造了 1954 年以来的最高水平。然而,在随之而来的十几年时间里,长寿红橘不增反降,而且下降幅度很大。到 1978 年,全县收购红橘仅 675 吨。

广柑生产波动较小

与沙田柚和红橘相比,广柑在长寿的发展,波动幅度相对较小。到新中国成立之初,广柑引种到长寿有 30 年,已经有了一定发展。1951 年,全县广柑产量 147 万个。由于受土地改革后农民种植水平降低的影响,长寿广柑大幅减产,1954 年不足 47 万个,1955 年仅 20 余万个。为缓解下滑趋势,1956 年起,长寿提出把广柑作为全县果业发展的重点,当年产量升至约 51 万个。此后几年,长寿广柑进入发展高潮,种植面积快速扩大。1963 年,在经历三年困难时期之后,全县广柑仍有 15 万株;1965 年,新植广柑苗 5 万株;1971 年,全县广柑总数 25 万余株,呈现出良好的发展势头。

新品种的成功引进

1949 年至 1978 年近 30 年间,"四橙"的成功引进,是长寿果业值得大书特书的几大亮点之一。

一是锦橙的引进。随着甜橙新品种的出现,新中国成立前引种的广柑品种,已经显得老化。20 世纪六七十年代,长寿先后从合川、江津和中国柑橘研究所引进了广柑的替代产品锦橙(鹅蛋柑)及其系列品种。随后锦橙在甜橙中的种植面积迅速扩大,仅 1978 年,嫁接的锦橙苗就达 12 万株,为锦橙产量最终超过广柑、优化长寿甜橙结构奠定了基础。

二是脐橙的引进。1958 年,渡舟乡果园大队从江北农场引进脐橙,但没有获得成功。1969 年,菩提山园艺场从重庆沙坪坝松山农场引进罗伯逊脐橙 2100 株,定植于菩提山上,获得成功。随后,长寿脐橙不断引进新品种,种植规模迅速扩大,至今发展到 2 万多亩,成为重庆有名的脐橙产区。

三是血橙的引进。1958 年,长寿首次引进血橙,在渡舟果园大队嫁接试种。1971年,长寿再次从中国柑橘研究所引进路比血橙,次年,长寿湖渔场从中国柑橘研究所引进血橙2000余株,种植于团山堡和马鞍山。随后,在长寿湖、大洪湖流域,建起了血橙基地。

四是夏橙的引进。1972年,长寿湖渔场从中国柑橘研究所引进伏令夏橙6000余株,定植于同心、马鞍山和先锋等岛屿。1974年,这批引种的伏令夏橙开始试花投产。随后,夏橙种植规模扩大,产量逐年提高,成为长寿果业中的重要产品,长寿也跻身全国知名夏橙产区之列。

改革后的崛起

从1979年国家实行改革开放,到2001年长寿获准撤县设区,用23年时间,长寿果业改变了以往徘徊停滞的局面,进入突飞猛进的大发展时代。

改革开放的强大动力,推动了长寿果业的快速崛起。1979年以后,长寿果业全面提速,尤其是柑橘产量呈逐年上升之势。1985年,柑橘栽植达到172万株,占全县总果树的85%,产量达到6000余吨,占全县总产量的84%,创造了有史以来的最高水平。这之后至20世纪90年代末期,从柑橘大宗产品发展情况看,主要体现为沙田柚、夏橙、脐橙三大产品快速发展,红橘和广柑则一退一进。

长江柑橘带的建设

1986年11月,由国家农牧渔业部、四川省农牧厅、湖北省农业厅、中国科学院柑橘研究所、华中农业大学等单位专家组成的长江柑橘带考察组,到长寿实地考察柑橘生产情况。同年12月,联合国粮农组织投资中心柑橘考察团在国家农牧渔业部、国家计委等单位有关负责人陪同下,再次到长寿县对柑橘生态、经济和生产等情况进行综合考察。两次实地考察结果显示,长寿县独特的生态、实用技术、经济条件都基本符合建设优质柑橘商品基地的条件,是柑橘生产发展适宜区域。1987年,长寿县完成并报送《长江上中游地

育苗培苗

区水果开发利用世界银行贷款项目长寿项目区可行性研究报告》。

为备战长江柑橘带建设项目,1987年至1988年之间,长寿实施育苗培苗"丰收计划"项目,完成沙田柚、夏橙育苗100亩,嫁接夏橙苗子和沙田柚苗子各30万株,北碚447锦橙育苗5.5亩,建立夏橙母本园160亩,采集枝条25000枝。

1990年至1997年,长寿县实施长江柑橘带建设项目,建成以沙田柚、夏橙、脐橙三大名优水果为龙头的优质水果商品基地。改土建园1500亩,开展沙田柚人工授粉502亩,增产沙田柚31万个。

长江柑橘带建设项目,极大地促进了长寿果业的发展。2000年,全县柑橘种植面积56000亩,比1985年增长3倍以上,总产量36000余吨,比1985年增长4倍。

沙田柚的扩大与提升

栽植面积的快速扩大,是这个时期长寿沙田柚发展的突出特点。到1985年,全县共定植柚树13.6万株,结果树3.3万株。1986年后,长寿加快对沙田柚低产柚的改造,改土建园1000亩,改造低产柚1.8万株,育苗200万株,嫁接良种苗134万株。1987年至1989年,新建高标准、高质量沙田柚示范园1800亩,定植沙田柚大苗7500株,培育种苗42万株。1995年至2000年,是沙田柚发展速度较快的一个时期,栽植面积从1995年的2900余亩增加到2000年的8900余亩,栽植面积增长2倍。

狠抓新品种和新技术的推广应用,是这个时期长寿沙田柚发展的又一亮点。1989年,长寿开展农业科技集团承包"8000株沙田柚人工授粉",坐果率比上年提高1倍,增产沙田柚31万个。2001年,加强"名柚"开发和良种引进,增强竞争能力,引进HB柚枝条200枝。

规模的扩大,技术的提升,促进了沙田柚产量的增长。1986年,全县沙田柚产果535吨。1987年至1992年,每年沙田柚总产量在450~625吨左右。1990年至2000年,沙田柚产量从433吨增加到约4700吨,增长9.8倍。其中,1993年,沙田柚产果200万个,总产量1023吨,比1986年增产91%。1995年,沙田柚产果约1800吨,比1986年增产230%。

长寿沙田柚品牌的提升,成为这个时期长寿果业的亮丽风景。1985年11月,"第一届全国优质农产品鉴评会"在北京举行,长寿沙田柚凭借总分第一,被评为农业部"优质水果",并获得了全国沙田柚系统的金奖;1988年4月,"第一届国际植物新品种展览会"在瑞士日内瓦展览馆举行,长寿沙田柚被评为30余个参展品种中8个最令人感兴趣品种之一;1989年10月,"第二届全国优质农产品鉴评会"在山东烟台举行,再度蝉联沙田柚系统评比总分第一,再次获得金奖;1992年,荣获"全国柚类科研生产协作组"评比金杯奖;1997年,获重庆市"十大名柚"光荣称号;1999年11月,获广东省梅县召开的全国柚类评比两个金杯奖;2001年,被评为中国国际农业博览会金奖。

夏橙基地的崛起

夏橙基地的崛起,是这个时期长寿果业的重大成就。1982年2月,重庆市长寿县夏橙研究所建立,成为长寿夏橙发展的技术指导中心。1982年,全县种植面积960亩,共约14万株,年产果125吨。1984年7月,联合国粮农组织驻北京办事处官员到长寿湖考察,进一步推动了长寿县夏橙的发展。1984

年至1988年，长寿县同四川省果树研究所共同承担了国家计委和国家农业部下达的《长寿湖区夏橙丰产栽培技术研究》课题，1991年获得重庆市人民政府科技进步三等奖，不仅为长寿县大面积夏橙生产提供了成套的栽培技术，而且还为长江三峡水利工程竣工后，利用类似生态条件发展夏橙提供了科学的理论依据。到1986年，全县累计改土建园9600亩，定植5000亩，共植41万株，产果100余吨。1987年至1990年，全县夏橙改土建园20550亩，定植良苗140万株，培育夏橙种苗66万株。到1997年，全县夏橙累计发展到13000余亩。2000年，全县又新定植夏橙31万株。2001年，引进美国良种夏橙250株、枝条100枝，新发展面积10000亩。

随着种植规模的扩大，夏橙呈现出产量直线上升、品牌快速提升之势。1986年，全县产果100余吨，1990年，猛增至530吨，比1986年增长4倍。2000年，全县夏橙总产11000吨，比1990年增长20倍。1986年，长寿夏橙获"四川省优质水果"称号；1991年12月，获国家农业部授予的"绿色食品"认证；2001年，在中国国际博览会上获得金奖。

脐橙的迅速发展

脐橙的迅速发展，是这个时期长寿果业的一道风景。脐橙在菩提山园艺场的种植成功，很快带动了周围乡村的栽培。1981年11月，县政府明确要求"菩提山、牛心山地区的公社以脐橙为主"。1982年7月，长寿县计划1985年建立6个柑橘基地，其中"菩提山、牛心山及葛兰靠山一带相对低温地区，为脐橙基地0.5万亩"。1985年全县栽培达到5.3万株，其中结果树1.2万余株，产果近100吨。1987年，全县栽培达到6.5万株，产果155吨。20世纪90年代初，长寿引进华盛顿、丰脐、朋娜、白柳、清家等品种脐橙，主要种植在洪湖、渡舟、龙河、长寿湖、万顺等镇；20世纪90年代末，又引进耐湿、福本等脐橙品种，主要种植在凤城、渡舟等镇街栽培。2000年7月起，长寿承担了由华中农业大学主持的"三峡库区柑橘品种改良与高新技术成果转化研究"项目的试验示范任务，从华中农业大学引进纽荷尔脐橙、红肉脐橙、华红脐橙、耐湿脐橙、红夏橙以及HB柚等13个柑橘新品种的接穗和苗木新品种定植。到2001

年,全县脐橙累计种植面积6000亩左右,产量达2000吨。

红橘广柑一退一进

红橘减量,广柑扩容,是这个时期长寿果业的一个趋势。1985年,全县红橘近44万株,产量约30000万个,创造了长寿有史以来的最高水平。可是,正是这一年,长寿红橘开始盛极而衰。1987年,全县红橘规模虽然达到62万余株,比1985年净增近19万株,但产量却下降到不足2700万个,较1985年减少230万个。此后,长寿红橘的种植面积和果实产量,开始一路向下,最终回落到低于新中国成立前的水平。

相对于红橘的萎缩,广柑在这个时期却获得长足发展。锦橙新品种的不断引进,为广柑的发展增添了活力。进入20世纪80年代以后,锦橙系列品种的栽培数量,很快超过普通广柑。1981年,长寿锦橙(鹅蛋柑)种植面积3900亩,总数19万株,而普通广柑面积为近2500亩,总数12万余株。不久,广柑的种植规模超过红橘,一度成为长寿果业的霸主。1987年,广柑总数达到72.2万株,成为全县总株数最多的果树。不过,广柑风光的时间并不长。随着沙田柚、夏橙、血橙,特别是后来塔罗科血橙的引入,包括普通品种、锦橙系列在内的广柑,也开始出现萎缩。

塔罗科血橙的引进

这个时期,长寿果业史上还发生了一件影响十分深远的大事,那就是塔罗科血橙的引进。尽管,塔罗科血橙的引种过程,由于时间久远,详情已经鲜为人知。目前关于塔罗科血橙引种到长寿的最早文字记载,是《重庆市长寿湖联合企业公司大事记》,该书清晰记述了1992年秋季长寿湖渔场从中国柑橘研究所引种塔罗科血橙。但是,最新的调查证明,塔罗科血橙早在1986年秋,就已经引进到长寿县回龙乡的大坪村和响塘村试种,并获得成功。当时,塔罗科血橙在中国还处于试种阶段。1996年至1997年间,当中国柑橘研究所开始对培育出来的塔罗科血橙新系进行品种比较试验和区域适应性试验之时,长寿狮子滩镇紫竹村的村民,已经将备受瞩目的塔罗科血橙新系引种

到了长寿,并开始培育种苗。而今,塔罗科血橙,已经是长寿仅次于沙田柚的重要果品,已经成为长寿果业的一张亮丽名片。

建区后的辉煌

从2002年长寿撤县设区,至今已有15年时间,这是长寿历史上发展速度最快、综合实力最强的时期。短短15年间,长寿果业创造了一个又一个奇迹,写下了最为辉煌耀眼的篇章。

2003年,长寿区提出了建设"三地一中心"(重庆工业高地、现代农业基地、休闲旅游胜地、区域物流中心)的战略目标。建设现代农业基地的目标,为长寿果业的超常规跨越式发展提供了千载难逢的契机,也激励着长寿果业一路高歌,大步向前。

早在2002年,重庆市把发展优质柑橘作为10个"百万工程"之首,规划用5～10年时间,在长寿、江津、忠县等区县建成年产百万吨的柑橘商品生产基地。借此机会,长寿区把水果产业作为农业结构调整的方向,规划到2010年发展45万亩的高标准、高质量、高效益、高科技果品基地,其中,拟规划发展夏橙20万亩,沙田柚10万亩,锦橙5万亩,脐橙5万亩,伏淡季水果5万亩。2002年至2006年之间,完成百万吨优质柑橘产业工程项目,累计新建柑橘基地6.9万余亩,完成高接换种改造32.5万株,培育砧木80万株,出圃合格苗45万株,嫁接近80万株。定植容器苗9万亩,共计50万余株。在长寿湖镇建立现代化的无病毒良种繁育苗圃,每年可培育容器苗100万株。到2006年,全区建立柑橘专业公司10个(其中紧密型公司1个,松散型公司9个),形成以长寿湖周围镇为主产区的夏橙基地,以龙溪河流域为主产区的长寿沙田柚基地,以石堰、龙河为主产区的优质鲜销晚熟柑橘基地。2006年,石堰、龙河、双龙、云集、邻封、长寿湖、葛兰7个镇,分别获得无公害杂柑、夏橙、沙田柚产地认定,认定面积达10万亩。

撤县设区之后,长寿果业的发展速度之快,超过了历史上所有时代。撤

现代农业园区

县设区前的2000年,全县果树栽植面积56175亩,果品产量36270吨,分别比1985年的历史最高水平面积14703亩、产量6916.3吨增长2.82倍和4.24倍。2006年,全区果树栽植面积12.91万亩,水果总产量75877吨,分别比2000年增长129.81%和109.2%。2010年,全区果树栽植面积29.13万亩,水果总产量16.64万吨,分别比2000年增长4.19倍和3.59倍。2016年,全区果树栽植面积36.12万亩,总产量25.66万吨,与2000年相比,分别增长5.43倍和6.07倍。

在长寿果业的超常规增长中,柑橘产业的巨量增长表现得尤其明显。撤县设区之前的2000年,全县柑橘种植面积56145亩,比1985年的13200亩增长3.25倍;果品产量36270吨,比1985年总产量7203吨增长4.04倍。然而,这个数据,在撤县设区后,却发生了超乎寻常的飞跃。2006年,全区柑橘种植面积增至102930亩,果品产量增至48443吨,分别比2000年增长83%和34%。不过,这个增长速度相对于此后的增长,还是大为逊色。2010年,全区柑橘面积猛增到23.33万亩,果品产量达到12万余吨,分别比2000年增长

3.15倍和2.32倍。到2016年,全区柑橘类水果面积增至约30.9万亩,总产量达到22.7万吨,与2000年相比,分别增长了4.5倍和5.3倍。

除了通过数字对比反映出长寿果业15年来的惊人之变外,撤县设区之后的长寿果业,还呈现出以下六大特点。

长寿沙田柚强者愈强。2000年,长寿沙田柚种植面积约8850亩,产量3967吨。2005年,长寿沙田柚种植面积增至6.3万亩,产量1万余吨,总产量创历史最高纪录。2010年,长寿沙田柚种植面积增至8.1万余亩,产量13500吨,五年之间,面积增长约29%,产量增长13.5%。2016年,长寿沙田柚发展到9.8万余亩,产量猛增至5.9万吨,与撤县设区之前的2000年相比,分别增长了10倍和13.9倍。

晚熟柑橘异军突起。2003年,W.默科特由重庆恒河农业公司引进到长寿,标志着长寿晚熟柑橘产业开始起步。目前,W.默科特杂柑种植面积达5.7万亩,长寿成为中国最大的杂柑集中种植基地。在引进W.默科特杂柑之后,长寿又先后引进了鲍威尔脐橙、班菲尔脐橙等晚熟脐橙品种。特别是面对滞销已久的夏橙,果断采取了高接换种技术,在引种蜜奈夏橙的同时,大力发展塔罗科血橙。目前,长寿塔罗科血橙种植达3.15万亩,投产面积近1万亩,成为长寿晚熟柑橘中的杰出代表,已经替代了夏橙在长寿晚熟柑橘中的地位。

小宗水果异彩纷呈。在重视沙田柚、夏橙、脐橙、血脐、梨子、晚熟柑橘等大宗果品发展的同时,长寿对小宗果品的发展依然重视。桃子、李子、枇杷、葡萄、樱桃、西瓜、草莓、荔枝等保持了良好的发展势头,为人们的水果消费提供了多样化选择。特别是一批专业种植大户的出现,大大提高了小宗果品的种植水平,并且自觉地与乡村旅游有机融合,为小宗果品的发展,开辟了新的天地。

传统柑橘日渐式微。2001年,随着长寿果业结构的调整,曾经红火多年的红橘产量开始一路加速下滑,到2016年,长寿红橘萎缩到只有1400亩,存活7万株,产果500吨,已经远远低于新中国成立前的水平。尽管,因为锦橙的引进,广柑的栽培面积和产量曾经于2006年居长寿柑橘类的第三位。但是，面对众多新兴果品的冲击，从2015年起，长寿广柑产量开始出现拐点。2016年，长寿广柑种植面积13700亩，产量8100吨，分别比2015年减少8000亩和3800吨。

园区模式魅力尽显。传统的零星种植，日益被规模化种植所代替。长寿区先后建立了沙田柚种植园区和现代农业园区，建立起"布局区域化、投入多元化、产业链条化、生产标准化、产品品牌化、服务社区化"的园区模式，对外大力招商引资。到2011年止，已有28家大型农业龙头企业落户长寿，成为长寿果业提档升级、规模发展的主力军。

科技进步日新月异。围绕沙田柚基地，成立了农业专家大院，基本形成"专家+企业+农户"的良好机制，先后进行了富硒SOD沙田柚新产品研制的技术攻关，开展"长寿沙田柚提质增效关键技术集成与产业化"项目，为长寿沙田柚发展再上台阶奠定了强大技术基础。围绕晚熟柑橘种植，先后组织克服了晚熟柑橘安全过冬、黄化落果低产、测土配方施肥等技术难关，为长寿晚熟柑橘的崛起立下了汗马功劳。

第二章

中华名果　柚中之王

长寿沙田柚,是长寿果业最具影响力和美誉度的大宗特色果品,是长寿乃至重庆一张响当当的水果名片。长寿沙田柚从广西引入至今,已近120年,经过引种变异,科学管理,改进提高,终于赢得权威专家"源于沙田、优于沙田"的定评,获得"中华名果"的殊荣,广受社会各界好评。长寿沙田柚的引种地广西容县沙田村情况如何? 沙田柚的真正老家到底何在? 长寿沙田柚到底从哪里引入? 引种后发展过程如何? 有哪些变化和提升? 与广西沙田柚品质有何异同? 在全国果业中居于何种地位?"源于沙田、优于沙田"的奥秘何在? 本章拟围绕这些问题,穷搜文献,并通过实地考察,希望给读者一个相对确切的回答。

容县沙田村寻踪

经过长达近120年的辛勤耕耘,长寿沙田柚获得了"优于沙田"的崇高声

誉。"源于沙田"的亲缘关系,提醒我们应把敬仰的目光投向遥远的五岭之南,去寻找长寿沙田柚不可忘却的老家——广西容县沙田村。

沙田柚,是广西众多优质水果中的一种。而沙田柚则是容县最为重要的水果品种。

容县位于两大弧形山脉之间,东西南三面高,中部和东北部低,有堆积平原、台地、丘陵、山地等多种地形地貌,为果业发展创造了良好的自然环境。

容县古称容州,地处广西东南部,为玉林市辖县,是大西南通往粤港澳的主要陆路通道上的必经之地。全县面积2257.39平方公里,辖15个乡镇,人口82万。由于是沙田柚的原产地,沙田柚的发展,始终成为备受重视的产业。当时容县已有沙田柚13万亩,其中挂果投产的有10万亩左右,总产量约7万吨。

容县县城容州镇,城不大,高楼少,水质清冽的绣江,缓缓从城中穿越而过,让整个城市显得宁静而平和。从容县县城北行,近郊是平旷的田野,屋舍俨然,星罗棋布,阡陌纵横,人流熙攘。转眼之间,平旷的田野渐行渐远,迎面而来的是起伏的山峦,山峦的两侧是高耸的山峰,全被茂密的果树和森林裹得个严严实实。

平整的柏油路在山陵之间逶迤而行,翻过一道小山坡,眼前顿显开阔,一个具有浓郁岭南风貌的小村落,就夹峙于道路的两旁。每家宅院的门前,都有一片宽敞的平坝,不同年龄的沙田柚树,掩映于房屋之侧,树影婆娑,翁翁郁郁,而路边待价而沽的成堆柚子,果形硕大,颜色金黄,摩挲把玩,煞是喜人。

沙田村,位于县城北面约9公里处,属于容县松山镇,沿着省道211公路,约10分钟车程就可以到达。从容县地图上看,沙田村,正好点缀于容县南高北低的槽谷丘陵地带上。

历史上的沙田村,是一个原为9000多人的大村庄,后来分成沙田村和大中村。现在的沙田村,幅员13平方公里。

沙田村,是沙田柚的发源地。依托沙田柚品牌,沙田村已经实现了既种果树,又育柚苗,柚子与柚苗协同发展的路子。全村共种植沙田柚900亩,其中柚果面积550多亩,育苗450亩,培育苗木800多万株。如今,培育沙田柚苗木销售,已成为沙田村的一个特色产业,柚苗不仅畅销广西、广东、海南、云南、湖南、贵州等地,而且外销越南、缅甸。

培育沙田柚苗,让沙田村农民尝到了甜头,整个沙田村成了远近闻名的果苗村。除了扩大优质沙田柚苗的培育外,还培育适销对路的蜜柚、龙眼、荔枝、芒果、杨梅、大青枣、

沙田柚苗圃

台湾石榴、桂花、罗汉松、红豆杉、玉兰花等80多个嫁接苗木品种,形成规模的育苗生产基地。漫步沙田村,到处是苗圃园,各种果木生机勃发,长势良好,在番石榴基地里,果实累累,压弯了枝头。

虽然,沙田村因沙田柚而声名远扬。沙田村已形成以沙田柚、番石榴、果木苗、养殖(鸿福猪)为代表的四大绿色产业。

在沙田村,沙田柚的故事很多。最为人们津津乐道的是关于沙田柚从羊额籽改名的故事。

在广西和广东,人们对沙田柚,有多个不同的称谓。一个叫金钱印,又写作金钱肚,因沙田柚成熟后,皮色鲜黄,底部可见金钱状的印环,故名。这其实就是长寿沙田柚中的“正品”——古老钱。一个叫绿卜子。因福建、广东、广西称柚子为抛,又叫泡子(卜子的谐音),即说绿色的大圆果,是就沙田柚还没有成熟时的状态而言的。一个叫金柚,这主要是从沙田柚成熟后的色泽着眼,其外壳呈金黄色,故名。一个叫蜜柚,据清光绪《容县志》记述,沙田柚“实大如瓠,皮黄,上尖,下有圆脐,肉黄色白,味甜如蜜,曰蜜柚”。

不过,沙田柚最为形象且流行甚广的俗称叫羊额籽。有的写作羊额子、杨核子,也有称为“羊额囊”的。因沙田柚成熟后,硕大的金黄色果实,呈金字

塔形,顶部偏尖,底部宽厚,很像一个倒挂的羊头,故名。

清朝诗人林良铨《秦四以岭外橙柚遗予口占四韵》称赞"蜜柚开羊额,香橙剖义宁"。说明羊额籽的称谓,很早就已经广为流行。清朝广东顺德人罗天尺有《羊额香柚歌》,称赞"柚子之香谁可比,羊额之柚美中美"。诗下注释:"羊额,村名。"而清人汪泩《获经堂初稿·顺德六饶》则载:"羊额堡产柚,味甚甘美,异于他处。"广东顺德叫羊额堡的村子,以产柚闻名,而事实上,羊额堡、羊额村的名字,就是因为盛产羊额籽而命名的。

而如今广为人知的"沙田柚"其名乃是由乾隆皇帝所赐,至今已有两百多年历史。

相传,清乾隆年间,沙田村出了个名人叫夏纪纲,字序常,邑庠生出身。夏纪纲的祖先,从浙江定海迁移到广西容县,从此世代定居于沙田村。夏纪纲生前,与浙江解元秦彝为友,秦彝在浙江省任要职,遂推荐夏纪纲任宁波府尹。夏纪纲任满回乡,秦彝赠送蜜柚两株,由夏纪纲带回容县老家种植,因秦彝是浙江某县杨核村人,故蜜柚也称为杨核子。

夏纪纲千里迢迢回到容县沙田村后,平日以栽种蜜柚树为乐,闲暇之余吟诗作赋。有一年,他家死了两匹小马驹,便埋在柚树根下,想不到来年长出的蜜柚又大又甜。夏纪纲欣喜之余,特意送了一些到浙江,给州官一尝,州官尝后惊为"极品"。乾隆四十五年(1780年),乾隆皇帝巡游江南,夏纪纲又将蜜柚进贡。不出所料,乾隆一尝之下连声赞好,兴之所至,便问起此果的来历,夏纪纲如实禀告。乾隆听后连连点头,说:"此果之味已优于蜜柚之原味,应另取名。"一旁的大臣提议说:"此果来自夏官家乡沙田村,可否称'沙田柚'?"乾隆听后稍事思量,点头道:"好,好,就叫'沙田柚'!"从此,沙田柚成为进贡朝廷的珍果,年年金车彩马护送入朝,逐渐名扬四海。于是,沙田柚之名借皇帝之金口,很快传播开来,并且越种越多,名声也越来越响,沙田村从此被称为"柚子之乡"。

关于乾隆皇帝赐名沙田柚的故事,容县县志并无记载,其他正史也不见踪迹,只有近年新修的《夏氏族谱》有简单的记述。这个故事的真实性无从考究,但沙田柚因此而流传甚广,却是不争的事实。

沙田柚祖产地沙田村木兰塘

到沙田村寻找沙田柚的踪迹,不可不寻访木兰塘。

木兰塘,是五岭之南一个看似寻常的小山村,却非同寻常。因在当地人心目中颇有几分神圣感,认为,这里就是沙田柚的祖源地。

这是一个安静祥和的小山村。举目望去,四面环山,蔚然深秀,山下是平旷的田园,种满了沙田柚、龙眼、番石榴等果树和经济林木,以名目繁多的苗圃,连块成片,蔚为壮观。一条山溪,从远处的山上流淌而下,消逝在树林之中。

修葺一新的农房,散落于绿树之间。农家院落的前后左右,都是成林的水果。

在路旁一个农家小院的边上,立着一块石头,上面镌刻着三个字:"沙田柚"。远处,小院旁边的斜坡上,镌刻几个更大的字:"沙田柚发源地"。

这家农民姓夏,是传说中沙田柚的老祖宗夏纪纲的后裔。在沙田村,夏姓是绝对的大姓,全村5000多人中,夏姓就占了1000多人。据当地农家介绍,这个地方,现在叫木兰塘,一般人不明就里,认为这里一定有一口很大的水塘。可是,木兰塘其实并没有水塘。原来,这里本叫育兰堂,可能是基于主人培育木兰花的缘故,后来,因流传中的讹误却演变成木兰塘了。

夏纪纲老屋

木兰塘是夏姓人家的祖居地,夏姓从浙江定海迁移到容县,木兰塘就成为夏姓人家的繁衍中心和家族的主要活动地。

据《夏氏族谱》记载,夏姓最早迁入容县的始祖叫夏日盛。明朝初年曾任湖北黄州府黄冈县知县,后调任广东泗会县知县,最后落籍于容县,定居于沙田村育兰堂。

夏纪纲是夏姓从浙江迁入容县后的第十五代(1730—1778年)。有关夏纪纲进贡羊额籽于乾隆而赐名沙田柚的故事,在沙田柚村几乎家喻户晓。

据当地村民介绍,就在镌刻"沙田柚发源地"大字山坡的旁边,有一栋古老建筑,就是夏纪纲的祖屋。其子孙继续居住于此,直到前些年在外盖了新房后,成了无人居住的老屋。

离开夏纪纲祖屋,前行约500米,就到了一个仿佛与世隔绝的山谷,山上树木古老高大,山下浅坡,全是清一色的沙田柚老树。山谷深处,挺立着一株高大苍劲的沙田柚老树,树冠完整,枝条干枯,树叶稀疏。树前立有一方石碑,上面刻有文字,左边为中文,右边为英文。碑文显示,老树编号为01号,树主为夏锦才(夏纪纲后人),栽种时间为清朝光绪二十二年(1896年)。这就是容县现存时间最早的沙田柚树,人称"柚树王"。

夏纪纲、柚树王，这两者都是木兰塘作为沙田柚祖源地的标志。

沙田这个地名，在广东广西不少，应该与地质特点有关。容县，曾经是苍茫的大海。后来，由于海陆争地，陆地形成，海陆交替，由海变陆，因而含沙量高。由于沙田柚种植于斜坡上，土壤含沙量较高，透水性极好，特别适宜沙田柚生长，加之日照充足，甜分积累充裕，因而果瓤化渣，甜美可口，成为天然"罐头"，受到广泛好评。

沙田柚的真正老家

沙田寻踪，自然会探寻沙田柚的起源真相。尽管，夏纪纲贡柚由乾隆皇帝赐名的故事流传甚广，但故事的真实性是值得怀疑的。

按照普通常识，乾隆皇帝赐名肯定是沙田柚发展中的一件大事，当地史书应该有所记载。可是，光绪版《容县志》明确记载这种果树叫"羊额子"，农村老一辈人又称之为"绿卜子"，并不叫沙田柚，更没有乾隆赐名的记载。

乾隆赐名之说，其实起源很晚。1993年版的《容县志》和前些年的《夏氏族谱》才开始记载夏纪纲贡柚由乾隆皇帝赐名"沙田柚"之说。但没有其他史书记载为依据，只是民间传说而已。查容县历代举人、进士名录和职官记录，均没有夏纪纲的名字，而以夏纪纲职位之低，直接觐见皇帝，情理不合。由此，木兰塘作为沙田柚的原产地，证据还不充分。出现这个传说，也许是因为清代沙田村、木兰塘的羊额子，品质优绝，种植量大，知名度高的缘故。正如《容县县志》记载，"今容地所产，叶类橙，春花秋熟，实大如抓，皮黄，上尖，下有圆脐（俗称金钱笃），肉黄白色，味甜如蜜，曰蜜柚。顶高似羊额，又名羊额囊。以辛里沙田所产为最佳，近年四乡皆植，秋后金丸满树，获利颇厚，邻邑接枝分种……外延各地，遍及岭南"。

沙田柚的真正老家到底在哪里呢？

从柚类的起源看，岭南是中国柚类水果最早的起源地区之一。明朝万历十三年（1585年）《宾州志》记载："柚以容县沙田乡所产沙田柚最负盛名，香

甜多汁,容县年产二百万只,运销梧粤港各埠。"这是至今所见史书上关于沙田柚的最早记录,足见明代广西就开始种植沙田柚,距今至少有400年的历史,当时已名扬海内外。而乾隆年间《桂平县志》、光绪年间《容县志》,均有"以辛里沙田所产为最"的记载,说明沙田柚早已蜚声远近。

这种闻名远近的沙田柚的树种从何而来呢?当前流传甚广的夏纪纲贡柚乾隆赐名之说,提及夏纪纲在浙江解职回乡时,通过朋友引回柚树(杨核子)种植。而据专家考证,沙田柚原产广西容县沙田乡皇龙村育兰堂,堂主夏明玉,其祖母讲述乾隆五十五年(1790年),夏姓祖先之亲戚韩某,是广西岑溪县白故村人,曾在浙江为官,携回柚树种苗在家栽培,夏姓乞得二株,携回栽植。这两个说法,虽有细节之殊,但事实却是一个:沙田柚从浙江引进,引进者是祖籍浙江的容县沙田村夏姓人家。

但夏姓人家引进之说值得商榷。因为这比明朝万历十三年(1585年)《宾州志》关于沙田柚的记载,晚了200多年,说明沙田柚早已有之,且名声很大。

不过,沙田柚从浙江引进的传说,绝非空穴来风。根据钟峻科先生《试论广西容县沙田柚品质变异与地质背景的关系》查证有关资料考证,容县沙田柚品种,是从浙江玉环县引入,当地名为"梨形文旦",其树冠与果实形态,与容县沙田柚相似,属同一品种。至今浙江和福建尚有"梨形文旦"的出产,其与沙田柚的祖源关系,可以一目了然。

引种到广西的浙江玉环"梨形文旦",因地理、地质条件的差异影响,其品质、形态与原种相比,已经发生较大变异,味道变得更为香甜可口,且以广西容县沙田村所产味道最佳,故更名为沙田柚。这个变化,与长寿沙田柚"源于沙田,优于沙田"的情形如出一辙。

至此,我们有了一个新的发现:广西容县沙田柚,乃引进浙江玉环"梨形文旦"之变异品种;浙江省玉环县,才是沙田柚的真正老家。

沙田柚引种秘闻

长寿沙田柚从广西容县沙田村引种的历史,充满了传奇色彩。

流行的说法是,清朝光绪十三年(1887年),长寿县合兴乡孔合清出任广西苍梧巡按史期间,由广西同僚赠送沙田柚,品之味佳,特留种子200余粒,邮回家乡种植,得苗10余株,后选出4株果优味美的进行繁殖栽培,逐步发展,遂成果园。这就是长寿沙田柚的引种过程。

关于孔合清从广西邮寄沙田柚种子回长寿育苗一事,民间流传很广,但民国十七年(1928年)和民国三十三年(1944年)《长寿县志》在记述沙田柚的有关情况时,都没有涉及这个话题。那么,这个说法有依据吗?

1939—1940年间,四川省建设厅柑橘专家杨定伦撰写了《四川柑橘调查》一文,其中对长寿沙田柚有这样一段记载:

> 长寿柚栽培历史约50年。本地合兴场有孔和清(即孔合清)者,于前清光绪年间在广西吾昌(不知是否即今之苍梧)为巡查(巡检使),由广西同僚赠送沙田柚二三果,食之味美,故特留其种子二百余粒,由邮寄回种植,得苗十余株,至结果时,仅四株味佳,余皆变劣。现时雷、舒、王三姓果园苗木,皆得之于孔姓,锐意经营成今日之大园。

这是关于孔合清邮寄沙田柚种子回长寿的最早记录。因来自于实地调查,其可信度甚高。

民国三十年(1941年)冬,原四川省江津园艺试验场场长章恢志、技佐陈湘芸到长寿对沙田柚进行了全面而深入的调查,随后撰写了《四川长寿沙田柚品系之调查及检定》一文,文中对长寿沙田柚的起源有如下记载:

沙田柚原产广西沙田乡,在广西栽培已有二百余年之历史。其传入四川不过五十余年而已。长寿沙田柚栽培最早者,为合兴孔庆翼家,其家之前庭,植有五十龄大树六七株,二十余龄者十余株。据其家人云,其先人(孔庆翼之父孔和清氏)于前清光绪年间在广西为巡查,由广西同僚送赠沙田柚二三果,食之味佳,特留其种子二百余粒,由邮寄回种植,得苗十余株,至结果时,其果形品质,殊多变异,除其中四株味佳外,余皆变劣,乃依其果形之悬殊,区别为薄皮、冬瓜圈、古老钱、癞疙疤、沙橙等等。

这个记载,交代了孔合清邮寄沙田柚种子回长寿育苗的事实,也交代了长寿沙田柚引种过程的史实来源,说明孔合清邮寄沙田柚种子回长寿的来龙去脉,是由孔合清后人提供的。

孔合清邮寄沙田柚种子回长寿的准确时间,流行的说法是光绪十三年(1887年)。这个说法并没有确切的依据。根据杨定伦《四川柑橘调查》,"长寿柚栽培历史约50年"和章恢志、陈湘芸《四川长寿沙田柚品系之调查及检定》沙田柚"传入四川不过五十余年而已",且孔庆翼家"植有五十龄大树六七株"的记载看,孔合清邮寄沙田柚种子回老家,至少在光绪十六年(1890年)之前,而光绪十一年(1885年)前后的可能性极大。

孔合清在广西任职的地点和职务,现在流行"广西苍梧巡按使"之说,是不确切的。民国十七年(1928年)《长寿县志》卷五记载:"孔合清,广东巡检。"民国三十三年(1944年)《长寿县志》卷十三记载:"孔合清,广东高要县巡检。"原来,孔合清并没有在广西任职,更没有任苍梧巡检使,实际职务是广东省高要县巡检。高要县,位于广东省肇庆市,原治所就在肇庆的端州区,地处广东与广西的交界处。巡检,是巡检使的省称。明清时,凡镇市、关隘要害处俱设巡检司,主官称巡检使,归县令管辖,一般秩正九品,负责训练甲兵,巡逻乡镇,职权颇重,有县衙门派出机构的职能。

孔合清寄回沙田柚种子的地点到底是广西还是广东?根据孔合清的任职地点,再结合杨定伦、章恢志、陈湘芸等人关于孔合清"由广西同僚赠送沙田柚二三果"的记载,则孔合清寄回沙田柚种子的地点不是广西,而是广东的高要县。

孔合清引种广西沙田柚的过程,除了邮寄种子回家外,还有直接引种幼树之说。据孔合清的后人介绍,孔家祖辈相传,由于邮寄回来的种子育出的柚苗,到结果时"其果形品质,殊多变异,除其中四株味佳外,余皆变劣",于是孔合清每次回长寿老家,都要从广西带回正宗的沙田柚幼树,移栽于孔家花园。也许,这才是引种而来的长寿沙田柚品正味醇的重要原因。

孔合清将沙田柚成功引种长寿后,被视为稀有之品,引起了有识之士的浓厚兴趣,而孔合清却秘而不宣,轻易不让人引种。无奈一些绅士也开始辗转从广西直接引种沙田柚幼苗。章恢志、陈湘芸《四川长寿沙田柚品系之调查及检定》曾经提到,渡舟龙山果园"舒家之母株,自称由广西输入"。据居住于城内林庄的雷尧阶母亲娘家戴氏后人戴光军介绍,其祖父戴鸿仪,长期在外面做生意,曾经从广东引进沙田柚树苗,种植于林庄。

根据以上梳理可知,孔合清实为长寿沙田柚的最早引种者,而最早的引种之地是孔家花园。孔家花园位于今龙河镇(原合兴乡)四坪村,是孔合清晚年离职回到长寿后的居住地。从孔家花园存留的建筑风格看,孔合清家族应

孔合清老家孔家花园

当是当地很有实力和影响的大家族。据孔家后人回忆,孔合清每次回老家,当地官绅都要派人到双龙场迎接。而据当地人介绍,孔家花园并非只种植沙田柚,还有其他多种柚类品种。到1940年,孔合清之子孔庆翼居住在孔家花园,有沙田柚30株,挂果的有20株。

孔合清的确是长寿沙田柚的最早引种者,但不一定是唯一引种者。由于孔合清引种的沙田柚出现品质变异,纵使有少数品质优良者,也对外封锁,秘不示人,故大户人家纷纷自找门路,直奔广西容县沙田村,很大程度上刺激了长寿对正宗沙田柚的引种。这为长寿沙田柚后来的大发展奠定了可靠的基础。

曾经的私家柚园

从孔合清引种开始,到新中国成立,约有60年时间,是长寿沙田柚发展的奠基时期。这个阶段,长寿沙田柚完成了两大任务,就是栽培技术的成熟和果品品质的提升,从而实现了广西沙田柚到长寿沙田柚的转变,并最终确立了长寿沙田柚"源于沙田、优于沙田"的品牌地位。

长寿沙田柚的栽培方式,当时主要有两种:一般农户多种植于房前屋后,产果自食为主;少数大户人家发展专业果园,实行规模化栽培,产果育苗以经营为主。这两种方式中,真正对沙田柚发展有突出贡献的,无疑是私家柚园。

清末到民国时期的土地私有制,为私家柚园的创立提供了可能。从长寿果业发展的历史看,私家果园已经由来已久。

目前已知长寿最早的私家果园,是位于三洞沟的李氏果园和复元瓦罐窑新湾的喻氏果园,其创建时间都在光绪中后期。

长寿沙田柚由孔合清最先引种,但最早的栽培者却是孔合清之子孔庆翼。孔庆翼,是孔合清第三子,曾经做过县政府的师爷(相当于办公室秘书)。从最初的沙田柚种子育苗,到淘汰变异品种,保留扩大优质柚苗,长寿沙田柚的早期试种、选优、繁育,都是在孔庆翼家完成的。

或许，对于长寿沙田柚的贡献，孔合清、孔庆翼父子主要在引种和试种之功。真正对长寿沙田柚栽培技术有重大突破的却是李其章。

李其章创办的三洞沟李氏果园"颇有果园气象"。该园以橘子为主，但栽培有沙田柚100余株。也许，按照今天的标准，100余株规模并不大，可是在沙田柚引种长寿的初期，这已经是一个相当可观的规模。尤其值得注意的是，李其章在栽培这100余株沙田柚的过程中，完成了长寿沙田柚栽培技术的突破创新。民国十七年（1928年）《长寿县志》收录《民国前期长寿县的果园经济》一文，对李其章的沙田柚栽培技术，有这样的描述：

> 橙子约一百株，系沙田柚种，其味醇似蜜而清香，较垫江、涪陵之橙高尚多矣。李君得此种，研求繁衍多株，有二法：普通之法曰殡，特殊之法曰靠。何谓殡？将橙子米埋入土中，俟其发芽而成秧也。何谓靠？依老树之嫩枝，移置于园土也。而殡法不及靠法之妙，其手法于雨水节时间，将枝条之节茎斫去十分之六，而留其四分与干相连，勿令损伤，庶可养气贯通，生机不息。且用瓦罐一个，底取小孔，然后贮以泥沙，将所斫枝条插入罐内，吸收雨露之泽，而水分又自穴孔浸出，得免停滞之患。久之，阳气鼓荡，节茎生须，枝叶发荣，足满一年，仍于雨水时节，将连干之枝斫断，弃罐存泥，和枝条移于土内。然制种之优劣，以靠为上。盖以老树为母枝，即其于子母一气相生，故靠出之橙，其味不亚于母树。而殡出之果，气味远逊，且含酸味矣。李君专用靠法，的是解人。

可见，殡、靠并用，以靠为主，是李其章在沙田柚选种育苗上的技术突破。除此之外，李其章"培壅亦得法，其施肥之诀与壅橘迥异"，如在幼龄柚树的氮肥施用，试花后的磷酸肥料（牛粪）施用和腐殖质（污泥、渣滓）施用等方面，李其章都有独到之处。李其章的沙田柚栽培技术，很受同行推崇，在当时有"种橙之法，最为精详"的评价，为长寿沙田柚奠定了技术基础，对私家柚园的发展，起到了推波助澜的作用。

由于品质绝优，售价高贵，加上李其章的技术突破，长寿沙田柚"自民国初以来，遂引起一般绅士阶级大大注意，群相竞栽，务以早成名园为快"，呈现出私家柚园蓬勃发展的态势。据民国三十年（1941年）调查，长寿私家柚园共有18家。

当时，长寿沙田柚的栽培区域，主要集中于邻封、河街、但渡、城关四地。邻封栽植32.5亩，产柚8万个；河街栽培25.6亩，产柚6万个；但渡栽培18亩，产柚5万个；城关镇栽培22亩，产柚6.5万个。四地共计栽培98.1亩，产柚25.5万个。

而18家私家果园，有沙田柚7230株，加上零星种植者，全县约有1万株。其中，县城附近最多，约3000株。其他各个乡镇，约数十株或数百株不等。到民国三十八年（1949年），全县栽培沙田柚达到2万株。

从沙田柚的产量看，呈逐年增长之势。民国元年（1912年）到民国十年（1921年），每年产柚3万个；民国十一年（1922年）到民国二十年（1931年），每年产柚8万个；民国二十一年（1932年）到民国二十五年（1936年），每年产柚18万个；民国二十六年（1937年）到民国二十八年（1939年），每年产柚25万个。

由于长寿沙田柚味美而耐贮，因而成为长寿的名优土特产品，而私家柚园，又成为沙田柚的栽培主体和经营主力，因此，整个民国时期，长寿沙田柚已经运往重庆、武汉、南京、上海等地销售，在国内市场上已经拥有美誉度。

雷尧阶与尧峰果园

在民国时期长寿沙田柚品牌形成过程中，贡献最巨、影响最大的首推雷尧阶及其尧峰果园。

谈到长寿沙田柚，哪个地方出产的沙田柚品质正宗？对此人们几乎异口同声："邻封魏家河坎。"的确，论长寿沙田柚品质之纯正，不得不首推邻封镇

魏家河坎——昔日雷尧阶尧峰果园

魏家河坎。这不仅仅是因为这里矗立着一座长寿沙田柚基地的纪念碑,更是因为,参加全国柚类评比而两度荣登冠军的长寿沙田柚,都产于邻封魏家河坎。

然而,如果问起尧峰果园在哪里,人们往往不得而知。可是,在20世纪20年代至50年代将近30年时光里,尧峰果园几乎是长寿沙田柚的代名词。它的名声,不仅红遍长寿,而且远及重庆、成都、宜昌、汉口等城市。当时,只要说起尧峰果园,人们都会投以敬慕的目光,跷起大拇指,赞不绝口。尧峰果园,创造了长寿沙田柚的一个时代,是长寿沙田柚"源于沙田、优于沙田"的历史标志,理应成为长寿沙田柚发展史上的里程碑!

邻封魏家河坎为什么被人们视为长寿沙田柚的正宗产地,很多人不得而知。其实,最根本的原因是,邻封魏家河坎,就是当年的尧峰果园所在地。

雷尧阶是尧峰果园的创始人。尧峰,是雷尧阶的字号,其含义是高峻的山峰,可见雷尧阶志向之宏伟,抱负之远大。

民国三十三年(1944年)《长寿县志》中有关于长寿沙田柚的专门记载:

沙田柚,亦为吾县特产。第一区之城河两镇、渡舟、但渡、邻封及第四区之一部分乡镇,多种有之。先是,邻封乡之雷尧阶、渡舟乡之舒雪林倡办果园,尧阶栽植沙田柚种二千余株,名为尧峰果园;雪林栽植沙田柚种一千余株,名为龙山果园。培养得宜,结实累累。县人欣羡,接踵而种者,各乡多有。现已成效大著,每柚一个价值竟增至十或廿元。全县所获,可得数十万元矣。

尧峰果园之柚,为粤沙田柚种,分三园。其中两园,一个在邻封场,一个在河街桂花湾。这两园经过农业园艺专家考察认为,品质良好。雷氏便将柚苗分赠亲友同族人移植,获利者已二十余家。而川中有六十余县,兼湖南长沙、湖北黄冈、云南昆明等处,均在尧峰果园购苗移植。

从发展历程看,尧峰果园是长寿最早实行规模化栽培的著名沙田柚果园。长寿沙田柚于光绪年间由孔合清引种后,在合兴场孔合清的老家试验、育种、栽培,终于获得成功,但规模并不大。后来李其章三洞沟李氏果园,种植沙田柚一百余株,在种植技术上获得了重大突破,但规模依然较小。而尧峰果园,种植数量一下子扩大到二千余株,完全是规模化种植的果园。从《长寿县志》雷尧阶"倡办果园"的记载看,尧峰果园显然是最早的规模化种植的沙田柚果园。

尧峰果园的创建时间雷尧阶《尧峰柑橘栽培·引言》有这样的自述:

> 尧阶本一介寒儒,厕身教育界凡二十余年,每于课余之暇,抚心自思,毕生依人作嫁,舌耕糊口,终受经济压迫,实不足以谋进展,于是决计经营林业,以遵古训,而图自立。民国初年,觅得广东沙田柚种两株,植于园内,假归定省,必躬亲灌溉。越三年,始将枝条靠下,渐次繁衍,不十年间,产出柚实,众亲友以及军政长官食之者,皆以蜜味清香,蛆质脆嫩,较原产地之柚实等而上之,互相推许,实出尧阶意料之外。

从中可以知道,尧峰果园于民国元年(1912年)开始创立,经过近十年的发展,于20世纪20年代结出果实,建成果园。

由雷尧阶亲手打造的尧峰果园,很快成为长寿最大的沙田柚果园。章恢志、陈湘芸《四川长寿沙田柚品系之调查及检定》一文,特别提到民国三十年(1941年)时期的尧峰果园:"现今长寿后起各园中,规模最大者,厥推西部之尧峰果园,现植沙田柚二千株。"

尧峰果园由三个部分组成,即位于邻封平庄(今魏家河坎)的尧峰老园;位于河街王家湾(今长寿化工厂一带)的尧峰第一新园;位于河街关口桂花湾的尧峰第二新园。这三个果园,分别种植沙田柚500株、1500株、500株,总计2500株;挂果700株、100株、200株,总计1000株。而当时全县18家果园,种植规模为8140株,挂果为3510株,尧峰三园的种植规模和挂果柚株,几乎占了全县果园的三分之一。在众多私家柚园中,可以说是鹤立鸡群,独具气象。

如果论沙田柚的品质,尧峰果园也是最好的,可以说无与伦比。章恢志、陈湘芸《四川长寿沙田柚品系之调查及检定》,在对长寿沙田柚进行品质鉴定时,有一段总结:

> 依上述检定成绩观之,长寿沙田柚优良品系单株,如仅以风味区别,当尧峰新园PM1、PS4、PS17为最优;王章甫PS3、PS5及尧峰新园PS74次之;再次为龙山果园PM1及尧峰老园PS9,其他则稍次。

这里的PS,指柚子的编号;PM1,指柚子母株的编号。根据实证鉴定,尧峰果园的沙田柚风味最优。而这个"最优"的,主要指的是古老钱沙田柚。

雷尧阶对成功栽植的古老钱沙田柚,既没有秘而不宣,更没有据为独有,而是带着兼济天下和与人同乐的情怀,采取了一种非常开明的态度,向外大力倡导,力主推广。雷尧阶曾经这样描述自己的想法:

> 然既邀虚誉,未敢自私,连年仰承政府振兴林业之至意,大加扩充,力求普及,在雨水前后,参酌新旧接法,靠成此种苗,分售于各同志,以求种植普遍。

章恢志、陈湘芸《四川长寿沙田柚品系之调查及检定》特别提及：

> 古老钱沙田柚,本种以其凹环形小,且时有数条放射状轴条,故
> 名。在长寿沙田柚中乃分布最广者,尧峰果园所称正形沙田柚,即
> 属此系。由尧峰果园繁殖推广,至今全县栽培者约有60%以上,均
> 属此系。

根据长寿沙田柚从广西引种后的变异情况和品质特点,章恢志、陈湘芸将长寿沙田柚分成"薄皮沙田柚、冬瓜圈沙田柚、古老钱沙田柚、沙橙及古老钱变种等六种,其中以古老钱系分布最广"。这个占种植面积60%以上的古老钱沙田柚,正是尧峰果园培育出来的"正形沙田柚"。这种"正形沙田柚""蜜味清香,肉质脆嫩,较原产地之柚实等而上之",且"品质绝优,售价高贵"。受到广泛推崇,被大面积栽培。

由于雷尧阶的提倡鼓动,从20世纪20年代开始,长寿沙田柚掀起了第一次发展高潮。可以说,长寿沙田柚发展史上的私家果园时代,雷尧阶和他的尧峰果园功不可没。至今,长寿沙田柚仍以古老钱沙田柚为正宗,而奉魏家

邻封魏家河坎的正宗古老钱沙田柚

河坎的古老钱沙田柚为最佳。这与雷尧阶辛勤耕耘尧峰果园奠定的基础，有着割不断的历史渊源。

"偷"来的百年老树

在邻封镇魏家河坎大屋基雷尧阶老屋左侧，有两棵苍老遒劲、枝叶扶苏、果实累累的老柚树，这是已知长寿最古老的沙田柚百年老树。现在，已经挂上保护标志牌，贴上"护身符"，进行挂牌保护。

邻封沙田柚园区内的百年老树

这是两株身世奇特、贡献非常的老柚树，堪称长寿沙田柚的"树祖"。雷尧阶的尧峰果园，乃至长寿的沙田柚产业，就是从这两棵老柚树发展起来的。基于此，这两棵老柚树，成了长寿沙田柚发展的历史见证，具有非同寻常的意义。

人们十分关注这两株百年柚树的种植时间、引种地点。

流行的说法是，两株柚树是雷尧阶1907年从合兴乡孔家花园孔合清家引进的。不管是百年老树旁边宣传栏上的文字说明，还是各种媒体的宣传报道，都如是说。

然而，从目前掌握的权威资料看，雷尧阶当年引进的这两株具有里程碑意义的百年老柚树，引进时间及地方都不确切。

据雷尧阶著《尧峰柑橘栽培·引言》记载，"民国初年，觅得广东沙田柚种两株，植于园内"，并依托这两株柚树，靠下枝条，渐次繁衍，结出"蜜味清香，

肉质脆嫩"的果实,得到众多当地官员与亲友的肯定,进而发展成赫赫有名的尧峰果园。

根据雷尧阶的自述,这两株百年柚树是民国初年即1912年之后引进的,而不是1907年。至于这两株百年老柚树从什么地方引种,雷尧阶在这里并没有交代。

1941年冬天,章恢志、陈湘芸在《长寿沙田柚的由来与发展历史——四川长寿沙田柚品系之调查及检定》一文中,曾经引用了一段雷尧阶的自述:

> 民国年初,彼曾自孔和清(即孔合清)家分苗三株,但结果均为平顶柚沙橙,品质不佳。后任教于长寿县立高小,自该校之邻戴主人家分苗三株,栽植后成活二株,结果味佳,即今之正形沙田柚,亦即孔所称之古老钱,盖戴家亦自孔家传去也。雷氏自得以后,遂籍筒压法繁殖,锐意经营,成今日之大园。

根据这个记载,民国年初即1912年,雷尧阶确实曾经从孔合清的孔家花园引进过沙田柚苗三株,结果时才发现,全是平顶柚沙橙,并非正宗而优质的沙田柚。显然,对于雷尧阶而言,从孔合清处引种的沙田柚是失败的。今天仍存的两株百年老树,是古老钱沙田柚,而雷尧阶当年从孔合清处引种的是沙橙。由此说明,两株百年老柚树,断非引种于孔合清处。

孔家花园并非没有正宗的古老钱沙田柚,只是孔合清不愿意把正宗的白白地送给雷尧阶。可雷尧阶对没能引进正宗沙田柚并不气馁,并且相信这样的机遇会很快降临。

民国初年,雷尧阶出任长寿县立高等小学堂教员。该校又称林庄学堂,是废除科举后长寿县最早的官办学堂。雷尧阶自述于林庄学堂任教时,"自该校之邻戴主人家分苗三株,栽植后成活二株,结果味佳"。章恢志、陈湘芸认为,这就是当时的正形沙田柚,即古老钱沙田柚。章恢志、陈湘芸引用雷尧阶的自述,与雷尧阶《尧峰柑橘栽培·引言》中"民国初年,觅得广东沙田柚种两株,植于园内"的说法如出一辙,完全吻合。

可见，今天存活于魏家河坎的两株百年老柚树，是1913年之后，雷尧阶"任教于长寿县立高小"时，引种于长寿城内林庄坝的戴姓人家。至此，两株百年老树的身世之谜，真相大白。

雷尧阶所称的林庄学堂毗邻戴姓人家，并不是普通的邻居，而是雷尧阶母亲的娘家。雷尧阶的外婆姓孔，是合兴场孔家花园孔昭蔚的亲姐姐，即孔合清的亲姑妈。

雷尧阶的外公外婆

引种者与百年柚树

家，之所以种有正宗的古老钱沙田柚，可能基于两个来源。一是，雷尧阶的外婆从她的娘家合兴孔家花园引种而来。二是，雷尧阶外婆家的古老钱沙田柚，直接引种于广东。据戴家后人介绍，雷尧阶的外公戴锡鹏，长期经商，来往于四川和广东之间，曾经从广东直接引进过沙田柚苗。不管林庄戴家的正宗沙田柚来自哪里，雷尧阶从外婆家把正宗沙田柚引种到邻封魏家河坎的史实是十分确定的。

雷尧阶从外婆家引种正宗沙田柚苗的经过，当地有这样一则故事。据说，雷尧阶知道外婆家的沙田柚，比孔家花园引种的好吃得多，千方百计想引种，求诸外婆，没得到同意。于是，雷尧阶找来妹夫傅玉如（即国民党军中将傅克军将军的父亲、渡舟傅家柚园创始人）商量对策。民国初年的一个春节，雷尧阶与傅玉如一道去给外婆拜年，给外婆送去桂花酒等礼物。这两郎舅动了点心思，一边与外婆喝酒聊天，一边趁外婆高兴之机，暗中安排下人用靠筒

靠走三株柚苗，雷尧阶带回魏家河坎老屋左侧栽培，成活两株，这就是现在还存活的百年老柚。

这则带有传奇色彩的故事，《长寿县多经志》更有详细的记载：

> 雷尧阶外祖母孔氏，从合兴乡娘家得到沙田柚树种，植于林庄家院，树干壮实，每年结果累累，其味极佳，人称为上品。雷尧阶与其妹夫傅玉如（国民党军队中将傅克军将军之父亲）春节给外祖母拜年，见院中柚树有筒压法接活二株，二人与外祖母寒暄之时，则乘机盗之，各得一株。雷氏将此植于邻封老园，经过十余年精心培育，最终成长为优质的沙田柚。

这个记载，与民间传说，只有细节上的差异，但事情的经过却是一致的。难怪雷尧阶自述从林庄学堂附近引种正宗沙田柚一事时，有意轻描淡写地说成是引种于"该校之邻戴主人家"，而不说明是引种于自己的外婆家，并且还用了"觅得"这个文雅的字眼，有意隐藏了引种过程中"偷盗"的细节，这是很值得玩味的。

其实，回顾长寿沙田柚的发展历史，真应该感谢雷尧阶一百多年前的那次冒险行动，否则，长寿沙田柚或许没有今天的辉煌！

雷尧阶的种柚经

以尧峰果园为代表的众多私家果园,在短短二三十年间,蜂拥而起,蔚为大观,标志着长寿沙田柚第一次发展高潮的到来,并奠定了长寿沙田柚在中国水果业中的独特地位。

雷尧阶,是这次发展高潮的引领者,他凭借尧峰果园的成功,占领了当时长寿沙田柚发展的制高点。固然,雷尧阶尧峰果园的成功,背后有多方面的因素,但最关键的因素,是雷尧阶在沙田柚技术上的重大突破和全面提升。

很长时间以来,人们争相抢购根植于尧峰老园的魏家河坎出产的沙田柚,并为其品质之优良赞不绝口。但是,对于雷尧阶种植沙田柚的种植技术,人们却不得而知。不要说普通大众,就连从事长寿沙田柚栽培和研究的专业人士,也对此不甚了了。

一个偶然的机会,一部名叫《尧峰柑橘栽培》的沙田柚栽培专著,被从尘封已久的书库中发现,才解答了众人的疑问。

这本用毛笔手写的长寿沙田柚培训教材,其编著者正是尧峰果园的主人雷尧阶。第一次出版时间为民国二十一年(1932年)十月,再版于民国二十六年(1937年)十一月,印刷单位为涪陵县新记新兴工业社。这是雷尧阶为培

雷尧阶《尧峰柑橘栽培》书影

训当时的沙田柚种植户而特定编写的教材,且一律实行赠阅。

雷尧阶对沙田柚栽培技术的重视程度是超常的。一个重要的事实是,20世纪20年代,雷尧阶专门安排自己的三儿子雷治明,留学日本东京帝国大学

园艺系,学习水果储藏专业。雷治明回国后,一边在长寿中学教授生物,一边又协助雷尧阶研究种植沙田柚。

这部《尧峰柑橘栽培》集中展示了雷尧阶尧峰果园的沙田柚栽培技术,反映了新中国成立前长寿沙田柚栽培技术的最高水平,是长寿沙田柚发展史上的重要文献。由此,我们可以探知雷尧阶尧峰果园的种柚经。

相对于李其章三洞沟李家果园总结出来的沙田柚栽培技术,雷尧阶《尧峰柑橘栽培》则更全面,更权威,更具体,更实用。

全书共分为"果园的设计"、"气候及土质"、"柚苗繁殖法"、"栽培时期及距离"、"栽植时应注意之点"、"柚苗之输送及包装"、"柚树整枝法"、"肥料施法"等八章。书中讲述的沙田柚栽培方法,除了吸纳广西沙田柚的栽培技术外,更多的则结合了尧峰果园的实践经验,具有很强的指导性。正如雷尧阶《尧峰柑橘栽培·引言》所说的那样,"将经验所得,编纂种柚须知,印成小册,附赠于各购户,仿此栽植培养,不数年而柚实累累,获利大可乐观也"。

雷尧阶执着于引种正宗沙田柚的追求,除了前面介绍的从孔家花园引种而得沙橙和从林庄学堂毗邻的外婆家引种古老钱沙田柚外,还有一个鲜为人知的事实是,他也从广东直接引种沙田柚。《尧峰柑橘栽培·苗木繁殖法》披露,尧峰果园"于民国初年,在广东将种子搬回,起初仅一二株,迄今繁殖至数千株矣"。可见,直接从广东引种正宗的沙田柚种子,是雷尧阶的种柚秘经之一。

种植沙田柚,第一项任务是果园的设计。对于果园设计,雷尧阶提出几个需要注意的重点:一是交通因素。要考虑"征集肥料,运输果实"的方便,不可"设于寒村荒野冷落之地"。二是品种选择。经大众品评,长寿沙田柚不只是优于当地其他品种,且不亚于原产地广西的品质。三是培植费用。要根据经济实力,决定果园规模。四是设置保障。筑围墙,植篱垣,防止盗窃。五是饲养蜜蜂。到结果期,园地须饲养蜜蜂数群,采花传播花粉,柚树才能结果。

关于气候,雷尧阶提出多个技术要点:一是气温。柚为热带水果,据尧峰果园经验,"所得柚苗在华氏零度以下四度,即不能生存"。二是雨量。果树开花时多雨,则间接直接影响结果,或阻止授粉作用,或使昆虫无传粉能力。

挂满果实的沙田柚园

三是霜雪。初植苗木,在冬令时,宜置稻草为蓬,以防霜雪之浸加也。四是暴风。开花时多风,花易吹落。结果时多风,果易脱落。"故培植果园,宜背山而设置之,以其少受风多之害也"。五是日光。柚树开花时天朗气清,昆虫活泼,能促花粉的发育。而且,日光对于果树之发育,果实之品质,皆有莫大之关系。

雷尧阶强调,"土质肥硗,关系于结果者至巨",主张于肥土培养苗木。果园的地势,有一定要求,"柚树之栽植,大抵以南面或东面之倾斜地为最适宜"。因为,南向的斜坡地,空气流通,日光普照,排水佳良,"其所生果实成熟必速,色味优良"。果园的土质,"以矿质粘土为最宜"。

苗木繁育的方法,主要有三种:筒取法、芽接法、寄接法。三种方法,各有优劣。筒取法即筒靠法,方法简便易行。芽接法和寄接法,都要依靠砧木进行,程序相对麻烦,但品质更有保障。

果园的栽培时期和树间距离,也颇有讲究。按照尧峰果园的经验,"四川气候以废历九月为最适宜"。而栽植间距,由于沙田柚发育最旺,桠盘之大有如小黄楠树,一般每年结实,竟多至五六百枚者,故"以中尺二丈二尺为宜"。柚树的排列方法,有方形植与菱形植二法。其中菱形植法,不光单位面积种

树容量大,而且易于通风。

柚树栽培时,特别要注意根须的保护、冗枝的剪裁、沟穴的大小深浅、栽植之位置、根际的培壅及水肥的管理。

柚树整枝,是果园管理的重要环节。所谓整枝,"专以培养结果枝条为主",要除去无益的枝芽,以维持树液的平均,使果树采收丰富,品质优良。当果苗幼小之时,枝条蓬勃无绪,多耗树液,当除去冗枝。结果年龄,又宜将内笼修空,促空气之流通,助日光的照射,确保柚树的上下层皆有果枝。

雷尧阶强调,"柚树生产之丰歉与夫品质之优良,关于施肥之适当及分量之合宜与否,有绝大关系。苟不拘节令,不问多寡,而漫然施之,未有不趋于失败者也"。

果树肥料以氮磷钾三者为主。关于氮磷钾三者的作用,雷尧阶有这样的论述:

> 氮质肥料,为枝叶发育所不可缺乏之养料,故当柚树在幼龄时,宜充分施之,入结果年限,则宜逐渐减少。磷质肥料,有促进果实生长及成熟之效能,施与之量亦宜适中,过多则树叶为黄,反致果实不能成熟。钾质肥料,有强固枝干,促进果实成熟,增加糖分芬香之作用。

施肥有节令的讲究,雷尧阶有如下见解:

> 柚树在幼小时期,每年可施与人粪尿兽粪,春夏秋冬各一次(粪水各半)。及入结果时期,则当施与三次。以收果后为第一期,补足本年结果所耗养分而翌年结果之用。以萌芽时为第二期,促进发芽及开花。以果实如杯大后为第三期,助果实完全发育。此三期中,第一期宜施腐熟堆肥有持久性者;二期三期,宜用速效性之肥料。但第三期,宜以针刺果实,探其种核已坚固与否,如未坚固,即施补肥,必招落果之忧,至施过浓之肥料,亦得同等恶果,宜慎之也。

　　施肥的配方,根据不同树龄,有不同的氮磷钾比例。雷尧阶特别在《尧峰柑橘栽培》中用表格的形式作了讲解,从10龄到30龄的沙田柚树所需氯、磷、钾肥的具体用量一目了然。

　　用现代眼光看雷尧阶的《尧峰柑橘栽培》还有值得改进之处,但在当时,这却是一部既有理论又有实践的长寿沙田柚技术宝典,可以说是当时长寿沙田柚栽培技术的集大成之作。

抗战时的专家鉴评

　　早在抗日战争期间,长寿沙田柚基于大众的推崇,经过专家的鉴评,已经奠定了"源于沙田、优于沙田"的品牌地位。而对长寿沙田柚做出权威鉴评的单位,是今天重庆市果树研究所的前身——位于江津的四川省园艺试验场。

　　抗日战争爆发后,全国大部分地区沦陷,国民政府被迫迁都重庆,一批工矿企业和高等院校也随之内迁。于是,重庆云集了一大批来自全国各地的园艺界知名人士、专家、教授。在著名爱国人士卢作孚(时任四川省建设厅厅长)的重视下,四川省园艺试验场于1937年7月在江津正式建立,成为抗战大后方的水果研究中心。

　　我国老一代著名的果树专家钟俊麟、章恢志、章文才、董时厚、张文湘等,先后在四川省园艺试验场担任过场长。当时,四川省园艺试验场主要开展了果树资源调查,果树品种的收集及良种、苗木繁育推广、甜橙土法贮藏及包装运销工作,在很大程度上推动了四川果树生产的发展。正是在这样的时代背景下,长寿沙田柚进入了国内权威果树专家的视野。

　　目前已知最早对长寿沙田柚进行调研的专家,名叫张育明。民国二十七年(1938年)秋冬之际,刚刚从沦陷区转移至大后方担任四川农业改进所江津园艺场技佐的张育明,前来长寿调研柚园。这次调查结果,刊登于四川农业改进所江津园艺场民国二十八年度(1939年)的工作简报上。调查结果表明:长寿雷尧阶、舒雪林、王绍舫三家果园所栽培的柚子,以沙田柚为主,梁山

柚次之，垫江柚仅数株。

不久，四川省建设厅的柑橘专家杨定伦，也赶往长寿考察沙田柚，并撰写了《四川柑橘调查》一文，首次披露了孔合清从广西邮寄沙田柚种子回长寿育苗的史实，并推定当时雷尧阶、舒雪林、王绍舫三家果园所栽培的沙田柚，"皆得之于孔姓，锐意经营成今日之大园"。

当时，长寿沙田柚一方面以品质优良著名，但另一方面却存在严重问题。由于繁殖方法不科学，实生与芽变，使长寿沙田柚的品种变得相当复杂，出现了正形、酸味、平顶、尖顶、皱皮、苦味等，因而柚子的品质良莠不齐。

显然，张育明、杨定伦对长寿沙田柚的调研，引起了更多水果专家的浓厚兴趣。民国三十年（1941年）冬，时任四川省园艺试验场场长、著名水果专家章恢志，偕毕业于浙江大学园艺系的技佐陈湘芸，到长寿对沙田柚的种植情况进行了全面而深入的调查，先后走访了当时的各个果园，采访了雷尧阶、舒雪林、王章甫、孔庆翼等重要当事人，随后撰写了《四川长寿沙田柚品系之调查及检定》一文，作为四川省园艺试验场民国三十年度（1941年）的调查报告。

章恢志、陈湘芸的调查报告开门见山，对长寿沙田柚的评价一语中的：

> 长寿沙田柚原自广西传入，品质优绝，不亚于沙田原种，其栽培历史虽短，但栽培进展甚速，现在长寿各园繁殖之苗，供不应求，将来在产业上之地位，大可超越梁山柚及垫江柚之上也。

长寿沙田柚，作为一种水果的名字，从此第一次出现在权威果树专家的论文中，并逐渐演化成一个很有影响力的果业品牌。

长寿自然条件与沙田柚品质之间的关系，是章恢志、陈湘芸考察的又一个重点。沙田柚属于炎热地带的水果，广西、云南、四川以至越南西北部皆多栽培。而长寿位于北纬29.8°～30°，是当时沙田柚盛产区最北之地，年平均气温19.60℃，适宜沙田柚的栽培。

沙田柚对土壤的敏感性较其他柑橘类更强，最适宜的土壤为排水良好，富有养分之砂质土壤，地势以缓倾斜者为最佳。长寿县城附近三洞沟、王家湾、走马岭和复元、邻封等处,大多为15度至30度的倾斜地,且土层增厚,带褐色或黄褐色砂质土壤,适于沙田柚之栽培。渡舟、罗围、合兴一带柚园,则以粘质壤土或粘土之山脚水田改辟而成者居多,产果品质较次。

章恢志、陈湘芸最后的结论是:"长寿之栽培环境,不论土壤、地理上,均属优越,且本县及邻县可资植柚之山地甚多,故在最近十年内,栽培沙田柚实为大有希望之企业地。"

哲人其萎,懿范永存,遥怀风仪,感慨系之。章恢志、陈湘芸考察长寿沙田柚并做出鉴评,至今已经快75个年头了。这是长寿沙田柚发展史上,一次高水准的技术考察,一次权威性的品质鉴评,一次历史性的品牌确认。本次考察的最终成果《四川长寿沙田柚品系之调查及检定》一文,是长寿沙田柚极为重要的历史文献,至今仍具有不可替代的重大影响。

土改中的刻意保护

新中国成立之初,长寿县人民政府即对长寿沙田柚高度重视,采取了一系列保护措施,为土地改革中长寿沙田柚在管理与经营上的平稳过渡和未来的发展壮大,创造了良好的外部环境。

新中国成立后,长寿于1949年12月2日解放。1950年6月30日,中央人民政府颁布了《中华人民共和国土地改革法》,规定了没收、征收和分配土地的原则和办法,规定废除地主阶级封建剥削的土地所有制,实行农民的土地所有制。自当年冬天开始,土地改革在全国范围内逐步推开,将没收地主的土地,分给无地或少地的农民耕种,同时也留给地主应得的一份,让他们自己耕种,自食其力,借以解放农村生产力,发展农业生产,为新中国的工业化开辟道路。

在长寿土地改革正式开展之前,刚刚建立的长寿县人民政府就已经认识到长寿沙田柚对于农村经济发展的重要价值。1951年1月13日,长寿县政府发布了《一九五一年农林生产计划》,将发展长寿沙田柚提上了工作议程:

柚、橘为我县出产较多之果品。从前，复元乡喻姓以栽种红橘致富，邻封乡雷姓以经营沙田柚起家。近来，培植幼树者风起云涌，多属地主成分。若于土地改革后，为农民分得，同样珍惜，产量会逐年增加，对于农村经济，实有莫大裨益。

当时，长寿的土地改革即将推开，对于即将分配给农民种植的长寿沙田柚，长寿县政府及时做出"同样珍惜，产量会逐年增加"的评估，并意识到长寿沙田柚"对于农村经济，实有莫大裨益"，足见当时对长寿沙田柚的重视程度。

1951年下半年，长寿的土地改革全面推开。川东人民行政公署《关于土地改革时处理森林、竹林、果园的指示》，对农村果园的处理，作出了如下决定：

> 凡属地方、恶霸、敌伪、战犯、祠堂、庙宇、教堂等果园，一律没收或征收之，其果树连成一片者，园权划分如次：三百株以下者，随土地分配属农民所有；三百株以上者，为村公有果园；五百株以上者，为乡公有果园；三千株以上者，为县有果园；五千株以上者，为国有果园。

按照统一的政策规定，新中国成立前长寿已经建成的近20家长寿沙田柚私家果园，全部变成了县、乡、村公有果园或者分配给农民经营。过去的私家果园，都有固定的管理团队和经营模式，也积累了成功的经验。随着土地改革中果园权属的调整，长寿沙田柚果园的主人瞬间发生变化，随之带来了新的问题：调整后的果园如何管理和经营。

面对土地改革后长寿沙田柚管理和经营的新情况，长寿县政府立即采取了相应措施：

> 村、乡公有果园，由村、乡民主管理，或组织果农合作经营，其收

益按投入的劳力和资本的大小分配;或租给个别有经验技术的农民
经营,其租佃方式,由双方民主议定,按租金最高不得超过全收益的
百分之一十五;县公有果园和国有果园,一时不能直接经营者,仍以
租佃方式租给农民或组织农民合作经营,其收益归经营者所有。

然而,长寿沙田柚的管理技术和经营方法,并不是每个分得果园的经营
者都已经完全掌握透彻了。相对而言,过去的私家果园主人,管理技术和经
营水平,肯定要专业得多。为此,长寿县政府又采取变通办法:

> 凡地主果园,集中一地在千株以上者,在政府未直接经营前,租
> 与原经营者或有经验的果农经营之。有进步设备及有技术性之地
> 主果园,经民主评议属实,由原经营者继续经营,不得分散。
>
> 凡地主果园,不足一千株者,可按照适当比例,折合普通土地分
> 配给有经营(能力)的农民作专业经营,并在自愿的基础上,由政府
> 辅导组织合作果园,予以民主管理,政府可贷款扶助。

可见,对千株以上的大果园,提倡由原来的私家果园主,通过租佃形式,
继续经营管理。对于千株以下的小果园,也要分配给有经营能力的农民专业
经营。这两条变通措施,只有一个目的,就是保证长寿沙田柚不要因为土地
改革中的权属调整而受到负面影响,而必须确保生产经营的连续性。

当时,长寿沙田柚还面临另外一个问题,一些分得长寿沙田柚果园的农
民,因为不了解市场需求,找不到销路,便随意摘食或贱价出售,影响了经济
收入,也进而影响了生产积极性。于是,政府及时采取了统购统销的保护措
施。1951年10月7日,长寿县政府发出《关于加强沙田柚管理以备外购增加
农村收入的通知》:

> 查本县特产沙田柚,早经农民代表于出席川东区土产会议时订
> 酌整批出售。现在将届成熟期间,查有少数农民不知销路,随意摘

食或贱价出售，殊为可惜。应当仔细看守保护，期待成熟，先将可能收获数目，报告本府计划统销，使他们获得适宜利益，今后才能大量发展。事关农村副业生产，幸勿忽视为荷。

统购统销的保护措施，很好地保护了农民种植长寿沙田柚的积极性。1952年，长寿县园艺生产情况简报有这样一段总结：

> 沙田柚一种，为本县主要外销产品之一。去年土改后，地主的果园划归农民，由于政府统一收购，已引起农民足够的重视，极有培育发展的信心。这对于繁荣农村经济，改变农民生产动力极大。此种柚树，由广西引入，为时不久，果园年龄最多不过三十余年，十年以下的甚多。若经营技术上再进一步地加以提高，其发展前途，真不可限量。

丰碑1965

土地改革中的保护措施，在整体上保证了长寿沙田柚在权属调整过程中的平稳过渡，但并没有完全解决长寿沙田柚发展中的棘手问题。

当时，拥有私家果园的乡村，大部分果树都分配给了农民，由于农民缺乏经营管理技术，加上商贩包山购买，价格偏低，农民自行运销重庆，因数量少，也不划算，农民的经济利益受到损害，因而对种植长寿沙田柚的积极性不高，有的放弃管理，甚至毁树种粮。

长寿县政府及时发现了这个问题，并进行深刻反思，认为"这项工作，过去没有重视，检查起来是很大的错误"。于是，将长寿沙田柚的发展，纳入全县的农林生产计划。

1953年11月7日，长寿县政府制定《一九五三年冬季工作意见》，强调"果树是本县农村的主要副产，沙田柚早已享有盛名，应该力图发展，积极经营,满足城市需要"。随之采取了几条扶持措施:一是当年冬天召开果农代表会,各区选出三人以上作为代表出席会议,交流经验,改进技术。二是乡、村公有果园添设专职干部管理,加强培育工作,起到示范作用,使用农药器械防除病虫害,提高产量与质量。三是做好群众的教育引导,激励农民积极恢复沙田柚的生产经营。四是沙田柚果子,由合作社保证收购,统一外销,解决好销路问题,切实保护果农的切身利益。

1957年,全县开展有计划地发展长寿沙田柚,在沿江和县城附近,繁殖育苗。

1958年初,受全国"大跃进"的影响,长寿县人民委员会提出在全县开展果树生产"大跃进",在保证沙田柚栽培品质基础上,要求平均单株产量达到70个,并开始营建花果山,鼓励村社建立果树基地。围绕长寿沙田柚"大跃进",主要采取了五条措施:一是开展果树春季修枝、施肥工作。要求以熟手带生手,师父带徒弟的办法,解决果树技术力量不足的问题。春天,在拔梢未抽之时,普施催芽肥,促进春梢萌发健壮。7、8月间施秋肥,促进秋梢萌发,壮大果实。二是培育典型,为开展果树生产大跃进树立旗帜。要求县有丰产社,社有丰产园。各个区乡要有3~5个丰产合作社。三是加强病虫害防治,确保果树的生长发育。四是组织好果树员,开展果树生产工作,并及时交流经营管理经验。五是做好果树发展规划,为长寿沙田柚发展奠定基础。

扩大外贸出口,是扶持长寿沙田柚发展的有效方法。从1958年开始,长寿沙田柚出口到东南亚国家,获得很高的评价,极大地刺激了农民的生产积极性。1960年,国家下达长寿沙田柚出口收购任务为25吨,由于当时正值三年困难时期,农村偷摘沙田柚成为普遍现象,收购量只完成任务的四分之一。于是,当年10月紧急召开了全县柑橘外销工作会议,县长鄢嵩山专门作动员报告,要求白天放哨,夜间巡逻,坚持打击偷摘现象,确保完成出口收购任务。这一措施,无疑是对果农极大的鼓励。

经营机制的优化,是长寿沙田柚发展的重要举措。1961年5月8日,中共长寿县委批转卫星(复元)公社党委关于果园大队"三包一奖"情况的报告,要求各地在继续搞好农业"三包一奖"的同时,必须切实认真地搞好果树的

"三包一奖"工作,夺取长寿沙田柚的丰收。一是包产。大队向生产队采取"包堆堆"的办法,由生产队承包果子和果苗的总产值。二是包工。每个工分值,由总产值除以总用工量得出。三是包投资。主要是包肥料。四是奖励。超产部分,实行"三七开"的奖励政策,大队三成,生产队七成。生产队的奖励中,主要奖励给社员和超定额的社员。如果没有完成任务,按照减产量的50%扣包工分。

政府的主动扶持,激发了果农的生产热情,推动了长寿沙田柚的持续快速发展。

1952年,全县柚子结果树2万余株,未结果树4000余株,常年产量84.7万个。

1956年,全县柚树已经达到3.6万株,比1952年增加1.2万株,增幅达50%。

1965年,是长寿沙田柚发展史上的巅峰之年。全县柚树达到8.4万余株,比1952年增加近6万株,增幅超244%;比1956年增加4.7万余株,增幅超130%。当年产量240万个,国家收购207万个,精选22万个出口,均创历史最高水平。主产地邻封公社柚树达到1万多株,产量50余万个,平均株产50个。复元、沙溪、但渡、石堰、松柏、渡舟、城关等地,已经成为长寿沙田柚的重点地区。

1965年,是长寿沙田柚的一座里程碑。经过新中国成立以后15年的扶持发展,长寿沙田柚的存树量、产果量,均刷新历史上的所有纪录,品质大幅提升而备受称道,成为持续出口外销的拳头产品,标志着长寿沙田柚继新中国成立前的私家果园之后,步入了又一个发展高峰。

"文革"中的急剧萎缩

1965年,是长寿沙田柚的巅峰之年。然而,接踵而至的十年"文化大革命",让这个记录着长寿沙田柚辉煌历史的里程碑年份,竟然成了急剧萎缩的起点,确实让人不胜感慨。

由于受极"左"思潮影响,长寿县在农村经济中片面强调"以粮为纲",忽视"全面发展",把多种经营和家庭副业当成资本主义的东西加以否定。在实际工作中,虽然重视并强调长寿沙田柚的发展,但在政策配套上,却往往因为粮食生产而逼迫果树服从和让路。

邻封镇的魏家河坎,是新中国成立前雷尧阶的尧峰果园所在地,是著名的长寿沙田柚示范基地。"文革"期间,魏家河坎所在的邻封大队,有长寿沙田柚14330株,结果树11500株,绝大多数都已成林,对土地的遮挡严重,阳光渗透不下来,严重影响庄稼的生长发育,每根树下都有一二厘地不产粮食,全大队1570亩耕地中,粮食减产400亩中有30亩完全不能种庄稼。基于这个情况,大队每年都要向国家借贷或争取返销粮食,来维持社员生活。还要求社员稳粮增果,实现粮果双丰收,完成粮食和柚子的双重征购任务。不少社员就毁树种粮。1970年春季,邻封大队以修枝为名,一个月时间砍掉成年柚树三分之一;复元乡走马大队砍掉大树260多株;晏家的沙溪乡、城关的三洞沟,都砍掉了很多沙田柚树。

由此长寿沙田柚的发展引来系列问题:老树管理水平差;新区发展速度缓慢;果品量严重减产;良种化程度不高,单株产量低,全县结果树大年时单株结果平均10个左右,小年时单株产果平均仅4个。

到了"文革"后期,长寿县相继采取了多种措施,拯救长寿沙田柚。1969年11月,长寿县革命委员会生产指挥组要求做好沙田柚的收购、外调工作,强调加强市场管理,严禁柑橘青果上市。在征购期间,沙田柚全部由商业部门统一收购,不准私自处理,严禁鲜果上自由市场。所有单位和企业,一律不得到生产基地采购果品。1971年12月,召开全县果树生产会议,学习中央关于"果树上山下滩,不与粮食争地"的精神,解决好粮果争地和粮果双丰收的问题。会议要求,在处理粮食与果树的关系时,要"主动让,积极上"。果树不占良田熟土,把好田好土用于粮食生产;果树要发展,要上荒山、荒坡、薄土,下河滩、乱石滩。1973年10月,召开全县柑橘生产、收购工作会议,提出当年全县沙田柚收购量达到50万个,比1972年增长一倍。1975年4月,召开全县柚子生产会议。这是第一次全县性沙田柚专题工作会议。要求当年沙田柚总产100万个，精选5万个出口。会议要求认真落实好几个政策问题：生产经营管理上实行"三包一奖"，即包产值、包投资、包工分和超产奖励、减产受罚；收购价格上从1972年开始，坚持优质优价并适当提高；商业部门以购销合同形式，落实购留政策；统一由国家收购，不能在自由市场自行出售。

这些措施虽然起到了一定的恢复发展之功，但长寿沙田柚长达十年的急剧萎缩之势，并没根本扭转。一则柚树锐减。1965年，长寿沙田柚达到8.6万余株，到1976年只有四五万株，接近死亡的占20%，不结果的占3万株，全县基本上没有丰产树。二则产量大降。1965年，长寿沙田柚产量高达240万个，创造了历史最高水平，1970年猛然下降到仅10万个，1976年处于最低谷，产量仅5万个，与历史最高年产量相比，有明显差距。

恢复中的大扩展

1976年10月6日，"四人帮"被粉碎，标志着"文化大革命"结束。随着全县经济的全面好转，长寿沙田柚的恢复发展，很快被提上了议事日程。长寿沙田柚从危机中迎来转机。

1977年1月31日，农历腊月十三，离春节不到20天，经过一段时间的精心筹备，长寿县柚子生产工作会议在长寿沙田柚的主产地邻封召开。这是一次拨乱反正的会议，更是一次重振旗鼓的动员。

这次会议，纠正了"粮果对立"的观点，强调坚持"以粮为纲、全面发展"的农业方针，要求在狠抓粮食生产的同时，大力抓好柚子生产，实现粮果双丰收。要求当年柚子恢复到60万个，到1980年，恢复到1965年240万个的历史最高水平。会议分析，当时全县四五万株结果树，如果每株结果15个，就可以达到60万个；如果每株结果50个，就可以恢复到240万个。

会议决定，在邻封地区建立柚子树苗圃，发展成嫁接苗，并在邻封、云集等地区，选择社队发展一批新的生产基地；严禁砍树、毁树，对借修枝而砍大枝大干的,要及时追查处理;建立牢固的专业队,传授生产技术,并在主要产区定期召开技术片会,培训一批专业技术人员;抓好生产技术关键环节,重点抓住治理病虫害、施肥、地力培育、更新根系、剪枝等,做好衰树复壮;柚子专用化肥与交售量挂钩,与株数挂钩,专肥专用;龙溪、复元、晏家等沙田柚集中区,确定专人负责沙田柚的生产经营管理。

这次会议,很快收到了成效,当年就扭转了长寿沙田柚的下降趋势。全县产柚120万个,比1976年增长20倍,国家收购91万个,比1976年增长69倍,并恢复了已经中断多年的出口。其中,邻封公社魏家河坎成年柚树3000多株,产果15万个,增产数十倍。

一年恢复,初见成效,加快发展,信心大增。随之,长寿推出了长寿沙田柚发展的"组合拳"。

1978年1月15日,长寿县革命委员会下发《关于"五五"后三年果树生产发展规划的意见》,要求到1980年沙田柚从当前的7万株发展到25万株。提出建立龙溪河流域沙田柚基地,包括邻封、石回、但渡三个公社,除管理好老树外,新栽柚树10万株。强调科学种果,猛攻单产,大搞提高单产的科学实验活动,建立种子园、试验园、丰产园。

当年4月,全国柑橘科学大会在北京召开,把长寿沙田柚列为中国柑橘赶超世界先进水平的品种来发展,这对长寿是个极大的鼓舞。8月9日,县里提出把长寿建成水果基地县,要求在长江、龙溪河两岸的扇沱、沙溪、晏家、千佛、大堡、但渡、邻封、石回、云集、仁河10个公社,发展沙田柚15万株。10月,决定在渡舟云峰寺建立长寿县柑橘研究所,配备科研技术干部5人,工人10人,经费由财政全额拨款,主要负责提纯选优、丰产栽培、病虫防治、贮藏等课题的科学研究,为长寿沙田柚大发展提供技术支撑。1978年,长寿沙田柚再次喜获丰收,产量达到150万个。

当时,国家还处于物资短缺的时代,各种生活必需品都显得十分紧俏。于是,扩大规模便成为长寿沙田柚发展的主要方向。

1979年9月7日,长寿县革命委员会发布《关于大力发展长寿沙田柚的意见》,决定新建柚园1万亩,栽种柚苗40万株,要求1985年产量达到600万个。文件要求建立专业班子,实行专业化生产;狠抓现有柚树产量,猛攻单产,建设发展新柚园,利用荒山河滩,集中成片发展,深耕改土,良种大苗,大窝大肥栽植;给予扶持政策,凡交售柚子100个,奖励粮食1斤,化肥20斤,对新建果园,给予必要的无偿投资和贷款扶持;凡属沙田柚集中发展区,都要确定分管领导,建立专业人才队伍,抓好典型和检查评比,抓住建园的速度、质量、经营管理和苗木准备四大项目。

1980年9月1日,长寿县革命委员会又出台《关于发展长寿沙田柚生产的意见》,对加快沙田柚发展提出新的要求。一是实行小集中与大分散结合,集体和社员"两条腿"发展的方针。长江、龙溪河沿岸的14个公社,每个生产队连片新建园5~10亩(200~500株);其余地区凡有条件的生产队新建园3~5亩(120~200株)。同时,鼓励社员每户栽植柚树1~2株。1983年前,新栽50万~60万株,集体与社员各占一半。二是适当减少公粮统购任务,缓和粮果争地矛盾,巩固老区,积极发展新区。三是提倡多渠道、多形式经营,增加农民收入。扩大外贸出口,实行外贸补贴。在完成外贸任务和产销合同后,允许社队自产自销。四是适当投资,积极扶持。对种苗繁育、嫁接成活、成片栽植等,分别给予不同的财政补贴。

为鼓励果农种植沙田柚的积极性,县上先后出台了多个激励政策。

1981年5月31日,长寿县政府下发《关于扶持沙田柚生产采取"粮果挂钩"办法的通知》,决定对沙田柚收购实行"粮果挂钩"的办法,即每交一定数量、等级的柚子给供销社,就由供销社出具凭证向粮食部门结算粮食。11月22日,长寿县政府下发《关于大力发展柑橘生产的决定》,凡定植一株沙田柚,县上补助种苗费0.2元,

沙田柚收购现场

出圃合格沙田柚嫁接苗一株,价外补助0.05元。

1982年7月23日,长寿县政府下发《关于沙田柚生产经营中几项政策规定的通知》,补充两项扶持政策。一是粮食专项补贴。凡成片种植100株以上沙田柚成年树的队,每年每株由国家补助粮食5斤。二是提高粮果挂钩标准。凡向当地供销社交售100个甲级沙田柚,补助粮食由原来的15斤提高到30斤。交售100个乙级沙田柚,补助粮食由原来的10斤提高到15斤。

由于政策落实,调动了群众的积极性,长寿沙田柚的发展规模逐年扩大。1985年,全县共定植柚树约13万株,结果树约3.3万株。1986年,财政拨款2.1万元,用于沙田柚改土建园1000亩,改造低产柚1.8万株,育苗200万株,嫁接良种苗134万株。1987—1989年,新建高标准高质量沙田柚示范园1800亩,定植沙田柚大苗7500株,培育种苗41.9万株。

1995年之后,长寿沙田柚进入迅猛发展时期。1995年,栽植面积近3000亩,2000年增加到近9000亩,面积增长2倍。2002年,建立长寿沙田柚焦家生态园,面积达到6300亩,挂果2000亩。2003年,焦家生态园又新发展沙田柚10000亩。

2001年后,长寿沙田柚进入发展速度最快的时期。沙田柚种植面积,2001年不足1.2万亩,2006年达到4.7万余亩。到2014年,种植面积近10万亩;总株数达到248万株,比历史最高水平1965年增长近30倍。

种植规模的快速扩大,带来了长寿沙田柚产量的大幅攀升。

1986年产果535吨,约85万个。1987—1992年,总产量450～625吨,产果70万～100万个;1993年,总产量1023吨,产果约200万个。

1995年,是长寿沙田柚历史上值得大书特书的一年。这一年,长寿总产量达到1772吨,产果大约285万个,比1965年历史最高年产量240万个多出45万个。终于在30年后实现历史新超越。

此后,规模种植的效应开始成倍放大,长寿沙田柚的产量随之成倍增长。

2000年,长寿沙田柚总产果量达到4670吨,产果大约750万个,比1965的历史最高产量高3倍多;2005年,总产量达到10191吨,产果约1630万个;2011年,产量达到17500吨,产果约2800万个;2014年,总产量27500吨,产果

喜获丰收

约4500万个；2016年，总产量达到59000吨，产果约7670万个，创历史最高水平。

母本的选优提纯

回顾历史，长寿沙田柚的规模扩展和产量飙升，得益于一个十分重要的基础工程，那就是母本的选优提纯。

1977年长寿沙田柚产果120万个，结束了"文革"十年急剧萎缩的局面，极大地鼓舞了人们大力发展长寿沙田柚的信心。鉴于当时的物资短缺的经济形势，扩大种植规模，开始成为长寿沙田柚发展的工作重点。1978年4月全国柑橘科学大会，长寿沙田柚成为国家重点扶持发展的优良果品，于是，长寿县人民政府规划在长江、龙溪河两岸建立长寿沙田柚基地，集中连片新发展沙田柚15万株。1979年9月7日，又决定新建柚园1万亩，栽种柚苗40万株。

然而，面对长寿沙田柚发展的宏伟规划，一个问题却困扰着人们，那就是因品种混杂而造成的长寿沙田柚品质良莠不齐。

长寿沙田柚自清末民初引种成功以来，一直沿用高空压条繁殖方法，直到20世纪七八十年代才开始逐步推行育苗嫁接方法。由于在繁殖过程中，采用无性繁殖方法，尤其对母树品质的优劣与否，枝条接穗的强壮与否，均未严加选择与考究，因而品种变异逐年增多，特别是劣质变异更为明显，出现了回味苦、果味偏酸、果肉发绵、囊瓣粘联、果皮过厚等弊端，成为长寿沙田柚的致命弱点和潜在威胁。

1978年7月开始，全县着手筹备长寿沙田柚品种的选优提纯工作。计划在原有结果柚园中，进行普查普选，选出产量高、果子大、品质好、早熟耐储、固形物高的长寿沙田柚古老钱、菊花心、大冬瓜圈、小冬瓜圈、癫疙疤等五个品系中的优良单株，并对中选优良单株，每株采果10~20个进行鉴评，然后在优良的单株上，取四五十个接穗，在指定的苗圃进行单系、单株嫁接和在杂柚上高位嫁接，进行观察试验。选优提纯的目的，是要力争在两三年内，确定出长寿沙田柚的优良母本园和相应的子代母本园，为长寿沙田柚的大规模发展，提供可靠的优良种苗。

从1978年到1981年，长寿县对沙田柚进行了连续四年的品种选优提纯工作，成为长寿沙田柚发展史上的重大举措。

长寿沙田柚的第一次品种选优提纯，始于1978年10月1日。当时，在全县6个区、12个公社、1个国营农场，共计38个大队、生产队中，开展了由专业技术人员、社队干部和普通群众组成的"三结合"柚子选种工作，参加人员达200多人次。经过一个多月的林地观察、品尝挑选、室内鉴评和领导评审等，从全县初步送县鉴评的306个单株中，评选出固形物14%以上的特级树13株，少核1株，甲级树73株，共计87株优良单株。用于长寿沙田柚的育苗嫁接。

1979年10月1日至11月24日，长寿县对沙田柚进行第二次品种选优提纯的鉴评工作。全县各个生产基地送县鉴评的单株418株，评选出特优树6株，优良树20株，优级树79株。这次评选明确提出，把优质高产、无核少核、果大皮薄、囊瓣整齐，作为长寿沙田柚品种鉴评和未来发展的四大性状，也即

长寿沙田柚母本园

四大标准。

1980年9月19日至11月5日，长寿县对沙田柚进行第三次品种选优提纯的鉴评工作。从送选的150个单株中，评选出特级树7株，优良树18株，优级树27株，一级树15株，共计67株。

1981年9月28日至12月11日，长寿县对沙田柚进行第四次品种选优提纯的鉴评工作。从送选的81个单株中，评选出特级树8株，优级树20株，优良树20株，一级树17株，共计65株。

经过四年的鉴评选种，根据丰产、优质、果大、皮薄、囊瓣整齐、抗病、耐储等标准，从全县33250株结果树中，选出了955个株次送县鉴评，经过室内综合鉴定，筛选出基本符合选种目标要求的优良单株198株次。其中，第四年中选的3株，第三年中选的24株，第二年中选的68株，第一年中选的103株，都为发展长寿沙田柚提供了大量优良接穗。

在选优提纯鉴评的同时，全县共育有酸柚砧木苗76.8万株，已经嫁接的10万余株。

变异中的优化

　　长寿沙田柚在发展历史上,曾经有过两次变异中的优化。一次是远系变异中的优化。即从浙江玉环"梨形文旦"变异优化为广西容县沙田柚。一次为近亲变异优化。即从容县沙田柚变异为长寿沙田柚。

　　起源于浙江玉环的"梨形文旦"与广西容县沙田柚,具有相同的基因,呈现出相同的性状,表现为遗传的稳定性。两者树态基本相同,枝条分叉较多,枝梢生长旺盛,树冠呈一圆头伞状,树冠覆盖面积大,树干并不十分高,成年树一般在2.5～3.5米。这些共同的特征,说明广西容县沙田柚与浙江玉环"梨形文旦"属同一树种,但因长期种植于不同地质背景的土壤中,品质随即发生了较大变异。

　　浙江玉环"梨形文旦",果形如梨,果基似圆锥明显突出,形状较为匀称,蒂部周围有明显的沟状放射纹,囊瓣呈半月形或梳子形,每果平均有核58颗,果重平均1公斤左右,果皮厚平均为1.73厘米,可食

浙江玉环县所产"梨形文旦"

率平均为61.5%,固形物含量10.4%～12.5%,其风味甜中带酸。

　　广西容县沙田柚果形呈倒卵形,如梨状而头部有些偏歪,果面粗而呈黄色,内瓤呈肾脏形,每果种子平均为137颗,果重平均为0.8公斤左右(最重可达1.5公斤),果皮厚平均为1.5厘米,可食率平均55.3%,固形物含量15.6%～17%,其风味是肉质砂甜脆嫩,富蜜香而不带酸味。

　　概括起来,从"梨形文旦"到沙田柚,变异主要有四:一是果形变异。沙田

柚的梨状颈部歪斜，原有的放射状纹消失。二是果实变异。沙田柚重量减轻，可食率下降。三是繁殖能力变异。沙田柚种核平均每果高达137颗，而"梨形文旦"种核平均才58颗。四是风味变异。"梨形文旦"甜中带酸，而沙田柚没有酸味，纯为香甜。

广西容县沙田柚引种成为长寿沙田柚后，这种遗传中的变异更为明显。据史料记载，当年孔合清从广东寄回长寿的二百余粒种子，育成柚苗十余株，到结果时，"果形品质，殊多变异"，除其中四株味佳外，余皆变劣，乃依其果形之悬殊，区别为薄皮、冬瓜圈、古老钱、癞疙疤、沙橙等等品种。

1941年冬，章恢志、陈湘芸对长寿沙田柚进行品系鉴评，发现广西沙田柚引种成为长寿沙田柚后，已经发生"一分为六"的变异，演化出了六个不同特点的品种。

薄皮沙田柚。本种为孔合清实生变种之一，以其果形特小，皮薄而紧，表皮细滑而得名。果形呈倒卵状坛形（洋梨形），纵横径10.1厘米×9厘米乃至12厘米×11厘米，果重0.381～0.556公斤，外观玲珑可爱，囊瓣数11～14瓣，排列整齐，汁液适中，味甜或稍淡薄，种子形较小，每果平均68～73粒。曾经被看成是绝优佳种，以其为珍种，非亲友贵客，不易出售，致本种栽培甚少。

冬瓜圈沙田柚。本种以果底凹环特大，与冬瓜类似，故名。果形中等，呈倒卵状梨形，纵横径12.1厘米×11.1厘米乃至15.4厘米×13.6厘米，果重0.6365～0.998公斤，皮厚中等，表皮稍有隆起肋条，囊瓣数15～16瓣，果形小，皮稍厚而韧，排列稍不整齐，砂囊脆，汁液多，味甜，种子中等，呈狭长楔形，每果平均84粒，多者92粒。成熟期中，品质中上，黄绿至暗黄绿色。早期分布不广，仅合兴及（垫江）包家一带知之。

古老钱沙田柚。本种以其底部凹环形小，且时有数条放射状轴条，形似铜钱，故名。果实中等或稍大，呈倒卵钝梨形，纵横径12.4厘米×11.1厘米乃至14.3厘米×12厘米，果重0.594～0.7399公斤，皮厚中等，表面平滑或稍有突起，囊瓣数12～14瓣，果形中等，皮稍厚，排列较冬瓜圈整齐，砂囊脆，汁液多，味甜，种子大，呈方形、楔形，每果平均100～104粒，成熟早，品质中上。在长寿沙田柚中乃分布最广者，尧峰果园所称正形沙田柚，即属此系。

古老钱变种沙田柚。本种为孔合清实生变种之一,果实外形与古老钱相似,惟砂囊质较软,味酸,故名。果实大,呈倒卵状锐梨形,纵横径13.6厘米×12.2厘米,平均重量0.698公斤,表面平滑,囊瓣数12瓣,果形中等,皮薄,排列整齐,汁多味浓,种子斜生,状长楔形,棱边狭窄。种核数多,平均有132粒,成熟晚,品质中。本种栽培不多,仅存在于孔合清家原树之中。

癞疙疤沙田柚。本种以其果面多瘤状突起,类似癞蛤蟆之表皮,故名。果实中或大型,倒卵状锐梨形,纵横径10厘米×11.6厘米乃至16.2厘米×12.2厘米,重0.641~0.9855公斤,囊瓣数12~14瓣,中或小,皮稍厚,砂囊质稍脆,汁稍多,味稍淡或稍带苦味,种子大,呈长大楔形,表面有三四条粗细条纹,数目多少不等,每果种核30粒乃至120粒,成熟期中,品质或中上。分布尚广,品质视风土居民不同,大有悬殊。乃在排水良好,土质肥沃地栽培。产果表面较平,品质可与古老钱相并。植于低温之地者,则果大,瘤状突起显著,风味不良。

沙橙。本种为孔合清主要实生变种之一,以其形态略似广西沙田柚之母树品种,故名。长寿俗称柚子为橙子,沙橙即沙田柚之简称。果实大,呈短倒卵形或倒卵形,纵横径12.3厘米×12厘米乃至13厘米×13.5厘米,平均果重0.788~0.87公斤,皮厚中等,表面不平,微有肋条及小小瘤状突起,囊瓣大8~14瓣,皮稍厚,排列整齐或不整齐,砂囊脆或稍软,汁液多,味甜而带酸,种子较少为每果30~70粒,达百粒以上者少,大小为中型或小型,呈正楔形或广楔形,成熟期迟,耐贮藏。

与广西沙田柚对浙江"梨形文旦"的变异原因相近,长寿沙田柚对广西沙田柚的变异,主要原因在于长寿地质条件下的土壤,矿物质含量与广西容县大有不同,因而同一水果,发生不同变异。

在长寿沙田柚的六大品种中,以古老钱沙田柚分布最广,沙橙次之,其他各个品种数量较少。古老钱沙田柚,由雷尧阶的尧峰果园繁殖推广,结果味佳,称为正形沙田柚,以致当时全县栽培约有60%以上均属此系。沙橙,从孔合清家传出,由舒雪林位于渡舟的龙山果园繁育推广,在长寿亦有较大面积之种植。

可见,由雷尧阶繁育推广的古老钱沙田柚和由舒雪林繁育推广的沙橙,是长寿沙田柚六大变异品系中的优良品种。正是这两大优良品种的发展壮大,为长寿沙田柚"源于沙田、优于沙田"的品牌效应,奠定了坚实基础。

产品与种苗的输出

通过对广西沙田柚的遗传变异和优化提升,引种而来的长寿沙田柚形成了自己特有的内在品质和外部认知。从此,作为沙田柚品系中后来居上的品种,长寿沙田柚伴随着不绝于耳的赞美,越来越得到人们的认可。长寿沙田柚果品的外销和出口、长寿沙田柚种苗的对外输出,早已证明了长寿沙田柚不同凡响的魅力。

长寿沙田柚果品的外销,是其品质和规模发展到一定阶段的重要标志。至于哪一年开始外销,至今难以找到明确的记载。但从其发展历程看,20世纪20年代中叶,以私家果园为载体的长寿沙田柚,发展规模已经上到一定台阶,向县外调运销售已成为可能。

20世纪40年代,长寿沙田柚的著名私家果园有近二十家,而这些"群相竞栽,务以早成名园为快"的果园,创立时间都在民国初年,到了20世纪20年代中叶,则已经开始进入丰产期了。

尧峰果园创始人雷尧阶在《尧峰柑橘栽培·引言》自述,民国初年,觅得广东沙田柚种两株,过了三年,始将枝条靠下,渐次繁衍。"不十年间,产出柚实,众亲友以及军政长官食之者,皆以蜜味清香,肉质脆嫩,较原产地之柚实,等而上之,互相推许"。可见,长寿沙田柚品质优于广西沙田柚的共识,并引起社会各界的广泛关注,时间应该在20世纪20年代中叶。

从长寿沙田柚的产量看,民国初年每年不过数万个,到了20世纪20年代中叶,产量已经突破十万个。显然,生产已经开始形成批量。

不过,长寿沙田柚的成规模外销,应该兴起于抗日战争时期。据《长寿县农业志》记载,当时雷尧阶的外甥傅克军,任滇缅公路工兵司令,派人回老家长寿采购沙田柚,用以馈赠盟军远东军区副司令史迪威及航空运输队飞虎将军陈纳德,赢得异邦官员众口颂扬。

整个抗日战争时期,由于三峡以东均被日军占领,而重庆作为陪都,众多机关、企业、学校、科研单位内迁,城市人口猛增,故长寿沙田柚的主要外销地,就是重庆。从1938年秋冬之际到1941年冬,张育明、杨定伦、章恢志、陈湘芸等专家,先后三次到长寿调研沙田柚,这也足以说明长寿沙田柚在抗战大后方的影响。

长寿沙田柚真正意义上的远距离、大规模外销,主要兴起于抗日战争胜利之后。这一时期,长寿沙田柚发展到10余万株,年产约100万个。据《长寿县柚橘产销合作社三十六年度运销业务计划书》记载,"以长寿辖境之小市场,销售如此巨大,殊成问题,势非远销外地,难免生产过剩,贬值求售之现象,园户辛苦经营结果,难得其合理之收益"。而曾经作为陪都的重庆人口锐减,城市消费力大大削弱,于是不得不寻找更为广阔的市场。

正是基于扩大外销,1947年3月,在长寿沙田柚发展史上发生了一件大事:成立长寿县柚橘产销合作社。合作社由雷尧阶牵头发起,宗旨为集中柑橘推销;生产技术力求精良;减轻社员生产及销售负担。主营业务为柚橘的生产运销。业务区域为东至东山,南至五堡山,西至晏家场,北至石堰场,纵百里,横四十里。经过民主选举,县参议会议员向芳琥任理事会主席,雷尧阶任监事会主席。合作社每股股金10元,共认股数100万股,一次性吸纳股金总额1000万元。参加人数90人。合作社成立大会在当时位于河街的长寿县商会召开,县政府和县农民银行的有关负责人出席。

合作社的运行办法是,在产品成熟前一个月,由本社通知各社员,将产品按时送社,以便选样,有利集体运销。本社收到社员产品后,即按其形状大小,品质优劣,严格实行分级,并出收据,以作日后结算货价之根据。产品分级既竣,即按其等级分别打包,以资识别方便运销。运销地点,开始主要有汉口、宜昌、万县、重庆、成都等五处。后来,视市场有利之大小,决定运销地点之远近。运销工具,长距离用运输船,短距离用木船,并由合作社与各个地方的水果行,提前取得联系。运销费用,如堆栈费、包装费、运送费、力资、人事办公费等,计入成本,由各个社员统一摊销。

新中国成立以后,直到20世纪80年代中期实行农产品合同定购之前,由于国家实行计划经济体制,长寿沙田柚一直由政府统一收购外销。在这三十多年时间里,长寿沙田柚作为重要物资,绝大多数产品都由国家统一收购外调,只有少数由农民自主销售。

长寿沙田柚的出口,不仅为国家赚得外汇,还为长寿沙田柚赢得了国际声誉。

1958年,长寿沙田柚产量约60万个,国家统一收购45万个,其中出口东南亚国家5万个,受到很高的评价。长寿沙田柚出口创汇开始。

1965年,产量240万个,国家统一收购207万个,出口港澳市场22万个,深受好评。是长寿沙田柚出口创汇最多的年份。

随后,由于受"文革"十年浩劫影响,长寿沙田柚产量剧降,出口受到冲击。1970年,全县柚子产量仅12万个,外贸公司只好在邻封镇挑选了1.2万个出口。1973年开始,由于货源紧张,停止出口。1977年,柚子产量120万个,国家统一收购91万个,恢复出口1.35万个。1979年,柚子产量150万个,国家统一收购78万个,出口5.8万个。据统计,1958年至1979年,全县共出口沙田柚90万个。

长寿沙田柚产品外销和出口的同时,果苗的输出也成为一道亮丽的风景。据民国三十三年(1944年)《长寿县志》记载:

> 尧峰果园之柚,为粤沙田柚种,现分三园。一在邻封场,一在河街桂花湾。历经农业园艺专家考察认为,品质良好。雷氏并将柚苗分赠亲友同族人,移植获利者已二十余家。而川中有六十余县,兼湖南长沙、湖北黄冈、云南昆明等处,均在该园购苗移植云。

可见,抗日战争期间,已经有四川内外的很多地方慕名而来引种长寿沙田柚,而主要引种的是尧峰果园的古老钱沙田柚。

雷尧阶在《长寿尧峰果园启示》中也记述了向外输送果苗的经过:

本园产出沙田柚,早蒙全川人士所嘉许。每柚腹脐挺生古老钱形,他柚决难混淆。近年大加扩充,力求普及,复于春间斟酌新旧接法,靠成此种柚苗数千株,如有假冒,负责赔偿。差宰者四五月交,雨水调匀,发生根须,较往岁尤当。曾于省垣开劝业大会时印发售苗启事于各县,建设局请求,提倡每株定价大洋三元。嗣后交款定购以及来函索购者络绎不绝。兹因废历九月,正系栽植期间,迟恐霜雪浸加,不易生活,用特登报相约,凡已定未定各同志,望届时补价或携款到本县河坝上东街本园营业处取苗,随即附赠种柚须知一小册,仿此栽种培植,不数年间获得大可乐观也。

尧峰果园的果苗输出,显然获得很大成功,以致出现购买者"络绎不绝"的盛况。雷尧阶在《尧峰柑橘栽培》一书中对柚树幼苗的输送、包装与栽培,提出了指导性的技术要点:

幼苗欲送于远方者,以废历九月为最宜。因此时气候渐凉,植定后小阳节至,使发新须,最易活也。如过于遥远,须预防根部干燥,须注意包装,即以柚苗与(青)蒿交互重叠,浸于泥水中,或以湿润之藓苔或熟蒿包其根部。若途中包藏之苔藓至干燥时,又可以砂糖水润湿之,搬到栽植地点后,浸其全体于水中四五日,或每日喷水数次,使其饱吸水分,势力恢复,复植之于园中,并宜择阴云温暖无风不过干过湿之日,降雨决不可行。

长寿沙田柚的果苗输出,不仅辐射范围广、输出数量大,而且形成了成套的输出技术。而今,四川遂宁、泸州等地盛产的沙田柚,最早就是从长寿引种的。

何处优于沙田

果品的持续外销与出口，种苗的大规模对外输出，是长寿沙田柚作为沙田柚良种的最好证明。由于引种于广西容县沙田村，人们自然会把长寿沙田柚与广西沙田柚进行比较，最终得出了长寿沙田柚"源于沙田、优于沙田"的定评。

最早对长寿沙田柚品质做出评价的，是那些"近水楼台先得月"的品尝者。据《长寿县多经志》记述，民国初年雷尧阶从外祖母孔氏林庄家院中引种沙田柚时评价说："树干壮实，每年结果累累，其味极佳，人称为上品。"而民国十七年（1928年）《长寿县志》之《长寿果园调查记·李氏果园》一文，记述李其章三洞沟果园时称："橙子约一百株，系沙田柚种，其味醇似蜜而清香较垫江、涪陵之橙高尚多矣。"

沙田柚引种长寿的初期，人们主要是把沙田柚与梁平、垫江、涪陵等毗邻地区的柚子进行比较，判断其优劣。后来，人们则从长寿沙田柚与广西沙田柚对比角度，对品质优劣做出评价。

20世纪30年代初，雷尧阶在《尧峰柑橘栽培》中数次提到人们对长寿沙田柚的评价：

> 本园产出沙田柚，早蒙全川人士所嘉许。
>
> 夫柚树之品种甚繁，在本园果实未产出以前，吾川如奉节、梁山、垫江、武胜、蓬溪等地所产者均为可口。及自本园柚实出产以来，经购户之品评，不特高尚于他种，并不亚于原产地之出品也。
>
> 众亲友以及军政长官食之者，皆以蜜味清香，肉质脆嫩，较原产地之柚实等而上之，互相推许，实出尧阶意料之外。

这些记述表明，至少从20世纪30年代初开始，长寿沙田柚已经在消费者中获得了优于四川各种名柚、优于广西沙田原产的共识。而四川六十余县和湖南、湖北、云南等地，都到长寿采购沙田柚幼苗，则说明当时对长寿沙田柚的推崇，已经远远不局限于长寿、重庆、四川了，而是影响到周边省份。

品质优绝、声名鹊起的长寿沙田柚，自然吸引着园艺专家们的目光。消费者的亲身感受和普遍赞誉，也经过了果业专家的反复鉴评，新中国成立以前，长寿沙田柚就已经获得学术界"源于沙田、优于沙田"的专业认可。

新中国成立后，长寿沙田柚继续受到国内顶级园艺专家的关注，并获得至高评价。著名柑橘专家、中国农业科学院柑橘研究所第一任所长曾勉（1901—1988年）教授，曾经三次对长寿沙田柚作过"源于沙田，优于沙田"的高度评价。1991年，国际著名柑橘专家、全国人大代表、华中农业大学一级教授章文才（1904—1998年），在长寿沙田柚鉴评会上挥毫题写"引自沙田，胜过沙田，树柚树人，富国富民"十六个大字。同时，中国柑橘研究所副所长、柑橘病毒专家赵学源（1933年生）先生也在鉴评会上挥毫补记曾勉教授"源于沙田，优于沙田"的八字定评。1999年，时任中国柑橘研究所所长沈兆敏（1940年生），又用"青出于蓝而胜于蓝"来评价长寿沙田柚。

消费者的推崇、权威专家的鉴评，为长寿沙田柚赢得了声誉。然而，全国性的专业评比，更让长寿沙田柚脱颖而出，大放异彩，再次证明"柚中王者"的地位。

1985年11月，第一届全国优质农产品鉴评会在北京举行，长寿沙田柚应邀参加。为准备这次参评活动，长寿县农业部门对沙田柚的采摘期进行了严格把关。经过专家研究，于当年10月23日，从邻封乡魏家河坎包继奎家采摘了成熟期的沙田柚送评。由于这是首届全国优质农产品鉴评，参评单位都相当重视。当时的国家农业部部长何康，亲自主持活动。为增强柚类鉴评的权威性，鉴评会组成了专家小组。专家小组确定了多项鉴评指标和评分办法，经过鉴定评选，长寿沙田柚比广西沙田柚多出0.5分而一炮走红，最终长寿沙田柚凭借分数第一名，被评为农业部"优质水果"，并获得了全国沙田柚系统的金奖，不仅金榜题名，而且独占鳌头。

荣获金奖，是长寿沙田柚发展史上的一座里程碑。

长寿沙田柚金奖纪念碑

1988年4月21—24日，"第一届国际植物新品种展览会"在瑞士日内瓦展览馆举行。这次会议，由瑞士植物学家倡议举办，得到国际植物新品种保护委员会赞助。举办这次展出的目的，在于促进植物新品种和研究人员的国际联系，加强技术交流与合作。参加本届展览会的有9个国家，分别是中国、法国、荷兰、新西兰、匈牙利、丹麦、芬兰、日本和瑞士等。参展内容包括花卉、木本观赏植物、粮食和油料等。重庆市科委选送了长寿沙田柚参展，展览馆现场有长寿沙田柚的展台和宣传资料。展览大厅的门口，有一张巨幅相片，画面是当时的日内瓦市市长，抱着长寿沙田柚欣赏，喜笑颜开。这次会上，长寿沙田柚被评为30余个参展品种中8个最令消费者感兴趣品种之一。会后，一些国家的公司或超市，要求长寿提供产品报价，并希望来长寿访问和购苗。

1989年，"第二届全国优质农产品鉴评会"在山东省烟台市举行，长寿沙田柚再次应邀参评，结果蝉联沙田柚系统评比第一名，再获金奖。

1992年以后，长寿沙田柚多次荣获"全国柚类科研生产协作组"会议评比"金杯"奖；1997年，获重庆市"十大名柚"光荣称号；2001年，被评为"中国国际农业博览会名牌产品"；2006年，被国家水果流通协会举办的"中国名品水果评选"评定为"中华名果"；2009年，长寿沙田柚又成功注册国家商标局颁发的地域性商标。

长寿沙田柚在国内和国际获得众多奖项，受到广泛褒奖赞扬，成为长寿的品牌形象。到底因哪些地方"优于沙田"？大多数人并不清楚。

总体上看，长寿沙田柚与广西沙田柚，同祖同宗，一脉相承，同中有异，各有优劣。据知名沙田柚专家饶海洋先生研究，长寿沙田柚与广西沙田柚相比，具有五大优势：

果汁较多。长寿沙田柚的果汁率和可食率，分别较广西沙田柚高出24.6%和7.3%，符合水果内质对"水"的基本要求，这是其他沙田柚无法比拟的优势所在。

嫩脆化渣。长寿沙田柚果肉嫩脆化渣，口感极佳。而其他沙田柚则往往"质地硬脆"。

极耐贮藏。长寿沙田柚果实醇甜如蜜，贮后品质愈佳，蜜味更浓。一般贮至3—4月，风味不变。这是包括其他沙田柚在内的任何柚类品种都无法比拟的。由于贮藏时间最长，是名副其实的"天然罐头"。

果大适中。长寿沙田柚平均单果重仅0.75公斤左右，栽培得当者，单果重约1公斤，与其他沙田柚1～2公斤相比，虽略显偏小，但便于一次食用，无须存放冰箱，免除二次污染，颇受人们欢迎和喜爱。原西南农业大学和北京农业大学教授秦萱南等人认为，沙田柚果1公斤左右一个就合适了。

皮薄粒少。长寿沙田柚果皮较广西沙田柚薄1.47厘米，每果种子也少70粒。

长寿沙田柚专家鉴评活动

优于沙田的秘密

　　长寿沙田柚"源于沙田、优于沙田"的品质特点和两度金奖、享誉中外的品牌影响,到底是怎样形成的? 简而言之,在将近120年间,引种于广西容县的长寿沙田柚,到底是凭借什么核心竞争力使品质超过原种,形成备受关注的"中华名果"品牌的呢?

　　那就是长寿的"天时"和"地利",即气候与土壤。

　　长寿沙田柚与垫江柚、梁山柚,都是中国名柚。这三个盛产名柚的地方,山水相连,同属于一个地理区域。明月山与东山连绵起伏,两山之间是平原和浅丘合成的槽地,长寿、垫江、梁平,合称长垫梁,就并排坐落于这个狭长的槽地之中。三大名柚,品种各异,同属一地,绝非偶然。显然,明月山与东山之间的狭长槽地,具有栽培优良柚类的天然优势。

　　另长寿沙田柚的栽培与气候的关系,前人早已注意到。雷尧阶在《尧峰柑橘栽培》一书中强调:"影响果树之最大者莫如气候,而表现气候之变化者,为温度至风雨等。"章恢志、陈湘芸《四川长寿沙田柚品系之调查及检定》,则有这样一段论述:

　　　　气候要素与柑橘之关系为尤切。一般气温高,则柑橘味甜,低则味酸,此早为栽者所熟知。柑橘对气候之适应性,又因种类而异。柚类原产于印度,后分布于泰、越、缅甸及中国西南,东南各地,性喜高温湿润之气候。因品种不同,其适应性亦异。沙田柚则稍干燥之地,亦适于生长,故其分布较广,如广西、云南、四川以至越南西北部皆多栽培。长寿在北纬29.8°至30°间,在目前沙田柚盛产区言,乃最北之地。

　　章恢志、陈湘芸根据对长寿气候的分析,得出两点结论:

一则气温适宜。长寿年平均气温为19.6℃,虽较广西苍梧为低,但沙田柚发育期间(4—10月)相差几几,其差异较大者为冬季,且冬季之最低温度罕有低于5℃以下者,故甚适于沙田柚之栽培。

二是雨量适中。长寿的年均雨量,虽然较广西苍梧为少,但亦有1000毫米以上,从柚类发育需要量看,并不缺少,能够保证沙田柚生长发育的需要。

最新的研究成果,则对沙田柚的气候条件,从气温、光照、水分三个方面提出了更加明确的要求。

气温条件。最适宜的气温条件是,年平均在18~20℃之间,1月平均7.9℃,高于10℃总积温为5800℃。日平均气温稳定在12℃,柚树开始萌芽生长;日平均气温在23~30℃之间,最适宜生长;气温低于12℃或高于37℃,生长受到抑制。沙田柚树对温度的适宜性比较强,可耐40~43℃高温和-5~-2℃的低温。温度对柚树果实品质影响极大,若气温过高,则表现果皮较粗,汁胞质地硬,特别是高温伴随干旱,严重影响柚类产量及质量;若温度太低,则表现果肉含糖量低,含酸量高,果较小,缺乏沙田柚的风味。沙田柚根系对气象条件反应较为敏感,一般在土温12~13℃时,根系开始生长,23~30℃为根系生长发育的最适温度,低于7℃或高于37℃,其根系生长基本停止。

光照条件。沙田柚在柑橘中是较耐阴的,一般年日照1150~1300小时为宜。生长期(3—10月),总日照数大于1000小时为宜。要优质高产,需要较好的光照条件,当光照充足时,叶色浓绿,光合产物积累多,果实糖多酸少,增强果实品质和耐贮性。但沙田柚不宜强光照射和夏季光照强,漫射光比直射光更有利于柚子的光合作用。

水分条件。一般年降水量为990~1140毫米之间,可满足沙田柚对水分的要求。其中3—10月,总降水量900~1100毫米为宜。若在花期遇到春雨绵绵,则会影响柚花授粉;夏季雨水过多加上高温,易促抽夏梢,影响坐果;秋季干旱,影响果实发育和秋梢的抽生。尤其柚果发育阶段,果实汁胞迅速增大与伸长,汁胞内含水量迅速增加,若7—8月高温干旱,则影响柚果果实膨

长寿湖

大，品质下降。9—10月阴雨过多，会影响沙田柚糖分的形成，品质下降。柚对空气湿度的要求，以78%左右为宜，有利于柚的生长发育。土壤水分也是影响沙田柚根系生长的一个因素，生长期土壤相对湿度宜维持在50%以上，如果降雨较少，当适当进行灌溉。长寿地区，凡4月中下旬花期少雨、多天晴的年份，沙田柚丰产；凡遇花期多阴雨年份，沙田柚歉收。

从长寿的气候条件看，长寿沙田柚从萌芽到果实成熟的全生育期，等于和高于10℃的总积温为5890℃左右，总降水量为1110毫米左右，总日照时数为1109小时左右时，有利于长寿沙田柚柚树的生长发育及果实的成熟。

长寿湖对气温的调节作用，对长寿沙田柚主产区有积极支撑作用。长寿沙田柚主要分布在龙溪河沿岸及长寿湖边。本来，长寿沙田柚种植区的年平均气温和1月平均气温，较国内其他优质柚类种植区偏低，但由于长寿湖湖区的保温作用，长寿沙田柚的产量高且品质优良。长寿湖在正常水位347米时，总库容量为10.27亿立方米，调节库容量为7.5亿立方米。因湖区有水体保温作用，平均气温高于区内其他地区，气温变化平缓，冬季升温和秋季降温均较慢，加之湖周的深丘、低山，形成一个特殊的湖盆封闭地形谷地效应，使平均日温较长寿其他地区高出0.5~1℃，而冬春季节受盆地地形的保护，无寒流影响，夏季偏阴偏湿，符合柚树的特性。

长寿沙田柚与土壤的关系，是长寿沙田柚获得成功的又一天然因素。

据冯群耀《广西沙田柚农业地质》之研究，沙田柚生长好坏、产量品质高低,与所在地质环境有密切关系。种植在碎屑岩和花岗岩环境区及河流阶地、江心洲、山麓地貌环境区的沙田柚,长势好且产量品质高。而种植在碳酸盐岩环境区及山坡型、岩溶洼地地貌区的沙田柚,长势差且产量品质低。而影响沙田柚长势、产量品质的关键元素是钠,钠是决定沙田柚品质的特需元素。而钟峻科《试论广西容县沙田柚品质变异与地质背景的关系》认为,广西沙田柚引种于浙江省玉环县的"梨形文旦",其品质变异原因,除气候因素外,主要与地质背景有关,即受地质史上海西期(Hercynian)运动黑云母花岗体所含放射性物质的影响所致。

从地质学提供的观点和沙田柚的遗传变异看,土壤确为影响沙田柚生长发育的极重要因素。而对长寿沙田柚卓有贡献的雷尧阶,早已注意到土壤和相关的地势问题。

雷尧阶根据尧峰果园的经验,得出结论:"种柚之土质,以矿质粘土为最宜。并要含有石灰钾质盐类等,兼表土深而肥,不带轻松性质者,始可栽植。"雷尧阶提到的"盐类",正是当代专家提到的沙田柚特需元素钠。

对于长寿沙田柚种植之地势,雷尧阶也有独到体会:"柚树之栽植,大抵以南面或东面之倾斜地为最适宜。盖南面倾斜地,空气流通,日光普照,排水佳良,其所生果实成熟必速,色味优良,但要倾斜合宜,不到崩圯也。"

而章恢志、陈湘芸在《四川长寿沙田柚品系之调查及检定》中,则对长寿沙田柚与土壤和地势的关系,提出了精深见解:

> 沙田柚果形大,对土壤之敏感性较其他之柑橘类为大,其最适宜之土壤为排水良好,富有养分之砂质土壤。至赤土及黑色粘土则不佳,因空气及水分通透不良,产果皮厚,砂囊质硬,汁液少,且带苦味。至于地势以缓倾斜者为最佳,平坝地亦居无妨,沙田柚主要产地乃县城附近三洞沟、王家湾、走马岭一带,以及复元、邻封等处,大多为15°～30°倾斜地,土层增厚,如带褐色或黄褐色砂质土壤,适于沙田柚之栽培。渡舟、罗围、合兴一带柚园,则以粘质壤土或粘土之山脚水田改劈而成者居多,产果品质较次。至涪陵、包家乡及其他

产区，大多为黄色砂壤或黄壤土，产果品质佳。

从这个分析看，沙田柚之所以名满天下，关键在"沙田"二字。除气候条件外，广西沙田柚的成功，关键在于"沙田"特质的土壤。而长寿沙田柚的成功，也关键在于"富有养分之砂质土壤"，不管是"带褐色或黄褐色砂质土壤"，还是"黄色砂壤或黄壤土"，都是沙田柚种植土壤的上选。

如果说，气候与土壤是长寿沙田柚成功的自然因素，那么，栽培方法上的传承与创新，则是长寿沙田柚成功的技术因素。正是自然条件与栽培技术的完美结合，成就了长寿沙田柚。

长寿沙田柚的栽培技术，一个重要的来源是对广西沙田柚栽培技术的传承。尽管关于长寿沙田柚引种早期，广西栽培技术是如何引进的，目前还没有看到详细的记载，但人们依然可以从历史的蛛丝马迹中寻得踪影。

孔合清邮寄回来的种子，育苗十余株，到结果时却发现果形品质变异很大，除四株味佳外，其余都变劣。面对这样的情况，孔合清不得不分析原因，研究对策。由于直接由种子繁殖的实生柚苗，很大程度上造成了沙田柚的变异，于是孔合清改为直接从广西引种柚苗，并开始引入广西沙田柚的栽培技术。正是因为直接引种和栽培技术，孔合清才获得成功，并带动长寿沙田柚的大发展。

随后的20世纪三四十年代，在长寿出现的近二十家私家果园的成功，很大程度上也得益于这种从广西直接引种幼苗和栽培技术。

私家果园兴起之初，栽培技术的重点是育苗与管理。从李其章三洞沟李家果园的育苗方法看，主要有两种："普通之法曰殡，特殊之法曰靠。"所谓殡，就是将柚核埋入土中，等到发芽而成幼苗。所谓靠，是"依老树之嫩枝，移置于园土"。经过实践，发现"殡法不及靠法之妙"，原因是"靠出之橙，其味不亚于母树"，而"殡出之果，气味远逊，且含酸味"。除育苗之外，李其章还对柚树施肥、果实贮存等，摸索出了初步的经验。

长寿沙田柚的经营者们，一边学习继承广西沙田柚的栽培方法，一边又结合实践，努力摸索栽培技术，以尧峰果园闻名的雷尧阶，成为那个时代长寿沙田柚栽培技术的集大成者。

雷尧阶是著名的教书先生,长期担任长寿教育局长,对长寿沙田柚的发展具有远大抱负。除了学习借鉴广西沙田柚的栽培方法外,雷尧阶还特别重视吸纳当时柑橘栽培的先进技术,还送三子雷治明留学日本东京帝国大学学习园艺。20世纪30年代初,雷尧阶写成了《尧峰柑橘栽培》一书并正式出版,从此成为长寿沙田柚栽培的技术大纲,至今沿袭。

自从长寿沙田柚从广西引入后,广西沙田柚的栽培技术也在不断革新进步。从20世纪70年代开始,长寿与容县的学习交流互动提高也较为频繁。

1977年春天,长寿县组织了9人到广西容县参观学习,带回了广西沙田柚生产的很多宝贵经验,其中最重要的成果是砧木技术的引进。从此,长寿沙田柚开始采用酸柚培植砧木,到20世纪80年代初,全县共育有酸柚砧木苗76万株,砧木嫁接健壮春梢,成为长寿沙田柚的重要栽培技术,极大推动了长寿沙田柚的品质提升和规模扩充。

1978年9月7日,广西容县组织10余人,到长寿考察沙田柚栽培,双方进行了坦诚友好的技术交流。

1986年9月20日至10月14日,长寿县组织团队赴广东、广西考察,重点

长寿沙田柚人工授粉

考察了广西容县沙田村的早产丰产技术。当了解到广西沙田柚可以三年、四年产果，成年树平均可产果250个时，这给了长寿全体团员很大的震撼。通过这次考察，长寿全体团员了解到沙田柚成功的法宝有：培育壮苗，拔梢前施足肥水；配植授粉树，推广人工授粉；加强肥水管理，杜绝粮果混种。

2012年12月28日，长寿区沙田柚种植园区管委会组织部分干部、专家，再次远赴广西容县沙田村，寻访学习取经，重点学习沙田柚的产业化发展、品牌战略实施、标准化种植技术、产业链延伸等。

长寿沙田柚在学习借鉴广西沙田柚经验的同时，还广泛吸纳当今沙田柚栽培的技术成果，结合自身实践和历史经验，从良种繁育推广、标准建园定植、土壤肥水管理、人工辅助授粉、合理疏花疏果、生物防治虫害、最佳采摘时期、技术集成推广八个方面进行大胆技术创新，培育了强大技术支撑。

第二章 花果同枝 父子同堂

夏橙,是长寿果业中的一朵奇葩。经过四十多年发展,长寿已经成为全国最大的夏橙产地。作为甜橙类柑橘的特殊品种,长寿夏橙以"奇"著称,独具"三青三黄"的生长奇迹,"花果同枝"的奇异景观,"父子同堂"的奇特现象,扮演着淡季鲜果的市场角色。近年,"长寿夏橙"在国家工商总局成功注册,成为继"长寿沙田柚"之后长寿取得的第二个中国地理标志证明商标。那么,长寿夏橙到底有何特点,来自哪里,怎样引进,发展如何呢?本章围绕这些问题,着眼于全国果业的大视野,由宏观而微观,条分缕析,抽丝剥茧,带领读者走近夏橙的清芬世界。

奇花异果说夏橙

夏橙是世界重要的淡季名牌水果,分布于五大洲20余个国家,是美国、澳大利亚、摩洛哥、巴西、塞浦路斯、黎巴嫩、墨西哥、阿根廷、南非、新西兰、阿尔及利亚、以色列、津巴布韦、斯威士兰等国家柑橘的主栽品种。印度、泰国、菲律宾等国也有栽培。100余年来,夏橙已经成为世界上栽培面积最大、发展速度最快的甜橙品种,年产量大约1000万吨以上。

在柑橘的大家庭中,夏橙,确实堪称奇花异果。

夏橙的奇异,首先在于一年之中果实要经历"三青三黄"的变化。"青黄杂糅,文章烂兮"。这是屈原《橘颂》的名句,说明橘子具有由青而黄的成熟过

夏橙"父子同堂"

程。一般来说，绝大多数柑橘类水果，从开花到结果，都要经历一次由青转黄的过程。可是，夏橙却打破了这个规矩，一年之内，居然历经"三青三黄"。夏橙每年大约暮春开花，初夏幼果开始生长，与头年成熟大果共生，到10月中下旬开始转色，年底逐渐转黄，次年1月色泽加深，4月达深橙色到橙红色。原来，果实在经历冬季的最低气温以后，果皮叶绿素完全被破坏，叶黄素与胡萝卜素充分显现，此时果实表现鲜艳的橙色。开春以后气温逐渐升高，因果实未成熟，果皮部分地恢复合成生长素的能力，并逐渐增加，因而抑制乙烯的产生，从而部分地恢复了果皮细胞合成叶绿素的能力，这样果皮便局部返青。温度愈高，日照愈强，返青便愈严重。在5月下旬至6月上旬，返青果多达30%左右。果实返青后，含酸量下降，沙囊壁变厚，逐渐失水粒化，易于对水果质量产生负面影响。

夏橙的又一个奇异之处，是"花果同枝，父子同堂"。由于夏橙晚熟的特性，果实挂树时间特别长，到4、5月间夏橙开化和结蕾之时，前一年的水果才成熟，便形成了独有的"花果同枝"景观。到5、6月间，夏橙花蕾开始变成小果，而前一年的成熟果实还挂在树上，这就形成了"父子同堂"的景象。每到春夏之交，绿树，白花，金果，青果，往往同悬一树，相映成趣，各展风采，各呈其美。

晚熟，也是夏橙的一个奇异之处。一般甜橙类柑橘，如广柑、红橘等，往往是春天开花，秋天结果，生长周期大约半年。而夏橙系晚熟甜橙，一般于头年春季开花，于次年4月下旬至5月上旬成熟，生长周期长达一年之久。夏橙成熟采摘的春末夏初，天气渐热，正值水果采摘淡季，市场上罕有新鲜水果供应，而恰好在此时上市的夏橙，具有可鲜销、耐贮藏，又适合加工的特点，因而颇受消费者青睐。

夏橙之所以受到市场欢迎,主要还在于它的营养价值。在中国,橙,最具有代表性的柑橘类果树,包括甜橙和酸橙两个基本种类。

在全世界的柑橘类水果中,甜橙品种最为丰富,多达400个以上,按成熟期的不同,可以分为早、中、晚熟三种。夏橙,属于甜橙类柑橘中的一个特殊品种,属于晚生橙类,又叫夏熟橙类,是甜橙中成熟期最长的一类。

夏橙,果实呈椭圆形,与广柑中的鹅蛋柑有几分相似。大小较均匀,单果重280～400克,含糖量12.1%～16.3%,富含人体必需的多种维生素、微量元素等物质,果皮薄细,橙红光艳,肉红脆嫩,入口化渣,甜而微酸,汁多核少,芳香宜人,口感极佳。据专家研究,夏橙具有生津止渴、润肺止咳、祛痰化气、消食健胃、降压养颜、健脑醒酒、消除疲劳之功效,鲜食、加工、送礼,都是上佳之选,尤其适合于儿童补充营养、中老年人保健美容。

当前,中国的夏橙,主要有伏令夏橙(Valencia)、阿尔及利亚伏令夏橙(Algeria Valencia)、福洛斯特伏令夏橙(Frost Valeni)、卡拉布富斯奥伐来(Alabrese Ovale)、五月红、桂夏橙、夏熟雪柑、奥林达(Olincla Valencia)、康倍尔(Campbell)、卡特夏橙(Utter Valencia)等共10多个品种。

海外引种的往事

在中国现有十多个夏橙品种中,除五月红、桂夏橙、夏熟雪柑由中国自己育种外,其他的品种,都是从国外引种的。

中国最早从国外引种的夏橙品种,是伏令夏橙(Valencia)。说到伏令夏橙的引种,不能不提到"中国夏橙之父"张文湘。

张文湘(1900—1996年),是中国著名的柑橘专家,是夏橙、脐

伏令夏橙

橙、血橙的引种、改良、推广者。1936年夏,担任四川大学农学院教授的张文湘,利用休假的机会,自费前往美国加利福尼亚大学洛杉矶分校进修,专攻柑橘选种、育种、栽培管理和病虫害防治等专业,并对加州的柑橘进行考察。

初到加州,张文湘即被大街小巷一片金黄色的鲜橙所吸引,这是无柑季节,怎么竟有鲜橙? 他惊奇了。同行的一名美国教授告诉他,这是伏令夏橙,这引起了张文湘的极大兴趣。紧接着这位美国教授又说:"美国的夏橙年产量已经超过700万吨,居世界第一。"张文湘是个充满爱国热情的年轻人,他暗自下定决心,一定要让夏橙之花开满祖国的大江南北。

1938年8月,张文湘在学成归国前夕,向加州亚姆斯脱朗苗木种子公司(Amstrong Nurseries, Ontario, California, U.S.A.)购得伏令夏橙、红玉血橙、罗伯生脐橙、墨野柠檬、马叙葡萄柚、汤姆生葡萄柚等柑橘类果树品种一年生嫁接苗各3株,通过海运(贮于海船上恒温冷藏室)回国,由旧金山,经檀香山、横滨、马尼拉等地,历时一个多月才抵达香港。

待张文湘经广东、广西、贵州,风尘仆仆地回到成都,已是10月上旬。而苗木早在一个月前经香港航空邮寄到四川大学农学院,农学院师生表现出极大的热情,当时苗木取回时天已经黑了,大家点起煤气灯照明,连夜种下去。由于栽培及时,管护精心,在还是炎热、离秋凉还很遥远的初秋,苗木不仅全部成活,还抽出嫩绿的新梢,一棵棵绿光闪烁,生机益然。成活,是引种的先决条件! 张文湘喜出望外,对大家连声称谢。

当时,抗日战争已经爆发,东北、华北、华东、华南大片国土相继沦陷。国民政府被迫迁都重庆,整个西南成为抗战大后方。

1938年底,张文湘辞去四川大学教职,就任江津园艺试验场场长。身为场长,就获得了一定的自主权。到任不久,张文湘就将伏令夏橙、红玉血橙、罗伯生脐橙、华盛顿脐橙等,引种到试验场。由于种种原因,这些新品,在江津没有发挥出应有的作用。

1940年秋天,四川大学农学院在成都金堂县城赵镇建立柑橘试验场,向农民租得10年生实生甜橙幼树12株,以学校校园植株为母树,进行高接换种,芽接伏令夏橙、红玉血橙、罗伯生脐橙、华盛顿脐橙各3株。这12株橙树,既为学生实习之用，又作为母树，为四川大学农场和金堂等地农村的甜橙高接换种提供接穗，从此，张文湘从美国引进的伏令夏橙，开始在川西平原繁殖开来。

1943年冬天，因病辞去江津园艺试验场场长职务的张文湘，决定要以自由职业者的身份，开创一份属于自己的实业，也就是柑橘。在四川大学农学院生物系江安籍学生、时任江安县立男子初级中学校长桂长城的协助下，张文湘在江安县长江中一个叫大中坝的江心洲上，选好了地块，落实了住所。随后，张文湘携带家人，带着20株伏令夏橙、红玉血橙、罗伯生脐橙、华盛顿脐橙幼树，来到了江安。大中坝面积宽广，冲积土深厚肥沃，20株幼树，一种下就生长起来。

1945年，张文湘又在大中坝坝尾江安地面，租佃了30亩地，他要以那20株树为母本，繁殖几个新品种。1945年春天嫁接育苗，1946年，按标准果园的规格，定植了10多亩。

1947年秋天，张文湘离开大中坝果园，重返阔别9年的四川大学，再执教鞭，在新中国成立后的土地改革运动中，主动将自己在成都沙河堡的文湘果园和在江安大中坝的夏橙试验园，交给了当地农会。

1957年4月，张文湘被安置到重庆北碚20里外西山坪的新生农场。不久，张文湘特地到四川金堂，采集了伏令夏橙、红玉血橙、罗伯生脐橙、华盛顿脐橙枝条各10枝。1963年，从金堂采回的夏橙枝条，用单芽腹接法嫁接在红橘砧上，总共接活32株，开始试花挂果。

1964年6月8日，张文湘培育的夏橙，在重庆市国营农场柑橘生产及贮藏会议上亮相，引起轰动，随即引起中央高层的重视。重庆市委于当年8月23日召开全市夏橙生产座谈会，夏橙在重庆的发展局面终于打开。

张文湘引进的美国伏令夏橙，经过二十多年的试种栽培，终于在中国结出丰硕果实。张文湘对夏橙的成功引进，很快刺激了中国的夏橙生产，夏橙的海外引进，品种也随之增多。1965年以来，中国先后从摩洛哥引进了福洛斯特伏令夏橙（Frost Valeni），从阿尔及利亚引进了阿尔及利亚伏令夏橙（Algeria Valencia），从意大利引进了卡拉布富斯奥伐来（Alabrese Ovale）夏

橙,从美国引进了奥林达夏橙(Olinda Valencia)、康倍尔夏橙(Campbell)、卡特夏橙(Utter Valencia)等品种。这些优良品种的引进,极大地促进了中国夏橙产业的发展。

夏橙的译名与起源

张文湘先生从美国率先引种到中国的晚熟甜橙品种,英文名称叫Valencia late orange,直译过来应该叫"瓦伦西亚晚熟橙",后来简称为Valencia,音译过来就叫"瓦伦西亚"。

其实,Valencia这个美国晚熟甜橙品种的最早中文译名,叫"佛灵夏橙"。它的翻译者是当时著名的柑橘专家、金陵大学教授胡昌炽(1899—1972年)。

1937年7月7日抗日战争爆发后,国民政府很快迁都重庆,很多高等院校和科研机构也纷纷内迁西南。金陵大学是位于南京的一所教会大学,同美国康奈尔大学为姊妹大学。当时社会评价为"中国最好的教会大学",享有"江东之雄"、"钟山之英"的美誉。随着大量高等院校的内迁,金陵大学也迁移到了同为教会大学的成都华西大学校区。金陵大学文、理、农三院嵯峨,尤其农林学科堪称中国之先驱,享誉海内外。

胡昌炽教授是金陵大学农学院园艺系的创始人,也是我国高等学校设置园艺系的开端。四川盛产柑橘,内迁到成都的胡昌炽教授在柑橘类果树的调查、研究与改良等方面做了大量工作,取得显著成效。张文湘先生引种到四川大学的美国晚熟甜橙品种Valencia late orange,引起胡昌炽的浓厚兴趣。就在引种成功不久,胡昌炽与时任金陵大学农学院果树学教授兼农业科学研究部主任的章文才(1904—1998年)一道,带领部分学生到四川大学参观实习。随后,胡昌炽就把这个引自美国的晚熟甜橙品种翻译为"佛灵夏橙"。

这个译名一直沿用了二十多年。20世纪60年代初,张文湘对这个译名做了进一步的修证。"佛灵"二字改译为"伏令",以其果实在夏天成熟,而中国对最热的夏季有三伏天的称谓,伏天可以作为夏季节令的泛称,故用"伏令"两字,可以音意双关。张文湘的想法,通过书信向时任中国农业科学院柑橘研究所所长曾勉(1901—1988年)征询意见,曾勉表示赞同,于是"佛灵"正式改为"伏令"。"伏令夏橙",就开始在有关柑橘书刊上普遍应用,至今不变。

不管是胡昌炽翻译的"佛灵夏橙",还是张文湘改译的"伏令夏橙",都是美国晚熟甜橙品种 Valencia late orange 的中文名称。但是,这两个译名,都不大可能完全传达出英文名称的本有含义。Valencia,是一个地名,是这个美国晚熟甜橙品种的原始产地,与中国的沙田柚、梁平柚一样,都是"产地+产品"的命名方式。原来,Valencia 并不在美国,而在欧洲的西班牙。

瓦伦西亚(Valencia),是西班牙第三大城市,第二大海港,号称欧洲的"阳光之城",位于西班牙东南部,东濒大海,背靠广阔的平原,四季常青,气候宜人,被誉为"地中海西岸的一颗明珠"。瓦伦西亚盛产橙子,叫瓦伦西亚橙,即 Valencia late orange,其口味之美,罕有其匹。瓦伦西亚号称"橙子之乡",其最明显的城市标志之一就是满街的橙子树。橙色,成了瓦伦西亚标志性的城市色彩。

普通的中国人很难想象,远在欧洲的西班牙城市瓦伦西亚,会与中国的夏橙有如此的渊源关系。但更令人意外的是,与西班牙毗邻的葡萄牙,与中国夏橙的渊源关系也许更早。

"葡萄牙"三个字,在汉语语境里看似跟葡萄这种水果有千丝万缕的关系。的确,葡萄牙种植葡萄很普遍,葡萄牙的葡萄酒也非常知名,但是,"葡萄牙"(Portugal)在很多国家的文化中,竟然代表着夏橙的父系甜橙。

在15世纪到17世纪大航海时代,勇敢的葡萄牙人成为最早的远航者,通过艰辛的航海旅程,将大量的东方特产带到欧洲。除了中国的瓷器之外,还将由中国传入东南亚地区的甜橙引入欧洲,然后逐渐传播到西亚。本来,欧洲是有种植橙子的,但是原产欧洲的橙子非常酸,人们都不爱吃,所以当美味的东南亚甜橙由葡萄牙人带到欧洲之后,迅速获得欧洲人的称道,这种甜橙也渐渐取代了本土酸橙的地位。作为带来甜橙的使者,葡萄牙的名声也备受推崇。然而,当甜橙被引入欧洲和西亚的时候,有些国家根本不知道这种甜

橙叫什么名字。于是,自然而然的,这种新水果便被这些国家的人们称作"葡萄牙"。如今,在罗马尼亚、保加利亚、阿尔巴尼亚、土耳其、格鲁吉亚、意大利、伊朗、希腊、埃及、利比亚、叙利亚、阿尔及利亚和沙特阿拉伯等国家的语言中,甜橙依然被叫作"葡萄牙"。

在中国,"橙"这个字出现得并不晚,最初见于西汉司马相如《上林赋》,但在很长的一段时期里,这个"橙"字都指称的是"香橙",是一种"橙皮可为酱葅"的调味料。直到宋代,"橙"字才开始用于称可直接食用的甜橙。

事实上,甜橙在北宋时期已是一种常见的果品。如记述北宋都城开封的《东京梦华录》中说:"又有托小盘卖温柑、绵橙、金橘、龙眼、荔枝之类。"这里的"绵橙"就是甜橙的一种,可见那时候开封市民已经能够吃到甜橙。不仅如此,当时人们已经开始用嫁接法栽培甜橙了,南宋吴璪《种艺必用》就有"柑、橘、橙等于枳壳上接者易活"的记载。

到了明朝,甜橙已经以广东新会和云南为核心,形成了两大优良品种中心,并向广西、贵州、江西、湖南和四川等地辐射扩散,形成了"新会橙"、"柳橙"、"香水橙"、"雪柑"等众多名种。

有证据表明,大约在1520年,擅长航海的葡萄牙人,把由中国传入东南亚地区的甜橙引入欧洲。大约在1565年,葡萄牙人又从欧洲转引至美洲、北非和澳大利亚。研究世界柑橘史的专家目前一致认为,现今世界各国栽培的甜橙类柑橘,均源自中国南方的广东,或是福建。

来自中央的扩种意图

夏橙,自1938年由张文湘从美国引种到中国后,在长达二十多年的时间里,始终没有引起应有的重视。然而,到了1964年6月,夏橙在中国的命运开始发生根本性改变。

当时,夏橙的特殊价值,引发了党和国家最高领导人的浓厚兴趣与高度重视。很快,夏橙种植被提上议事日程,因而极大地促进了夏橙的规模化发展。

重庆北碚城东北20公里的嘉陵江温塘峡东岸，有一个地势高敞的山岭，属于北碚区东阳镇，名叫西山坪。1957年4月，西山坪新生农场迎来了一位特殊的人物。他就是鼎鼎大名的柑橘专家、"中国夏橙之父"张文湘。当时，西山坪新生农场才建立5年时间，栽种的几百株锦橙幼树，迟迟没有挂果，亟须技术力量支持。

张文湘到来后，全力投入柑橘的栽培和繁育。除了经管已经栽种的锦橙幼苗，从江津引种锦橙苗木2万多

夏橙大丰收

株之外，还从四川金堂引种甜橙品种，其中包括夏橙。4年之后，新生农场的柑橘产量达到50万公斤。

张文湘从金堂引种到新生农场的夏橙，几年之后开始试花挂果。1964年6月，重庆市国营农场管理处召开柑橘生产会议，张文湘带着一筐夏橙来到会场展览。参加会议的重庆市政府领导觉得这种夏橙品质优良，便将夏橙样品带回重庆请上级领导过目。重庆市委领导很快又将这批样品转交给西南局的领导，西南局的领导也对这样优质的夏橙感到意外。于是，重庆市政府电告西山坪农场，再采一箱样品（几十个果），由时任中共重庆市委书记处书记的辛易之送到西南局书记处书记兼秘书长于江震那里，于江震又转送至国务院。

这箱由张文湘精心培育的夏橙，注定是改变中国夏橙命运的"果业特使"。很快，这箱果子通过西南局送到了贺龙同志那里。新中国成立初期，贺

龙与邓小平、刘伯承一起领导西南局的工作,曾经担任过西南军区司令员、西南军政委员会副主席。贺龙离开重庆后,长期担任国务院副总理和中央军委副主席,对重庆依旧十分关心。重庆的夏橙送到北京时,负责主持中央军委日常工作的贺龙正与叶剑英、罗瑞卿等正在组织全军的大练兵运动。当贺龙看到这箱炎夏时节从未见过的新鲜"广柑"时,很是稀罕,异常兴奋,于是再次转送给毛泽东、刘少奇、周恩来、罗瑞卿等党和国家领导人品尝。从此,"夏天也能吃到新鲜柑橘"的果业奇迹,立刻引起中央高层领导人的重视,中央领导要求重庆抓一抓夏橙的发展。随后,贺龙传达中央领导同志的意见,希望重庆抓紧夏橙生产,并提出今后到重庆,要亲自去看一看夏橙种植基地。

1964年8月26日,西南局办公厅负责人何锦沐将中央高层关于发展夏橙的意见,函告辛易之:

> 你前次送给于江震同志的夏橙,江震同志把它转交给贺龙同志,这次李河青同志(于江震的爱人)在北京见到了贺龙同志,谈到中央一些负责同志很重视这种品种,要(任)白戈同志抓一下。现将河青同志来信中有关的一段抄去,请你一阅。今天上午开会时,江震同志已将此事向(李)唐彬、(孙)先余同志谈了。
>
> 关于那个秋开花、冬结果、夏摘实的广柑,他(指贺龙)十分欣赏和重视,他说是新东西,是自然科学的研究,要(任)白戈同志抓一下,亲自看看,给种植者多支持,找些好地方给他们培植,培植几十、几百、几千棵,能产几吨这样的广柑,于国家于地方都好,对研究来说,由此可以发展其他品种。印尼也有这样的柑橘,必要时可进口一些种子和苗子,找些较暖的地方让他们培植,他到重庆时要去看看。并说中央同志过去并未见到过这个广柑,当新东西向两位主席、总理、总长都说了,要你转告(任)白戈同志,抓抓这件事。

由西南局传达下来的中央领导关于抓紧发展夏橙的意见,引起了重庆市委、市政府的高度重视。从此,夏橙的种植,已经上升到中国果业发展的战略高度,似乎也成为了一项必须完成好的政治任务。

1964年10月,重庆市召开发展夏橙的专门会议,传达中央领导关于发展夏橙的指示,特别邀请张文湘介绍经验,决定将巴县的仁流乡与九龙坡区的南温泉乡,规划为重庆市的夏橙生产基地,并开始大面积育苗,夏橙在重庆的发展局面迅速打开。

这次会议以后,四川各地到江安、重庆购买夏橙苗木的人逐渐增多,很快促进了当时四川省的夏橙发展。而全国其他地方,也因为党和政府的重视,纷纷采取措施,开始种植。1965年,中国从摩洛哥引种了培育于美国的福洛斯特伏令夏橙(Frost Valeni),种植于四川、广东、广西、福建、浙江、湖南等省。从中国果业的发展历程看,从20世纪60年代中叶开始,夏橙生产进入了一个新的发展时期,这不能不说与重庆夏橙充当"果业特使",引起党和政府的高度重视有着直接关系。

夏橙花开长寿湖上

在中国水果的众多成员中,夏橙,无疑是具有传奇色彩的品种。在中国夏橙的种植版图上,长寿夏橙,显然具有超乎寻常的市场影响。

就长寿果业的布局看,如果说,邻封是长寿沙田柚的最佳产地,那么,长寿湖无疑就是夏橙的最佳果园。四十多年来,长寿湖的众多岛屿和四周坡地,几乎都被密密麻麻的夏橙遮盖得严严实实,层林映水,树影婆娑,花香四溢,果满枝头,让长寿湖山更青水更绿,平添了几分超尘脱俗的气质。

夏橙与长寿结缘,首先是从长寿湖渔场开始的。

1972年,长寿湖渔场从中国农业科学院柑橘研究所引进伏令夏橙6000余株,定植于同心、马鞍山和先锋等岛屿。这就是长寿引种夏橙之始。

中国农业科学院柑橘研究所,简称中柑所,位于重庆市北碚区缙云山麓歇马镇柑橘村,成立于1960年,是中国唯一的国家级柑橘专业科研机构。自从1964年春夏之际夏橙引起党中央领导的重视后,中柑所也把夏橙的研究

作为重要科研方向，并在下属农场建立了夏橙苗圃。长寿湖渔场从中柑所引种的6000余株伏令夏橙，就来自于这个夏橙苗圃。

长寿湖渔场从中柑所引种的伏令夏橙，就是张文湘1938年从美国引进的品种。1974年，这批引种的伏令夏橙开始试花投产，但每株平均只产0.4公斤，尚不引人注目。随后，由于管理得当，夏橙产量逐年提高。1980年5月，长寿湖渔场成立"夏橙基地建设联合办公室"，配合支持沿湖的社队建设夏橙基地。

注重夏橙的科学研究和技术攻关，是长寿湖渔场夏橙种植成功的重要法宝。1981年2月13日，长寿湖渔场成立夏橙研究所，隶属园艺分场，聘请西南农业大学实验农场的夏橙专家赵慕唐任所长，主持了长寿湖夏橙的系列科技攻关工作；1985年6月，副场长吴少先得以赴意大利佛罗伦萨的高普拉农业合作社参加联合国粮农组织举办的为期三个月的"果树栽培技术和果品加工培训班"的学习；1998年4月，园艺分场农艺师江明荣获1998年度中华人民共和国农业部"神内基金农技推广奖"。这都算是科技攻关的成果。

长寿湖渔场夏橙发展，借鉴农村家庭联产承包制的办法，建立家庭农场，调动种果职工的积极性，成效显著。

1984年1月，长寿湖园艺分场在部分职工中实行"联产承包经济责任制"，袁永富首先承包王家嘴90亩荒地，兴办以种果为主的"职工家庭农场"。5月，园艺分场办起3户家庭农场，9月，增加到9家签订"家庭农场承包方案"。1985年1月，家庭农场发展到26户，共44名职工承包，承包年限为15年。

1986年12月，园艺分场调整家庭农场承包政策。家庭农场要服从园艺场统一领导；要交纳管理费和固定资产占用费；超产水果归自己，但要供销社统一销售，经过同意，可以有20%自留权，但不超过2.5吨。经同意，方可开垦未种地。成年为主的家族果园，承包面积控制在50亩以内。

1988年3月5日，园艺分场形成了34个职工家庭农场和1个联合承包果园，年产夏橙25万公斤，平均株产41.6公斤。

1994年7月，园艺分场家庭农场改为风险承包，实行自筹资金、自主经营、自负盈亏、自我发展的经营模式。这种模式，一改过去家庭农场包盈不包亏，承包人盗卖生产资料，进行掠夺经营、私自处理产品等短视行为，造成企业收入大肆流失的状况。推行风险承包后，承包人向企业缴纳一定的承包费用后，便拥有果园的生产自主权，企业不干涉其合法经营。

1994年11月，园艺分场又开展果树资产转移工作，有51户家庭农场职工在土地承包和资产转让合同书上签字。这次改革，从资产入手，在土地所有权不发生变更的情况下，由家庭农场承包土地使用权，同时采取分期付款的办法，购买土地上的果树及其配套设施。

1997年7月，园艺分场先后对6户经营不善，扭亏无望，无法履行合同的家庭农场进行调整，依法解除承包合同，确保国家和企业利益不受损失。

1999年1月29日，园艺分场从家庭农场中评选出21户1998年度的"双文明户"、"重合同守信用户"和"遵纪守法户"，保护和调动家庭农场职工的生产积极性。

同时，长寿湖渔场还采取了联合发展夏橙的工作举措。1984年3月7日，与重庆长江农工商联合总公司、中国农垦农业生产服务公司三方签订《联合经营夏橙基地协议书》，决定共同投资342万元，开发建设长寿湖渔场夏橙基地，计划到1986年，新建夏橙基地3300亩。4月7日，重庆市计划委员会批准执行。7月中旬，长寿湖渔场在"夏橙基地建设联合办公室"基础上，成立了"夏橙基地联合开发办公室"。

种植科技的进步，经营机制的改进，刺激了夏橙产量的节节攀高。1991年5月，园艺分场夏橙获得大丰收，产量达到51万公斤，创历史最高水平。1993年5月，园艺分场夏橙再次喜获丰收，达到130余万公斤，再创历史新高。1998年4月，园艺分场的家庭农场，夏橙产量超过200万公斤。

除了水果产量的提升外，长寿湖夏橙的品牌也越来越受到市场的认可。1985年5月16日，"引种夏橙栽培成功"项目，获得重庆市人民政府科技成果四等奖。次月，获得四川省农牧厅"农牧业技术改进"三等奖。1987年5月8日，长寿湖夏橙在重庆市农牧渔业局主持召开的全市优质果品鉴定委员会评定为重庆市优质水果。12月，被四川省农牧厅评为四川省优质水果。同时，

长寿湖的夏橙

经国家农业部食品质量监测中心检测，长寿湖夏橙的水质、土壤、大气等20个农业生态环境指标，均符合"绿色食品"标准。尤其是在生产过程中，注意控制农药、化肥的施用品种、数量、浓度、次数，产出的果实安全、营养、无公害，农业部正式批准"长寿湖夏橙"为"绿色食品"，开西南地区果品"绿色食品"之先河。1998年3月，中央电视台二台宣传长寿湖夏橙。4月23日，重庆电视台特别节目《新重庆》摄制组，到长寿湖拍摄反映夏橙基地的节目。同年8月，中国绿色食品发展中心向长寿湖联合企业公司颁发"长寿湖牌夏橙"绿色食品证书。

长寿湖夏橙的引种成功和业界影响，开始引起国内外同行的关注。1983年4月27日，正在参加垫江县政府夏橙工作会议的160名代表，前来长寿湖参观同心岛夏橙果园，交流技术管理经验；1984年4月13日，欧洲经济共同体经济学家潘维努蒂和柑橘营养与储存技术专家德卢特罗蒂，在中国农业科学研究院柑橘研究所和重庆农工商联合企业总公司负责人陪同下，参观长寿湖夏橙基地和夏橙研究所，并举行座谈；1985年5月4—6日，国家农牧渔业部副部长张修竹视察长寿湖夏橙基地；1986年10月6日，南宁市农垦分公司副总经理黄仪瑛率领广西农垦赴川柑橘考察团一行8人，考察了同心、团山堡的家庭农场。

长寿湖夏橙的品牌美誉度，让长寿湖成为夏橙种苗的输出地。1984年5月下旬，长寿湖园艺分场给云南日报社农场运去一批良种柑橘苗，有夏橙、柠檬、温州蜜橘等7600株，并指导定植；1986年3月，园艺分场支持广西荔浦县建设夏橙基地，运去夏橙接穗5万枝，夏橙幼苗2.5万株。

长寿湖的环境优势

长寿湖夏橙之所以发展迅猛，获得多项殊荣，引来各方关注，成为国内优质夏橙种苗的引种对象，归根到底源自于优良的品质。长寿湖夏橙克服了夏橙生产普遍存在的"干、酸、落"三大问题，形成了色泽鲜艳，核小汁多，酸甜适度，细嫩化渣，香甜可口，坐果率高的品质特点。

同样是夏橙，同样的品种，在好多地方都难逃"干、酸、落"的宿命，可是在长寿湖，却完全是另外一番景象。据专家研究，长寿湖夏橙的品质，除个别指标稍逊一筹外，几乎可与美国的佛罗里达夏橙媲美。古语云："橘生淮南则为橘，生于淮北则为枳，叶徒相似，其实味不同，所以然者何，水土异也。"长寿湖夏橙之所以出类拔萃，成为中国夏橙的标志性品牌，除了品种、技术、管理等因素外，最大的因素是长寿湖当地的综合环境优势。

夏橙是一种对生态条件非常挑剔的水果，对生态条件的要求十分严苛，种植地区有很大局限性，只有冬暖夏凉、无严寒霜冻、绝对低温在-4℃以上的地区才能种植。而长寿湖库区特殊的小气候，就特别适宜夏橙的生长发育。

长寿湖是20世纪50年代因修建狮子滩水电站在龙溪河筑坝而形成的大

长寿湖安顺岛的夏橙

型人工湖,面积达63平方公里。因受大型水体与湖周盆地半封闭地形的综合影响,形成了有利于夏橙丰产的优质湖盆谷地气候,主要表现为热源、谷地、冷壁、缓冲四大效应。

这样的湖盆谷地气候特点,对柑橘类果树生长有明显的良性影响。气温偏高,特别是冬天气温偏高,使果树不易受冻,且利于夏橙果实越冬;昼夜温差大,则有利于果实糖分积累,增大糖酸比,降低酸味,并使色泽鲜艳;空气湿度大,可以增大果实含水量,使之汁多化渣,特别是减轻伏旱地区的裂果现象。

夏橙的生产,离不开土地资源的支撑,而长寿湖丰富的土地资源,为发展夏橙提供了很好的资源基础。长寿湖南北长30余公里,东西宽6.5公里。湖内200多个岛屿星罗棋布,湖边低山蜿蜒,山峦起伏。在沿湖三公里湖盆效应范围内,可供开垦的荒山薄地有3.55万亩,其中薄地1.05万亩,成土母岩多为紫色页岩和砂岩,成层排列构成方山地貌。土壤多为砾质轻砂壤土,土层薄,排水性较好,中性或微酸,富含钙质,利用这些荒山薄地种植夏橙,改土建园容易,不与粮菜争地,既可美化湖区为开发旅游创造生态环境,又可生产大量的淡季应市水果,还可增加农民收入。

鲜果满仓

　　夏橙的生产，必须有劳动力保障，而长寿湖区的劳动力资源十分充裕。长寿湖地区，曾经涉及狮子滩、云集、华中、飞龙、罗山、双龙、合兴、龙河、沙石、乐温等乡镇。这些地方本来劳动力就充足，虽然平均每个劳动力要负担4亩耕地，但在落实家庭联产承包责任制后，劳动效率提高，农村有富余劳力从事副业生产。根据对这个地区的调查，至少可腾出25%的劳力从事副业果业，按照长寿湖区果业发展的需求，劳力绰绰有余。

　　作为晚熟甜橙品种，夏橙的果实挂树时间，较其他柑橘品种要长好几个月，对水分的需要量远远大于其他柑橘品种，而长寿湖系龙溪河截流而成的人工湖，源远流长，水面9.75万亩，库容10.27亿立方米，有充足的水源保证，且一般扬程只有40米，灌溉果树方便，这是其他地方完全不能相比的有利条件。

　　夏橙果实甜美，源于大量施用有机肥料。长寿湖的湖岸线长，水草丰富，肥源广阔，为夏橙施用有机肥创造了天然条件。长寿湖为涨落性人工湖，水位随季节而变化，形成消落带。湖区水位每下降1米，可增加退水地1000余亩，整个湖区在枯水季节，至少有5000亩左右的退水地，利用其种植饲料和绿肥。不仅减少肥料投资，还为果树提供优质有机肥，为有机果业创造良好条件。

　　果园的培育，离不开对生产的保护。在很多地方，果园被盗摘的情况时有发生，成为阻碍果树生产发展的社会限制因素。夏橙果实挂树时间长，护果任务非常艰巨，稍有不慎，即可能发生盗摘。而长寿湖地区的岛屿和山峦，多为三面环水或四面环水，已经形成天然护果屏障，护果相对容易。

　　便利的交通条件，也成为夏橙适宜发展的重要因素。长寿湖区的交通条件相当便利。湖内水路四通八达，航程119公里，行船方便，不需要修建大型公路即可解决运输问题。湖周地区公路环绕，紧连主干公线，便于实现水陆联运。

　　综合起来看，无论气候、土壤、人力、肥料、水利、交通等，长寿湖都为夏橙生产提供了十分有利的自然和社会条件。

夏橙基地创业史

长寿夏橙之所以名闻天下,主要凭借的是长寿湖夏橙基地的崛起。

长寿湖夏橙基地创建的起点,一般都以1972年长寿湖渔场从中国农业科学院柑橘研究所引种伏令夏橙算起。

可是,在此之前,长寿县对夏橙的引种,应该有一个酝酿期。据最新发现的资料显示,1971年12月10日,长寿县果树生产会议在渡舟乡召开,当时分管全县农业的县革委会负责同志王景禄在会议结束讲话中强调,长寿县的果树发展,以发展柑橘为主,以优良甜橙(广柑)为首,同时"也可适当的发展一批夏橙"。这是目前已知长寿县领导层最早提到发展夏橙。1973年10月10日,在长寿县柑橘生产收购工作会议上,县革委多种经营办公室的负责同志强调,如果国内每年有500吨夏橙出口,就可以争回香港水果市场。可见,在长寿湖渔场引种夏橙前后,长寿县的领导和专业人士,已经在开始酝酿夏橙的引种了。

长寿湖渔场对夏橙的率先引种成功,无疑起到了极大的示范和引领作用。

1974年春夏之际,经过两年的引种摸索,定植于长寿湖同心、马鞍山、先锋等岛屿的伏令夏橙,果然如期试花投产,虽然株平产果只有0.4公斤,并没有引起普通人的注意,但却受到专业人士的高度关注,也增强了长寿县发展夏橙的信心。就在长寿湖夏橙试花结果不久,重庆市果树生产工作会议在巴县青木关召开,会上,长寿农业部门的同志提出利用长寿湖的生态环境发展夏橙生产的初步规划,当即得到市农业局领导的赞同。

1975年春,借重庆市开展果树生产大检查之机,重庆市农业局农经处处长余书琴、农艺师张碧德、江北区农业局果树专家王华伟等,在长寿县农业局经作站副站长饶海洋等的陪同下,冒雨乘船前往云集乡安顺岛实地考察。找到云集区供销社主任袁其云商量,决定在长寿湖区发展夏橙10万余株。同年7月,在参加完南桐矿区的全市苹果鉴评会后,长寿县农业部门的同志直上九锅菁茶场,采回夏橙接穗200余枝,由渡舟乡果园大队刘增文和菩提山园艺场叶绍甫等同志帮助,在云集乡安顺村寨上生产队嫁接枳砧夏橙625株,成活615株,从而打破了夏季高温和冬季低温不宜嫁接的戒律,并创造了成活率高达98.4%的纪录。而长寿湖沿岸的部分干部和群众,看到长寿湖渔场的夏橙效果好,于是积极行动起来,开始进行试种。

1976年初,重庆市新建果园改土培训现场会在长寿云集区召开,四川省果树良种繁殖站专家杨大昭老师主讲,并到云集安顺、华中玛瑙等现场实习。从此,长寿湖夏橙基地建设正式拉开帷幕。

1978年1月15日,长寿县革委会发布《关于"五五"后三年果树生产发展规划的意见》,提出在1980年建成长寿湖沿岸夏橙基地,包括云集、华中、飞龙、仁河四个公社的安顺、同心、珍珠、玛瑙、天群、右平等六个大队,要求在3000亩荒地上栽植夏橙20万株。

随后,四川省明确规划长寿为全省5个柑橘生产基地县之一。同年1月27日,县革委会负责同志在全县"三山一湖"柑橘基地建设工作会议上强调,长寿湖沿岸地区"有长寿湖渔场作表率,又与渔场基地连片,可供密植夏橙20万株",要求改土建园后,必须栽良种化的大苗、壮苗,做到矮化、密植、早产。

1978年10月21日,中共长寿县农林局党组向县委组织部提交《关于建立长寿县柑橘研究所的报告》,提出"为了大力发展锦、夏、脐、血橙四大良种和长寿沙田柚,逐步实现柑橘良种化",拟筹备建立"长寿县柑橘研究所"。次年初,该所正式成立,建所地址在渡舟乡云峰寺。

1979年9月10日,长寿县农业局发布《关于发展夏橙的意见》(下简称《意见》),这是目前已知长寿县第一个关于发展夏橙的专门文件。

这个《意见》,首次提出关于在长寿湖区建立1万亩夏橙基地的任务:

　　　　夏橙,为原产我国福建的晚熟甜橙,果子成熟于夏季。由于产新于淡季,口味浓,能耐久藏,既可鲜食,又适合加工,能调节供应期,急消费者所需,在国际市场有极大的竞争力。

夏橙的生长有选择性和适应性,而起决定作用的是气候因素。我县气候适宜,特别在我县境内的长寿湖大水体作用,形成了特殊的小气候,给夏橙栽培创造了一个得天独厚的有利自然条件,是一个较为理想的夏橙栽培区。

据了解,长寿湖渔场七二年在湖内岛上试种夏橙五千株,七四年就开始试花投产四千多斤,七八年产果11.7万斤,今年产量14万余斤,七年树龄,平均株产达28斤。其果品分析测定,果形高桩,颜色深橙,甜酸适度,汁多味浓,细嫩化渣,具有香味,果汁含量49.2%,固形物14.3%,最高16%,总糖量10.72%,总酸量1.394%,糖酸比为8:2,固酸比为1:7,维生素A含量高达86.63毫克/100克,与美国夏橙样品比,果皮精细稍有不足,但内质超过美国的夏橙,种子平均数少0.7粒,固形物高2.13%。与贮藏的锦橙、脐橙比,各项指数都优于贮藏果,尤其是维生素A的含量,比脐橙高1.23倍,锦橙高31%,糖含量比锦橙高1.2倍,比脐橙高31.7%。因此,县委决定开发长寿湖湖滨地区,种植夏橙1万亩的任务。

在长寿湖建立夏橙基地的有利条件,《意见》有这样一段表述:

长寿湖面积约九万亩,水面约七万亩,湖中烟波浩渺,雾气升腾,湖滨丘陵起伏,村落点缀,湖畔有我县云集、兴隆、双龙、龙溪四个区,九个公社,可供开垦种果荒滩薄土,在二万亩左右。这里冬季不致严寒,夏季不致过于炎热,空气比较湿润,昼夜温差变化不大,很适宜种植夏橙。这里建园,既可解决果树上山下滩、不与粮棉争地的困难,又能克服山地果园土壤、有利条件差的难关,尤其是云集区的云集、华中、飞龙三个公社,沿湖长达六十华里,有14个大队,可供开垦建园的土地至少五千亩以上。

这里种植夏橙,有无可比拟的优越性:第一,气候好,适宜夏橙生长；第二，土地好，可供开垦的荒地多，潜力大；第三，水源交通好，一湖大水，能灌能排，湖面行船，四通八达；第四，地形地势好，湖岛港叉，护果容易；第五，干群认识好，他们认识到这些特点和有利条件，已在十四个大队中，办起果场11个，专业队员389人，开山建园100亩，育苗6万多株。玛瑙大队七七年建园32亩，植伏令夏橙五千株，今年已试花挂果。它有力证明，这里种植夏橙是因地制宜的，应决定发挥这一优势。

对于如何创建果园，《意见》提出：

第一，要先作好园地的具体选址。安排在山洼落堂背风向阳的地方，做到山顶树、山腰果、水边竹，达到防风保温，确保夏橙高产。

第二，努力提高建园质量。新建果园要求：横台连片，九尽开梯，深翻3尺，梯面平整，向内倾斜，堡坎牢固，背有沟凼，能排能灌，道路纵横。

第三，多快好省地培育良种壮苗。要求凡建园单位，按果园面积3%～5%建立苗圃，每亩育枳砧15～20斤。苗圃要选择水源好，坡度缓（5度以下），通风向阳，土壤深松的地块，自育自栽。

第四，推行矮密、早丰的栽培方法。行距三米，株距二米，每亩栽植111株。十五年后如果树冠封行，可移成55株。果苗定植要大苗、大窝、大肥（栽前划线定穴、挖坑，分层压足底肥），带土浅栽（果苗要土包根，栽时要露砧），保证成活，不缓苗，力争三年试花投产。

《意见》下发后，长寿湖夏橙基地进入大规模的建设阶段。

1980年5月上旬，重庆市及长寿县有关领导在长寿湖渔场主持召开筹建夏橙基地专题会议，对长寿湖万亩夏橙基地建设做出具体的安排部署。

不久，长寿湖渔场专门建立"夏橙基地建设联合办公室"，对沿湖社队建设夏橙基地实行"三帮一包"（帮资金，帮技术，帮种苗，包产后果品加工及销

售），派出技术人员深入沿湖公社和大队，与云集、双龙、兴隆三个区10个公社签订了联合合同146份，建园面积2507亩。

同年9月1日县革委决定建立夏橙基地领导小组，徐光开任组长，张开华、沈泽万、王兴华任副组长。1981年2月13日，长寿湖渔场成立夏橙研究所，隶属园艺分场，赵慕唐、夏光顺任正、副所长。1982年2月，建立重庆市长寿县夏橙研究所，与此前成立的长寿县柑橘研究所合署办公。1982年6月5—6日，长寿县夏橙基地工作会议在云集区召开。

1982年6月14日，长寿县人民政府发布《关于建设夏橙基地的意见》。这个文件开宗明义，提出"根据我县农业自然资源普查提供的大量科学数据和近十年的生产实践，证明长寿湖沿岸地区是种植夏橙的最佳地区。而夏橙本身又具有丰产性好、经济价值高、产果季节好、销路广的优点。因此，沿湖的社队应该把发展夏橙生产，作为治穷致富的主要骨干项目"。明确提出基地建设任务："到八五年完成改土建园种植夏橙一万亩。"还要求：层层建立领导班子，公社配备果树技术员，举办技术培训班。

很快，长寿湖夏橙基地建设，上升为重庆市的重要农业项目，发展目标也进一步明确。1982年12月24日，重庆市农业局向国家农牧渔业部提交《关于利用长寿湖湖区自然优势建立夏橙生产基地的报告》。该报告提出，长寿湖区夏橙基地建设，1985年前达到1万亩，1990年前达到2万亩，均不包括长寿湖渔场的4000亩，并申请国家农牧渔业部的资金支持。随即，农牧渔业部责成重庆市组织果树专家和科技人员，进行可行性论证。

1983年1月10日，重庆市副市长廖桢华、长寿县县长章必果与市农业局余书琴、中柑所邓祖跃等负责同志赴京，向农牧渔业部副部长朱云等汇报长寿湖夏橙基地建设问题。农牧渔业部的领导完全赞成长寿湖发展夏橙，强调应该狠抓一下。

不久，重庆市政府委托市农牧渔局，邀请中国农科院柑橘研究所、西南农业大学、四川省果树研究所的专家、教授及本市有关科技人员40余名，对建立长寿湖夏橙基地进行科学论证。会议期间，著名柑橘专家、华中农业大学一级教授章文才专程来长寿夏橙基地考察，甚为满意。会后，专家组向重庆

欢天喜地摘夏橙

市政府报送了《重庆市长寿湖地区建设夏橙生产基地论证意见书》。

同年4月13日,重庆市政府向农牧渔业部报送了《长寿湖地区夏橙生产基地论证情况的报告》,报告强调建设长寿湖地区夏橙基地具有生态的适应性、技术的可行性、经济的合理性。迅速得到国家农牧渔业部的支持。

同年4月28日,长寿县政府发出《关于加快夏橙基地建设的决定》,长寿湖畔社、队为夏橙生产基地,包括云集、华中、飞龙、乐温、沙石、石堰、龙河、双龙、回龙、邻封等十个公社所含长寿湖湖区土地和沿湖向外延伸三公里的地带。要求到1990年,完成改土建园两万亩,定植160万株。

1984年1月1日,中共长寿县委决定成立长寿夏橙基地建设指挥部。

同年7月13—14日,联合国粮农组织驻北京办事处官员卞南(埃及人)和办事处代表张锡贵一道,再次就"中国南方柑橘"项目的落实,对长寿夏橙基地进行详细的考察,卞南说:"无论从生态条件或市场需要情况看,在长寿湖地区发展夏橙生产是很不错的,扩大夏橙生产有成功的可能性。"

1990—1997年,长寿县实施"长江柑橘带"建设项目。这是长寿柑橘生产发展史上的一个重大事件,其投资规模、国际贷款额度、面积数量、质量要求、持续时间、影响力度及长寿全县上下的重视程度,都达到了前所未有的程度。通过七年多时间的艰苦努力,终于建成以沙田柚、夏橙、脐橙三大名优水果为龙头的优质水果商品基地,夏橙基地建设再次提升到一个战略高度。2000—2003年,是长寿夏橙生产发展最快的时期,为长寿建成国内夏橙种植基地打下了坚实基础。

品种引进与技术改良

长寿夏橙最早的品种,是伏令夏橙(Valencia late orange),长寿湖渔场于1972年从中国农业科学院柑橘研究所下属农场苗圃引进的。树冠高大,发枝力强,开花多,产量高。15年生树,冠高可达6米左右,单株产果300多斤,30年生树则单株产量600斤。这种夏橙的果子为长圆或者圆球形,中偏大,单果重大约150～250克,成熟果表面较光滑,果肉橙色至橙红,甜酸适度,风味浓,充分成熟后,品质优良,鲜销、加工均很适宜。

长寿夏橙从早期引种,到引种成功,并获得社会影响,靠的就是伏令夏橙。1979年,在南宁举办的全国夏橙鉴评会期间,经有关方面将长寿夏橙与美国夏橙进行分析比较,得出长寿夏橙的内质指标均超过美国夏橙。

长寿夏橙的第二次品种引进,与建立长寿湖夏橙基地的工作同步。1983年4月5—7日,重庆市政府委托重庆市农牧局,邀请有关专家及科技人员40余名,对建立长寿湖夏橙基地进行科学论证。引起著名柑橘专家、华中农业大学一级教授章文才的重视,不久,专程到长寿考察,对长寿湖的发展态势感到高兴,并特意向长寿县提供了福洛斯特(Frost Valeni)、奥林达(Olinda Valencia)、卡特(Utter Valencia)、康培尔(Campbell)等四个夏橙新品种,共计883株。

福洛斯特伏令夏橙,由美国加州柑橘研究中心H.B. Frosrt于1915年从伏令夏橙珠心系实生苗中培育而成,1952年开始推广,是当今美国、西班牙等广为栽培的品种。中国1965年从摩洛哥引进,四川、广东、广西、福建、浙江、湖南等地试种,均获成功。这个品种果实为长圆形,中等大,个头整齐,果面光滑,皮中等厚,肉质细嫩,化渣多汁,品质中上,成熟期与伏令夏橙近似,迟采品质不易变劣。

奥林达夏橙(Olinda Valencia Orange),1978年引种于美国。奥林达夏橙由加州河边柑橘研究中心于1939年发现,由伏令夏橙的实生变异选出,在美国、西班牙等

蜜奈夏橙

国栽培普遍。果汁风味和平均单果重均优于伏令夏橙,品质中上,为加工果汁的迟熟优良品种。

卡特夏橙(Utter Valencia Orange),引种于美国。源于美国的伏令夏橙珠心系,于1935年发现,树枝健旺,结果稍迟,较为丰产。

康倍尔夏橙(Campbell Orange),引种于美国。有无性系和珠心系两种,当前在美国大量繁殖的是珠心系,果实和伏令夏橙近似。

可见,章文才提供的4个夏橙新品种,都引种于美国,都是伏令夏橙的提档升级品种。对长寿基地建设,有重要意义。

长寿夏橙第三次引进的品种,是蜜奈夏橙(Midknight Valencia Orange)。这个品种起源于南非,于1927年从伏令夏橙果园选育出,有人认为是伏令夏橙的芽变品种。1970年后才引起美国和阿根廷等国的重视,开始大量推广。经过近30年的发展,普遍存在基础条件差、品种老化、果园郁蔽、产量低、质量差、经济效益较低等问题。2000年,长寿湖开始引种蜜奈夏橙,是中国最早引进这个品种的地区之一,2002年试花结果,次年正式结果。与一般夏橙品种相比,本品种树势旺盛,枝条粗壮,叶片肥大,果实硕大,果形美观,果面光滑,果肉脆嫩,果汁浓郁,在与伏令夏橙混栽的情况下,少核,部分果实无核,成熟期一般为4月上中旬,较伏令夏橙早2周以上,是极具发展潜力的品种。

长寿县在发展夏橙过程中,特别重视科学技术的作用,技术改良,除了直接引进优势品种外,长寿的柑橘技术人员通过不断摸索,还培育出了长寿一

中共重庆市委书记廖伯康(前右二)视察长寿夏橙基地。右一为中共长寿县委书记章必果

号、长寿二号等夏橙新品种。

　　始终借用专家力量,严把技术关口,长寿与中国农业科研院柑橘研究所、西南农业大学、华中农业大学、四川省果树良种繁殖站、重庆市果树研究所等建立密切合作关系,长寿先后聘请了四川省果树良种繁殖站的果树建园专家杨大昭和中国柑橘研究所研究员刘孝仲,担任改土建园和栽培管理技术顾问。为全面掌握长寿湖气候特征对夏橙生产的影响,1980年,长寿县组织开展《长寿湖局地气候效应分析及其对夏橙品质影响的探讨》的系统调研,总结出长寿湖气候独具的热源、谷地、冷壁、缓冲等四大效应,对防治夏橙低温落果,延长树体生长和果实养分积累,增加果汁含量和减轻伏旱威胁,防止裂果损失,避免果实未充分成熟而逼迫返青,提高长寿夏橙产量和质量,克服四川夏橙普遍存在的"干、酸、落"三大矛盾起着重要的作用,为夏橙基地建设提供了重要的科学依据。为建好夏橙基地,长寿湖渔场于1981年率先成立了夏橙研究所,外请专家担任所长。长寿县政府于1982年建立长寿县夏橙研究所,配置专门科研力量。

1984年初,国家计委和国家科委拨款20万元,下达《长寿湖夏橙丰产栽培技术研究》课题,由四川省果树研究所黄俊良、丁志祥、朱世江和长寿县政府饶海洋、余德全、于晓明共同承担,历时5年圆满结题,并荣获1991年重庆市科技进步三等奖,为长寿湖地区的夏橙生产发展,提供了果树间伐、水分管理、土壤管理、平衡施肥、病虫防治、果园覆盖、整形修剪、套袋及管理、包装销售等十大丰产优质的成套栽培技术。

国内最大夏橙产地

长寿,曾经是中国最大的夏橙生产基地。不过,要搞清楚长寿夏橙的果业地位,还需要把长寿夏橙放到全国夏橙的种植版图上进行审视。

夏橙是典型的南方系水果,对热量要求高,要在中亚热带以上地区才能栽培,其主要产地为福建、广东、广西、江西、湖南、湖北、贵州、四川、重庆等地。

福建,位于中亚热带前哨,发展夏橙的条件比较优越,福州、宁德、泉州、永春、漳州、莆田、厦门、三明、龙岩、南平等地皆有种植。福建夏橙,最早于1936年从美国引种于闽侯县南屿一带。1975年前后,又从四川大量引进夏橙苗木。到1984年,全省栽培不过400亩。1992年,达到3000余亩。此后虽然有所发展,但种植面积在全国夏橙产区中相对较小。

广东,是中国夏橙的原产地。特色品种为五月红,于1984年引进栽培。不过,广东夏橙种植面积并不大,主要分布于粤北的韶关市。

广西,是中国夏橙的重要产区。广西夏橙主要布局于桂林、北海、百色等地,尤其以桂林市产量最大。栽培品种有桂夏橙、伏令夏橙、无核伏令夏橙、奥林达、坎贝尔、卡特和阿尔及尔等,主产地有荔浦、阳朔、临桂、平乐、永福、灵川和恭城等县。到2000年,整个桂林市夏橙产量已达16.8万亩,产量16.8万吨,其中荔浦县近5万亩,产量约5万吨。北海市下属的合浦县,夏橙种植5万亩,对外出口,很受欢迎。

江西，主要夏橙产区为赣南，集中分布在于都、信丰、赣县、章贡区、南康、会昌、龙南和寻乌等8个县、市、区。从全国夏橙的种植版图看，江西夏橙所占份额不大。

湖南，主要夏橙产区为位于湘西南的江永县。目前，全县夏橙种植面积37500亩，产量3.5万吨。

湖北，是中国夏橙的重要产区，集中分布于宜昌市秭归县的泄滩乡。秭归夏橙于20世纪70年代从四川引进，经区域栽培，表现较优，目前主要有伏令夏橙、无核伏令、奥林达、康贝尔、卡特、福罗斯特夏橙等品系，但种植面积最多的是伏令和无核伏令夏橙为主。2014年，秭归全县夏橙种植面积达1.5万亩，产量2000万吨。2015年，秭归夏橙入选国家农业部本年度第一批国家农产品地理标志登记保护名录。

贵州，是中国夏橙的新兴产区，主要分布于黔西北的毕节市和黔东南的从江县。毕节市清水区于1967年引种夏橙成功后，晴隆、贞丰、罗甸等县相继试种成功。晴隆县柑橘场以建立标准化夏橙生产基地为重点，全县种植面积约1000亩。从江县充分利用得天独厚的土壤气候资源和南下两广交通便利的区位，大力发展市场销路好的夏橙，目前种植面积已达1.22万亩。

果农们采果忙

四川，是中国夏橙的早期繁育基地和主要生产基地，在中国夏橙发展史上占有重要地位。1938年张文湘从美国引进的伏令夏橙，首先在金堂赵镇试种成功，然后扩散到全国各地，目前金堂县已发展夏橙大约近1万亩，50万株。四川夏橙的最大产地为宜宾市江安县，始于1943年，由"中国夏橙之父"张文湘先生亲自主持大规模种植，后来选育出"江安夏橙35号"、"无核夏橙"等多个优良新品系。江安夏橙不仅是四川省优质果品、农业部优质果品,还是中国国际农业博览会名牌产品。目前,全县夏橙生产面积达7万亩,总产量3万吨,是全国最大的晚熟甜橙——夏橙的重要生产基地。此外,宜宾的翠屏区,泸州市的纳溪区,成都的蒲江县,眉山市的彭山县,乐山的五通桥区等地,也有一定规模的夏橙种植。

重庆,是中国夏橙的集中种植地区。主要分布于长寿、垫江、云阳、开县、忠县等区县。垫江的夏橙,主要分布于邻近长寿湖的乡镇,种植面积共约2万亩。云阳、开县、忠县的夏橙,主要沿着长江及其支流沿岸分布,其中忠县夏橙发展迅猛,种植面积大约4万亩。其中,长寿是重庆夏橙的主要代表。2006年,长寿夏橙种植面积达7.3万亩,产量6.5万余吨。如果以区县为单位计算,无疑是当时中国面积最大、产量最高的夏橙生产基地。尽管随着柑橘产业结构的调整,全面夏橙的种植面积有所减少,长寿夏橙也在调优结构,改换品种,压缩面积,但从全国夏橙生产的大格局看,长寿,依然是全国举足轻重的夏橙产区。

滞销变局与突围路径

长寿夏橙,由于是春夏之交的淡季上市鲜果,长期以来受到市场追捧,持续畅销了很多年。

1979年,长寿湖生产的夏橙试销中国香港,获得好评。在那个时代,外贸出口往往是风向标,这在很大程度上刺激了果农的生产积极性。

1994年5月,长寿县夏橙销售工作会议刚刚结束,就销售夏橙1085吨。其中270吨通过转口销售到俄罗斯、越南、中国香港市场;500吨销往吉林、天津、广西、郑州、昆明等内地市场,赢得了良好市场信誉。

1998年3月14日,长寿湖园艺场参加在南昌举行的全国果品交易会。长寿湖夏橙广告登陆中央电视台二台。当年长寿湖夏橙产量超过2000吨,到4月底就销售达90%以上。

2003年4月,新加坡复发中记控股公司首次在长寿收购夏橙1100吨,销

往新加坡、马来西亚、中国香港等东南亚国家和地区,实现长寿鲜果出口"零的突破"。与此同时,新加坡复发中记控股公司达成在长寿湖建立2000亩夏橙出口商品基地的协议。随后,广西、新疆、深圳、宁波、成都等30余家国内外客商纷纷到长寿湖,大量收购长寿夏橙运往外地销售。

不管是出口,还是内销,长寿夏橙都一路飘红,持续畅销。可是,畅销背后,危机却开始显现。

1999年,长寿夏橙已发展到2万亩,产果1.4万吨,但与丰收相伴的却并非是夏橙的畅销,而是卖果的艰难。当年4、5月间,夏橙销售完全没有往年的销售盛况。长寿县紧急召开夏橙产销工作大会,通过多种促销措施,终于在6月15日前将夏橙基本售完,可是,这时已经超过了夏橙的最佳销售时间,因而销售价格大降,每公斤均价只有1.3元左右。

长寿夏橙的这次滞销,原因主要在夏橙生产本身。一是野蛮采果,野蛮装卸,果实内伤,不耐贮运,烂果率高。二是恶性早采,含酸量高,甜味不足,影响品质。三是管理粗放,肥水不足,果实偏小,市场竞争力弱。四是上年贮藏果量大,延期销售,冲击夏橙的淡季市场。五是外地夏橙发展迅猛,品种优化,产量日大,抢占了市场份额。

尽管,长寿已经意识到夏橙可能存在的问题,也在考虑采取相应措施,但是,夏橙的滞销趋势,似乎已经无法阻挡。到了2012年,长寿夏橙的滞销,终于全面爆发。

位于长寿湖的龙河镇永兴村,种植夏橙4000亩,是有名的夏橙大村。而村主任王强,是永兴村的夏橙大户,种植面积20多亩。此前,种1亩夏橙的收益,相当于种4亩庄稼。往年,20多亩夏橙,产量达60吨,销售收入六七万元,除去肥料、农药等成本,剩下三四万元。可是2012年,王强共卖出夏橙37吨,销售收入仅有5900元。夏橙销售已临近尾声,仍有一半的果子挂在树上,没卖出去。

云集镇的玛瑙村,是长寿最早种植夏橙的村之一,种植夏橙6000亩,年产量1万多吨。2012年,玛瑙村夏橙大丰收,果农不仅没有增收,反而倒亏本。迫于无奈,玛瑙村只好将6000多吨夏橙销往果汁厂作为原料,平均价格不到0.6元/公斤,而作为鲜果销往重庆主城和成都市场的仅有3000吨,平均价格仅为2元/公斤。不仅如此,到了销售结束期,还有1000吨夏橙挂在树上卖不出去。

长寿夏橙的这一次滞销跌价,与1999年的滞销,原因已经有了很大不同,简而言之,是中国果业结构调整与夏橙品质缺陷的必然结果。

晚熟柑橘的快速发展,挤占了夏橙的市场空间。1994年11月22—26日,全国果茶桑生产会议在西安召开,针对我国柑橘11—12月成熟的中熟品种占85%、翌年1—5月成熟的晚熟品种不足4%的状况,农业部要求控制中熟品种、发展晚熟品种。随后,发展晚熟柑橘开始提上国家果业发展的议事日程。长寿区从2004年开始引进、发展晚熟优质杂柑,是中国(大陆)最早的发展地区,计划用5年时间发展10万亩晚熟柑橘,成为全国最大的、独具特色的晚熟优质杂柑基地。在长寿发展晚熟柑橘的同时,整个三峡库区都在大力发展晚熟柑橘,品种包括甜橙类的各种脐橙、血橙、夏橙、椪柑、杂柑、晚白柚等。随着晚熟柑橘品种的增多,并不断地投产,长寿夏橙曾"独占"的5、6月份鲜果市场,开始被晚熟柑橘品种挤占。

长寿夏橙的品质缺陷,是导致滞销的根本原因。长寿夏橙经过40多年的引种,品种严重老化,品质良莠不齐,干、酸、小现象严重,水分不足,出汁率低,加之病虫害发生较多,外观极差,夏橙的优势日渐削弱,不仅鲜销受阻,加工果汁也受到影响。与市场上的新品种W.默科特、塔罗科血橙、晚熟脐橙等相比,长寿夏橙的劣势显而易见。在激烈的市场竞争中,本不属鲜食品种的长寿夏橙,不得不败下阵来。

滞销、跌价,逼着长寿夏橙寻求出路。而果断换种,成了长寿夏橙的突围之路。

引进优良夏橙新品,是长寿夏橙换种的第一次实践。1999年的夏橙滞销和跌价,引起了长寿县农业部门的高度警觉。长寿夏橙,最主要的品种是伏令夏橙,渐渐成了市场上的滞销品种。于是,从2000年起,长寿湖开始引种蜜奈夏橙。经过几年的发展,蜜奈夏橙的优势开始显现出来。在2012年春夏的夏橙大滞销中,蜜奈夏橙与伏令夏橙的比较优势,显得特别突出。云集镇大胜村,夏橙面积达 2600 亩,是该镇的第二大夏橙种植村。村委主任苏兴全的果园,种有 8 亩夏橙,一半的果树长得较高,一半的果树长得较矮。原来,长得高的是伏令夏橙,长得矮的是蜜奈夏橙。2003 年,苏兴全花了 600 多元钱买来苗子,种了 4 亩地的蜜奈夏橙。蜜奈夏橙不仅个头大,色泽好,而且味正,籽少,收购商都争着买,产地价达 1.5 元/公斤,而伏令夏橙由于受病虫害影响,品质较差,少有人问津,价格只有 0.6 元/公斤。2012 年,云集镇夏橙产量约 2.5 万吨,凡属蜜奈夏橙,就很受市场欢迎,而不好销售的,恰恰都是伏令夏橙。

2012 年的夏橙大滞销后,长寿夏橙的换种计划开始快速推进。长寿区农委通过多次调研,综合各方面因素,制定出夏橙换种的两套方案:一是树龄不长、树势较好的实行高接换种,每亩补助约 500 元;二是树龄过长、完全退化的连根拔除,重建新果园,每亩补助约 1500 元。基于对市场的充分调查后,长寿区农委给果农提供了 W.默科特、塔罗科血脐、晚熟脐橙等几个品种。同时,要求既要避免只种一个品种,又要形成适度规模,一个村最好只种 1~2 个品种。

很快,换种在长寿湖区掀起了高潮。长寿湖镇湖滨村同心组,1000 亩夏橙,全部换成了塔罗科血脐。龙河镇咸丰村,1000 亩夏橙,全部高位嫁接成了春见、不知火两个丑柑新品种。而在云集镇玛瑙村,夏橙的换种管护,则由专业合作社聘请专业人员,采取统一管护,统一营销,市场风险大大降低。到 2014 年,在不到两年时间内,长寿夏橙换种约 2 万亩。

目前,整个长寿湖区的夏橙,凡是经过换种的,都焕发出新的生机,以全新面目重新赢得市场。尤其是高位换种的塔罗科血脐,品质极佳,饱受市场欢迎,已经成为长寿果业的又一张新名片。

第四章

椭圆露脐　清甜幽香

脐橙，是甜橙类柑橘中的佼佼者。金黄的果皮，椭圆的外观，浑圆的小脐，一瓣入口，汁液盈颊。这是脐橙留给人们的深刻记忆。长寿，是重要的脐橙之乡。脐橙起源于何处，何时进入中国，何时开始在长寿栽培，有哪些优良品种，在长寿的分布怎样？本章通过文献资料和实地考察，将这些问题一一梳理，就长寿脐橙的引进、栽培、品种、品质、布局等作简明扼要的记述。

脐橙的起源与引入

脐橙是柑橘类果树中一个特殊的甜橙品种。脐橙最大的外观特点，是因其果实顶部附生发育不全的次生小果，随着果实的膨大，果顶开裂成状若肚脐而得名。脐橙因具有果大美观、果皮较薄、油胞较细、色泽鲜艳、肉质脆嫩化渣、风味浓甜芳香、无核、耐贮耐运等特点而驰名中外，堪称世界柑橘栽培鲜食品种之冠，是国际贸易市场的著名品种，成为世界各柑橘生产国非常重视发展的柑橘品种之一。

脐橙对栽培区域的气候条件要求较为苛刻，因而全世界能生产脐橙的地方十分有限，主要集中在地中海气候类

脐橙

果满枝头

型的美国加州、西班牙、摩洛哥、南非、澳大利亚和中国的三峡、湘南、桂北、赣南等地。

关于脐橙的起源，从已有的研究成果看，可以概括成这样四句话：始源于中国，孕育于欧洲，成名于巴西，成功于美国。

在一般人的印象中，中国的脐橙是从国外引进的，这的确是事实。不过，脐橙的祖源地却是中国，因为，脐橙是柑橘中的一个亚类，而柑橘的起源地在中国。

柑橘是世界上栽培面积和果品产量最大的水果，主要分为金柑、宽皮橘、宽皮柑、普通甜橙、夏橙、脐橙、柚、葡萄柚、柠檬、来檬等品系。正是因为柑橘在果业中的重要性，柑橘类果树的起源，成了植物分类学家长期争论的一个问题。美国的植物分类学家主张，中国是柑橘的原产地；而日本的植物分类学家则主张，印度是柑橘类果树的原生中枢。

从地理学角度分析，印度东北部地区的河流，都发源于我国的青藏高原和云贵高原。怒江、澜沧江、雅鲁藏布江，都是从我国流入印度、缅甸、老挝、越南。雅鲁藏布江直接流入印度，通过孟加拉国而入海。在古代交通极为不便的条件下，只有果实顺流而下，决不会如日本学者所说的从印度逆流而上到达中国的青藏、云贵高原。在古代第四纪洪积时代，洪水泛滥，气候较暖，作为多年生亚热带性木本植物的柑橘，只能在中国西南高原河谷地带生存下来。后来，洪水下退，柑橘沿着河流从东边和南边顺流而下，到达下游各地。起源于中国西南高原河谷地带的柑橘，由金沙江、大渡河、长江、珠江移入云南、贵州、四川，再到华中、华东、华南地区。同时也从南边顺流而下，由红河、湄公河等进入印度、缅甸、老挝和越南等地。

从气候学上分析,中国是柑橘的理想原产地。柑橘是亚热带性的常绿果树,从其生长发育特性来看,热带地区没有适当的冬季低温,一般的柑橘树终年徒长,不易进行花芽分化,难以开花结果。植物的进化,必须通过有性或无性繁殖来实现。在热带气温条件下,柑橘一般是不能生长繁衍的。世界上只有枸橼、来檬等少数热带性柑橘种类,适应于热带地区。

金沙江、大渡河上游的河谷地带,常年平均气温在16~24 ℃之间,年平均降雨量在1000毫米左右,气候温和,终年少见霜雪,具备柑橘生长发育的理想自然条件。当地现在还有野生、半野生的黄果(甜橙)、白橘(椪柑)、柚、红河大翼橙、马蜂柑等原始群落。不少地区现在尚存几百年生的橘树,主干直径达2米以上。这些,就是柑橘起源于中国的重要物证。

欧洲是中国柑橘演变成脐橙的孕育地。中国柑橘栽培的历史,至少在4000年以上。四川、重庆、湖北、湖南一带,历来是柑橘栽培的主要区域。随着中国与西方之间青铜之路和丝绸之路的开通,起源于中国的柑橘传播到了西方,香橙、酸橙、柠檬、甜橙、柑、橘等在中亚和欧洲生存下来,安家落户。在公元1世纪时,因火山爆发而被掩埋的罗马城市的废墟中,居然挖掘出了酸橙和甜橙的种子。这是中国柑橘传入欧洲的明证。

由中国传入欧洲的柑橘甜橙品种,何时孕育出脐橙,目前没有确切的记载。但是,至少17世纪时,脐橙已经在欧洲开始出现。大约1640年,葡萄牙人(一说意大利人)弗雷利(Ferrari)撰写了欧洲最早的柑橘专著《柑橘》,书中记载脐橙存在于地中海沿岸,且有品种描述及插图说明。稍晚,葡萄牙人和西班牙人也曾有关于脐橙的报道。

有专家研究,至少17世纪出现于欧洲的脐橙,其实就是15世纪后半叶中国无核甜橙引入地中海沿岸后发生的有脐变异品种。根据弗雷利《柑橘》一书记载:1471年葡萄牙帝国侵略我国广东、福建、台湾沿海时,将中国的良种甜橙、柑、橘引种到葡萄牙首都里斯本,起名葡萄牙甜橙,地中海沿岸国家都是从那时开始栽培甜橙、柑、橘的。其实,当今西班牙、意大利等国的甜橙产业,也正是葡萄牙人从中国引进甜橙的延续。

巴西,是脐橙的培育成名之地。或者可以这样说,现代意义上的脐橙栽

培，是从巴西开始的。1500年，葡萄牙人卡布拉尔的船队在葡萄牙国王资助下准备前往印度，却在途中为躲避风浪而意外发现了一块新大陆并当即占领，也就是现在的巴西。巴西从此成为葡萄牙帝国的殖民地，葡萄牙人从此也加大了对巴西的开发建设。1810年，在巴西巴伊亚城（Bahia）附近的一个修道院，从葡萄牙引种的甜橙品种赛莱克特，由于生态因子的改变（气候炎热空气干燥）而发生芽变，果子顶部长出了一个发育不全的次生"小果子"，形成了一个类似肚脐的小结，产生了有脐无核的脐橙。这个芽变脐橙的最初栽培者，恰好是葡萄牙侨民。人们在惊喜之余，于1810—1820年间进行第一次繁殖，由于脐橙品质优良，口感特别好，不久人们开始竞相引种栽培。1828年，脐橙从巴西引入澳洲的悉尼植物园栽培，定名为巴西脐橙。1851年，澳洲的种苗公司开始繁殖出售种苗。而巴西本土大面积的栽培反而推迟到1860—1870年之间。

美国，是栽培脐橙的成功之地。1835年、1838年，美国曾经两次从巴西引种脐橙，种植于佛罗里达州，由于这里气候炎热潮湿，均告失败。1870年，美国农业部又一次从巴西引进少数脐橙苗木，初期在位于华盛顿的农业部温室中栽培。1873年，美国农业部工作人员将两株嫁接苗寄到加利福尼亚的里弗西德（Riverside），用作宅旁栽培，由于加州的气候炎热干燥与巴西相似，很快获得成功，因品质优良而轰动一时。在商业答询时起初称该品种来自华盛顿，因而以后便以"华盛顿脐橙"闻名于世，后来该品种的引种遍布世界各柑橘生产国。而其产地里弗西德，也就成了世界著名的脐橙产区。1893年，美国新奇士联合公司在加州成立，此后迅猛发展，全面实现高产、高质、高值、高效和技工贸一体化服务，最终以脐橙作为王牌品种，打入国际市场。脐橙，终于成为世界上品质最佳、销售最畅的鲜食柑橘品种，登上柑橘类水果的王座。

全世界至今已经先后培育脐橙良种50多个，大多为华盛顿脐橙通过营养性选种而培育的良种。由于脐橙易于发生枝变、芽变和株变，良种繁育显得特别重要。美国、西班牙和日本，是脐橙育种发展最快的三个国家，因此全球的脐橙品种被分为美系、西系和日系。

中国引种栽培脐橙，已有将近100年的历史。中国引种的脐橙，是从日系脐橙开始的。早在1919年、1921年和1931年,中国先后从日本引入脐橙到浙江的平阳、黄岩和石浦栽培;1935年,又从日本引入到湖南的邵阳栽培。与此同时,1928年,开始从美国引入脐橙到广州栽培;1965年,从摩洛哥引入桂林、广州、黄岩、长沙等地,结果都不甚理想。

20世纪70年代末以前,限于品种等诸多因素,中国的脐橙栽培并不多。究其原因,是这个品系的风土适应性较弱,对环境和栽培条件要求较高,若品种(系)选择不当或管理粗放,往往花量大,坐果少,产量低,经济效益差,一时被栽培者视为畏途。20世纪80年代以后,随着国外引入与自己选育脐橙新品系的推出,在选种、栽培技术等方面取得了突破性进展,脐橙生产发展相当迅速,形成了以江西赣州、四川、重庆三峡库区、湖北三峡库区、广西桂北、湘南等为主要产区,福建、云南、贵州等地有一定规模的脐橙产业格局。

固然,脐橙起源于中国的甜橙。但从1471年离开故土后,甜橙穿越四大洲,历时四多百年,演化成广受欢迎的脐橙,最后才重新回到中国。而从中国甜橙到世界脐橙之变,正好说明中国对世界果业做出了重大贡献。

脐橙在长寿的栽培

长寿脐橙的栽培,根植于重庆和四川脐橙产业的发展。而重庆和四川脐橙的最早引种人,是严育良和张文湘。

1932年,严育良由日本引进枳砧华盛顿脐橙500株,在重庆郭家沱园艺场开始试种。

1938年,四川大学教授张文湘在美国加州大学进修结业时,向

脐橙育苗栽培

阿姆斯特朗种苗公司购买华盛顿脐橙、罗伯逊脐橙各三株，由旧金山经海运至香港，再空运至成都，植于四川大学校园，后逐渐培育，推广至金堂、江安及当时的四川各地。

据张文湘《谈脐橙的来源和品种的更新换代问题》一文介绍，华盛顿脐橙和罗伯逊脐橙，虽然同出于美国，但在四川和重庆的表现却大不一样。经过川渝两地50多年的栽培，华盛顿脐橙在巫峡谷口多风干燥的奉节县，表现很好，但在其他空气潮湿的地区，如四川盆地和盆周各县，产量甚低，经济价值不高，已经被果农淘汰。而罗伯逊脐橙对潮湿的生态环境很适应，果形大，成熟早，产量高，品质好，深受市场和消费者欢迎，经济价值高，故各地竞相种植。

长寿最早引进脐橙的时间，据《长寿区农业志》（1949—2006年）之"大事记"，应该是1958年，由渡舟乡果园大队从位于重庆石马河的江北农场引进枝条进行嫁接。但是，这一次引进可能是经验不足，并没有取得成功。

长寿第一次成功引种脐橙，是1969年。当时，菩提山园艺场从重庆市沙坪坝松山农场引进罗伯逊脐橙2100株，定植于菩提山上。负责引种脐橙的是菩提山园艺场的园艺师兼管理干部叶绍甫。1971年，有200余株试花，产果2100斤。1973年，产果1.1万斤，1974年，产果约1.5万斤，初步表现了早结丰产的经济性状。到1980年，已发展到1.2万株，产果6.2万斤。1983年，产果约8.2万斤，其中3.57亩（324株）平均亩产4183斤，株平产果46斤，最高单株产果150余斤，最大果重800克。1985年，产果达到1.2万余斤。

菩提山园艺场引种脐橙的成功，很快引起长寿县领导的重视。

1971年12月，在脐橙首次试花结果后不久，县革委农业组王景禄同志《在全县果树生产会议上的总结讲话》中要求，长寿县的果树发展，要"大力发展鹅蛋柑26号、20号、血橙、脐橙"。这是长寿县从政府角度第一次提出发展脐橙。

1973年10月，县革委多经办负责同志《在1973年柑橘生产收购工作会议上的总结讲话》中指出，"不论何种地方，果树发展必须以柑橘为主体，以良种广柑，包括鹅蛋柑、脐橙、血橙为骨干"。还特别强调"菩提山以脐橙为主，大力发展良种柑橘"。

1978年1月15日，长寿县革命委员会《关于"五五"后三年果树生产发展规划的意见》，提出建设菩提山脐橙基地1000亩，力争1980年在渡舟、八颗、桃花发展脐橙15万株。1月27日，县革委会负责同志《在"三山一湖"柑橘基地建设工作会议上的讲话》指出，由于菩提山园艺场多年栽培脐橙均品质优良，因此，菩提山地区的十个大队，"必须以脐橙为主栽品种，少量地发展锦橙"。8月9日，中共长寿县农林局总支《关于尽快把我县建成水果基地县的报告》中建议，"在围绕菩提山的渡舟、晏家两区的渡舟、八颗、十字、古佛、桃花溪五个公社的坡地上，发展罗伯逊脐橙10万株"。

1981年11月，长寿县政府《关于大力发展柑橘生产的决定》，明确要求"菩提山、牛心山地区的公社以脐橙为主"。1982年7月2日，长寿县果树领导小组《关于长寿柑橘生产的情况汇报》，提出全县计划1985年建立6个柑橘基地，其中"菩提山、牛心山及葛兰靠山一带相对低温地区，为脐橙基地0.5万亩"。

与此同时，长寿县还连续大幅提高脐橙的收购价格，从收购政策上对脐橙的发展采取鼓励扶持措施。1972年10月，长寿县革委会工交组计划小组《关于调整柑橘等级价格的通知》，明确"少数优良品种如鹅蛋柑、血橙、脐橙的价格，每担高于同级广柑价格3元执行。1978年11月，长寿县革委会计划委员会《关于调整柑橘收购价格的通知》，明确脐橙的收购价格高出广柑5元。

脐橙在菩提山园艺场的成功栽培，加上政府的大力倡导，从政策上大力扶持，极大地激发了农民发展脐橙的热情。菩提山附近的农民纷纷效仿，积极引种脐橙，获得同样成功，有力促进了长寿脐橙的发展。

1976年，八颗乡丰收村四组的农民在5.5亩薄土上放炮打坑，定植罗伯逊脐橙1146株，次年试花，第三年产果400余斤，1979年产果1400余斤，三年生脐橙亩产达到254.5斤。1981年，傅何乡新桥村八组农民在荒山坡上放炮打坑，定植罗伯逊脐橙345株，1984年前因责任制未落实，管理不善，收成不多。后来落实了责任制，收成明显改善，1985年产果1989.5斤，四年生脐橙

株平5.5斤,单株产值超过同龄锦橙的4.6%。1981年,称沱乡李庄村钟家塆组农民定植罗伯逊脐橙300株,1986年产果3500斤,五年生脐橙株平产果11.66斤,高于该园同龄锦橙产量。

随着脐橙在长寿栽培规模的扩大,其早结、丰产、优质的特性越来越明显。

1974年,经重庆市农业局选种鉴评测定:长寿脐橙平均果重330克,可溶性固形物9.8%~11%,脆嫩化渣,味具甜浓香,汁液较多,基本无核。

1985年,长寿县脐橙达到5万余株,其中结果树1.2万余株,产果达近99吨。当年10月16—19日,重庆市果树协会邀请中国柑橘研究所、西南农业大学、重庆市江北农场、广阳坝农场及市、区、县部分会员共24人,对长寿脐橙在不同砧木上的表现进行了现场调查,对早结、丰产、优质的栽培技术进行了研究和交流。大家一致认为,在重庆海拔250~600米,平均气温16.5~20℃的地区均可种植罗伯逊脐橙。

1985年12月和1986年12月,长寿脐橙相继应邀参加了全国优质农产品展评和北京春节全国优质水果展销会,均收到各界人士的欢迎和好评。

1986年9—12月,国家农牧渔业部根据国务院关于建设长江柑橘带的指示,先后两次组织国内科研、教学、生产部门的专家、科技干部及联合国粮农组织投资中心专家组来长寿进行现场咨询考察,决定将长寿列为"长江柑橘带"建设的29个县中的10个重点县之一。于是,长寿县政府决定在"六五"规划发展脐橙3000亩的基础上,将长寿脐橙商品生产基地建设从渡舟菩提山至葛兰明月山麓扩大至海棠望月寺一带,利用低山山麓及向斜孤山,在海拔350~550米日照充足的地段,集中成片地发展罗伯逊脐橙。

1987年,长寿脐橙发展到6.48万株,产果155吨。其中,菩提山园艺场9年生罗伯逊脐橙亩产达3090斤,14年生单株最高产果150余斤。

1990—1997年,长寿县实施"长江柑橘带"建设项目,长寿脐橙与沙田柚、夏橙一起,共同建成了三大名优水果为龙头的优质水果商品基地。2000年7月—2004年12月,长寿区承担了由华中农业大学主持的"三峡库区柑橘品种改良与高新技术成果转化研究"项目的试验示范任务,从华中农业大学引进纽荷尔脐橙、红肉脐橙、华红脐橙(纽荷尔新系)、耐湿脐橙等柑橘新品种的接穗和苗木新品种定植。2002年开始,为发展长寿的晚熟柑橘,长寿区从澳大利亚引进了鲍威尔脐橙与班菲尔脐橙两大晚熟脐橙品种,有效地改善了长寿脐橙的中晚熟结构。

"长江柑橘带"建设项目的实施,新品种的引进,特别是政府的主导,极大地促进了长寿脐橙的栽培规模。

2001年,累计种植脐橙面积约6000亩,产果2000吨;2006年,面积约9990亩,总株数60.3万株,结果树29.5万株,总产果3700吨;2010年,长寿区累计栽植脐橙面积约1.3万亩,总株数71.8万株,结果树35万株,总产果1万余吨;2016年,面积约2.2万余亩,总株数100余万株,其中晚熟脐橙0.55万亩、晚熟22万株,结果树76.7万株、总产量近1.9万吨,其中晚熟22万株、产量1400吨。

相对于沙田柚、夏橙、血脐、杂柑而言,脐橙在长寿果业中的地位似乎没有那么显赫。但作为柑橘类甜橙的重要品种,长寿脐橙的发展,无疑是对长寿果业品种结构的丰富,且长寿脐橙的品质,在国内多个脐橙产区中仍然处于较高水平。

长寿脐橙之品种

长寿脐橙经过多批次的引种,栽培品种已经相当丰富。

罗伯逊脐橙。是长寿最早引种的脐橙品种。1969年,菩提山园艺场从重庆沙坪坝松山农场引进。这是20世纪90年代之前,长寿脐橙栽培的唯一品种。罗伯逊脐橙,简称罗脐,是1925年由罗伯逊在美国加州南部洛杉矶附近空气潮湿的太平洋沿岸一个华盛顿脐橙园中发现的变芽选育而成的。该品种与华盛顿脐橙相比,早熟一至二周,果子更大,品质和丰产性能也更好,于1936年开始注册,并推广栽培。1938年,张文湘从美国深造回国,将罗脐引入,此后在四川、重庆和湖北等地广为栽培,成为很受欢迎的脐橙品种。

华盛顿脐橙

20世纪90年代初，随着长寿县对脐橙产业的高度重视，先后引进了华盛顿、丰脐、朋娜、白柳、清家等脐橙，主要种植在洪湖、渡舟、龙河、长寿湖、万顺等镇。

华盛顿脐橙。又名美国脐橙，简称华脐，是世界上非常有影响的脐橙品种。原产南美巴西，1870年引入美国华盛顿，1873年转入加利福尼亚而选育成功，被命名为华盛顿脐橙，成为20世纪加州柑橘业的拳头产品。1938年，由张文湘教授从美国与罗伯逊脐橙一道引入四川。随后，在四川、重庆、湖北、湖南、江西等地栽培较多，南方各省均有少量种植。

丰脐。是我国脐橙发展中推广的重要品种。中国农学会柑橘考察团于1977年从美国引入，属华盛顿脐橙品系。四川、重庆、湖北、广西等地有批量栽培，其他适栽脐橙的省有零星栽培。经国内多点多年试栽观察，该品种在高温、高湿条件下表现丰产、优质、早熟，丰产性优于华盛顿脐橙。丰脐以其果大色艳，甜酸适度、脆嫩爽口等特点闻名于世，素有"华夏第一橙"之称，可与美国新奇士橙一争高下。

朋娜脐橙。是从美国加利福尼亚州斯特拉斯莫尔市的华盛顿脐橙中选出的突变体。1978年引入我国，在四川、重庆、湖北、湖南、江西、浙江、广西、贵州、云南和福建等地有栽培。朋娜脐橙果实较大，短椭圆形或倒锥状圆球形，果色橙色或深橙色，果面光滑；果肉脆嫩，较致密，风味较浓，甜酸适口，无核，品质上等。

白柳脐橙。由日本静冈县1932年从华盛顿脐橙枝变中选出。1978年我国从日本引入，在广西、四川、重庆、福建、浙江等地有少量种植。树势强，枝条较粗壮，枝叶茂，树冠圆头形果实圆球形，单果重200克以上，无核，脐明显，基部较窄，蒂周常有放射状沟纹，果色橙红，果皮稍粗。肉质细嫩化渣，品质上乘。

清家脐橙。于1958年选育自日本爱媛县清家太朗柑橘园，1978年引入中国，在四川、重庆、福建、广西、浙江、湖南、湖北有栽培。清家脐橙开花较华盛顿脐橙早，品质上乘，肉质脆嫩化渣，风味与华盛顿脐橙相似。

20世纪90年代末期，长寿县引进了耐湿、福本等脐橙品种，主要种植在凤城、渡舟等街镇。

耐湿脐橙。从美国引进，树势强壮，挂果后树姿开张。坐果率高，丰产性强，单果均重为210克左右，高接3年树单株产量47.3公斤。果实着色一致，果皮较光滑，部分果实开脐；肉质脆嫩，甜酸可口，富含芳香。适宜种植在海拔400米以上区域。

福本脐橙。是1981年从日本引入的高档早熟脐橙，为华盛顿脐橙的枝变。以果面浓红，色泽艳丽，品质优良著称。肉质脆嫩多汁，风味酸甜适口，富香气，无核。由于高糖低酸，减酸早，是一个肉先熟皮后熟的品种，品质极优良。在重庆地区11月中下旬成熟，产量中等，是目前极具发展潜力且替代纽荷尔的脐橙新品种。

2000年7月至2004年12月，长寿从华中农业大学引进纽荷尔脐橙、红肉脐橙、华红脐橙等新品种，大大丰富了长寿脐橙的品种结构。

纽荷尔脐橙。原产于美国，由华脐芽变选育而来，1978年引进中国。树势生长旺盛，枝梢短密，叶色深绿，果色橙红，果面光滑，果实呈椭圆形至长椭圆形，多为闭脐，果肉细嫩而脆，味香汁多，口感清甜，平均单果重300～350克，大者达750克以上，是

纽荷尔脐橙

馈赠亲友佳品，深受大中城市消费者青睐。该品种投入产出期较短，一般定植后第三年就能挂果，四年以上成年果树，一般亩产可达2500～3000公斤，

寿命可长达40～50年,其经济效益十分可观。由于该品种果实外形基本一致,呈椭圆形或鹅蛋形,酷似美国新奇士公司脐橙,且品质上乘,丰产性强,市场前景十分看好,是中国商业化栽培的主要脐橙品种之一。

红肉脐橙。又名卡拉卡拉脐橙。由美国引进,为国家"948"项目引进品种。为华盛顿脐橙的芽变,20世纪80年代中叶在委内瑞拉发现,90年代从美国佛罗里达引入华中农业大学。该品种果肉粉红色至红色,色泽均匀,有特殊香味,品质优、商品性好,果实近圆形、闭脐,平均果重200克左右,坐果率高、投产早、极耐储藏,冷库储藏期达4个月以上。果实呈圆球形,平均单果重190克左右,果面光滑,深橙色,果皮薄。肉质致密脆嫩,多汁,风味甜酸爽口,其最大特色是果实果肉呈均匀红色。由于红色象征喜庆吉祥,红肉脐橙果实在市场上极受欢迎。

华红脐橙。是华中农业大学在纽荷尔脐橙中选育出的优良品种,2001年起,重庆市园艺作物良种繁育推广中心和长寿等地示范栽培,是中国第一个具有自主产权的新品种。该品种近几年连续获全国农业博览会金奖和名牌产品称号,是鲜食品种的"贵族"。该品种表现风味浓,果肉细嫩化渣,果汁含量丰富,酸甜适度,富香气,耐贮藏,果形和色泽美观,内质优良,商品性好。结果早,树势旺,丰产、稳产性良好。一般定植2～3年批量结果,平均单果重200克以上,亩产4000斤以上,最高亩产可达7000斤。

在注重中熟脐橙新品种的引进过程中,长寿还特别重视晚熟脐橙品种的引进,2002年起,鲍威尔脐橙与班菲尔脐橙在长寿的栽培,就是这方面的积极尝试。

从长寿脐橙的品种构成看,长寿高度重视果业的技术革新,特别重视脐橙新品种的引进栽培,只要是国内引进和培育的脐橙新品种,长寿总是第一时间加以引种。无疑,这为长寿脐橙产业更新换代,保持市场竞争优势,提供了可靠的品种支撑。

大洪湖畔脐橙黄

出乎很多人的预料,长寿脐橙的最大栽培区,不是在明月山东麓的早期引种地菩提山、牛心山及葛兰靠山一带,而在明月山西麓的大洪湖流域。

目前,长寿脐橙栽培面积约2.2万亩,除去晚熟脐橙5500亩外,中熟品种约1.7万亩。而大洪湖流域的洪湖、万顺两个镇,主要种植中熟脐橙,栽培面积达到1.5万余亩。因此,长寿脐橙的重心在大洪湖流域。

洪湖镇脐橙种植区域

洪湖镇,是长寿脐橙的最大种植区域。全镇幅员103.6平方公里,人口4万,15个村(社区),107个合作社。现有栽种面积为1.1万亩。这些脐橙80%都已进入投产期,年均单产在1.5吨左右,年总产量为1.3万吨左右。

洪湖镇的脐橙栽培区域,主要分布于御临河流域的原称沱乡范围。这个区域,全是红砂壤,呈弱酸性,加上河谷气候,特别适宜脐橙生长。

洪湖镇最早引进栽培脐橙,是从原称沱乡李庄开始的。20世纪70年代末至80年代初,当地开始从毗邻的幺滩村引种。邻水县御临镇幺滩村早在20世纪六七十年代就开始栽种脐橙,并获得成功。原称沱乡李庄村村民雷国明,发现脐橙挣钱,最早开始引种,很快全村发展到600亩。

洪湖镇最早引种的脐橙,是罗伯逊脐橙。随着果业产品结构的调整升级,光靠罗伯逊脐橙已经不能适应市场竞争的需要。自2008年起,洪湖镇对脐橙品种进行更新换代,在新品种引进等方面做了大量工作,先后引进了纽

平伟农业正在着手打造的橘香跃动村

荷尔、朝阳顶橙、华红、塔罗科血橙、鲍威尔血脐、梨橙、朋娜、班菲尔等八个主要品种。这些品种，注重成熟期的结构优化，其中早熟型的有纽荷尔、朝阳顶橙、华红；中熟型的有塔罗科血橙、梨橙和朋娜；晚熟型的有班菲尔、鲍威尔。但绝大多数是纽荷尔脐橙，如草堰村、梯子村3500亩，全是纽荷尔脐橙。

洪湖镇的脐橙经营模式，主要是"专业公司+专业大户"。

专业公司，以平伟农业为代表。平伟农业（全称：重庆平伟朝阳农业发展有限公司）是洪湖镇最大的柑橘专业公司。平伟农业创办于2009年，先后流转称沱村7000亩土地，用于发展柑橘产业，并采取全息农业的发展模式。

平伟农业主要种植三个柑橘品种：W.默科特、鲍威尔和塔罗科血橙新系。

平伟农业，定位为重庆最大的柑橘多品种母本园，致力于原种保护，原种开发，规划种植，农旅融合，成为整个御临河流域的柑橘生产龙头企业。该企业将脐橙产业与观光旅游结合，推出一树多品的柑橘产品，即一棵柑橘树，一年四季，结出不同的果实。着手打造橘香跃动村，拟依托现有的果园，打造1万亩的柑橘产业观光带，正发展朝阳顶橙、塔罗科血橙新系8号系列和W.默科特三大品种。接入巨资对果树实行智能化管理，引进先进设备进行果品深加工。

专业大户，是洪湖镇脐橙发展的重要模式。原称沱乡的草堰村，最早从邻水县御临镇引种罗伯逊脐橙。2005年开始，改为种植纽荷尔，现有面积2000亩。其中，专业大户有40～50家，种植技术相当专业，脐橙品质颇有保障。目前,草堰村的脐橙,当地起步价格为2元/斤,产品持续畅销。

朱一兴,是草堰村的脐橙种植大户。朱一新原来在外从事建筑装修业务,后来承包了100多亩脐橙园,有果树4000多株,全是老品种罗伯逊脐橙,年产100多吨,果园名称叫李庄家庭农场。这个果园位于45度的斜坡上,索道上下相通,安装有监控设备,雇有专人进行管护。朱一兴的脐橙,全部自产自销,从不担心销路。

万顺镇,是长寿脐橙的第二大种植区域。万顺镇从2008年开始种植脐橙,品种主要为纽荷尔,少数为塔罗科血橙新系。这是在长寿区农委提供免费苗木基础上扶持发展起来的。目前,全镇种植面积5000亩,主要分布为垭口村3000亩,万顺村1000亩,四重村(晏子山)1000亩。其他村组,有散户经营。

万顺镇的经营模式,以散户栽培为主。

垭口村,是万顺镇最大的脐橙专业村。2008年,长寿区成立柑橘办公室,因为万顺垭口村要脱贫,区农委提供了1500亩的纽荷尔苗木。后来村里又引种1500亩,规模达到3000亩。由于土地流转难度大,专业公司进不来,因而主要是小片种植,但生产形势相当不错。其中,垭口村耍坝组的农民冯永清,种植纽荷尔20亩,果形好看而丰硕,一般单个重量为8两,最大的达到1斤1两,而且味道极佳,在重庆销售时被抢购一空。

万顺镇的四重村,栽培脐橙1000亩,都是纽荷尔。村上成立了李家大湾和晏子山两个脐橙专业合作社。由于果树管理得当,脐橙味道很好,产品不愁销售。

白鹤村大井组的村民雷平,种植塔罗科血橙新系5号100多亩。雷平特地饲养肥猪,与果园配套,确保有机肥的供应,进而保障了果实的品质。在销售方式上,改变原来的挑担销售为纸箱包装销售,因而价格更高,效益更好。

大洪湖地区的脐橙之所以品质好,除了管理因素外,与自然环境关系极大。脐橙的集中栽培区大洪湖沿岸和御临河流域多为坡地,红沙壤,光照充足,且受湖区气候和河谷气候的影响大,特别有利于脐橙的生长发育。

第五章

紫衣泽润　汁液如血

紫红的果皮、紫红的瓤瓣、紫红的汁液，与奇妙的美味浑然一体，铸就了血橙特有的华丽与高贵。长寿的血橙，早期品种为红玉血橙，后期品种主要是塔罗科血橙，共同构成了长寿大地的亮丽色彩。早期的红玉血橙是如何引进长寿的？后来的塔罗科血橙是怎样从意大利引入中国并实现风味的中国化，又是怎样引种到长寿湖并推广到全区范围，并发展成继夏橙之后又一优势果品的？本章围绕这些问题，结合人物采访与资料查证，试图解开这些问题的真相，让读者感受血橙紫红色彩背后的奇异芳香。

红玉血橙引种掠影

　　果实扁圆或呈球形，果皮深红色并带紫红色斑纹，果肉血红，汁液丰富，酸甜之中带有玫瑰花香，这是人们对血橙的最初印象。

　　血橙，是橙的变种，俗称红橙。因果肉与汁液酷似深红色的血液，故名血橙。血橙的果肉与汁液之所以酷似深红色的血液，是因为"花色苷"的存在。花色苷是一种常见的色素，是花青素与单糖形成的糖

血橙

苷结合物,存在于许多花朵与果实之中,但在柑橘类果实中却很少见。1850年,血橙首次出现在欧洲,主要种植于西班牙、意大利和北美。后来引种到中国,主要分布在四川、重庆、湖北、湖南、江西等地。

血橙是世界上很受欢迎的甜橙品种。血橙的果皮、果肉、果汁均呈血色,被称为"疗疾佳果",含有丰富的维生素C、钙、磷、钾、β-胡萝卜素、柠檬酸、橙皮甙以及醛、醇、烯等物质,因而具有特殊的营养价值。一是含有促进血液循环的最佳精油,能够有效改善人体的贫血状况;二是能温润补血,改善手脚冰冷状况;三是能够改善肤色,促进皮肤细胞再生;四是能够刺激情结,提升精神状态,有益于脑力劳动;五是具有淡淡的玫瑰香味,能够增强食欲。

血橙,主要有桑吉耐劳血橙、玫瑰血橙、摩洛血橙、红玉血橙、塔罗科血橙等品种。塔罗科血橙,是中国最受欢迎的血橙品种。在塔罗科血橙引种长寿之前,长寿引种的血橙品种,是红玉血橙。红玉血橙,又名路比血橙、红花橙、红宝橙,原产于地中海沿岸国家,我国一些地方也有引进栽培。

长寿什么时候开始引种血橙?据《长寿区农业志(1949—2006)》"大事记"记载:

> 是年,长寿县首次引进脐橙、血橙、日本夏蜜柑枝条,在渡舟果园大队嫁接。

这是长寿果业史料关于长寿引种血橙的最早记录,时间是1958年,地点是长寿县渡舟乡果园大队。至于引进的数量、品种,现在已经无从知晓,但有一点可以肯定,这次引种,并没有获得成功。

长寿第一次成功引种血橙是20世纪70年代初。具体的引种时间,则有两种说法。

一种说法是1971年。《长寿区农业志(1949—2006)》"大事记"记载:"是年,从中国柑橘研究所引进'路比血橙',为长寿县柑橘类增添一个新品种。"而该书第二章"多经作物"又载:"血橙,1971年中国柑橘研究所引进'路比'优良品种数千株,在但渡公社五合大队和桃花溪公社马道大队和长寿湖渔场栽植。"这两个记载说明，1971年，长寿从中国柑橘研究所引进了路比血橙即红玉血橙数千株，栽培于但渡、桃花和长寿湖。

一种说法是1972年。《长寿湖渔场大事记》记载："是年，从中国农业科学院柑橘研究所引进伏令夏橙6000余株，定植于同心、马鞍山和先锋；从中国农业科学院柑橘研究所、缙云山园艺场，引进血橙2000余株，种植于团山堡和马鞍山。"根据这个记载，长寿湖血橙，引种于1972年，引种时间与夏橙相同。

其实，这两种说法，都是有依据的。按照当年的管理体制，长寿县与长寿湖渔场之间，互不统属，在工作上没有直接关系。简而言之，1971年，长寿县农业部门从中国农业科学院柑橘研究所引种了血橙，是可以肯定的事实，但对长寿湖渔场引种血橙的时间并没有准确掌握，以致将长寿湖渔场引种血橙的时间记录于1971年；而1972年，长寿湖渔场在引种夏橙的同时，引种了血橙，这个记载来源于长寿湖渔场的原始记录。

现在可以得出结论：20世纪70年代初，长寿县农业部门和长寿湖渔场，几乎同时从中国农业科学院柑橘研究所引种了红玉血橙。

作为甜橙中的中晚熟品种，红玉血橙的特点是适应范围广，抗逆能力强，丰产性能好，风味独特，能耐运，果实于翌年1—2月成熟，中大果重130～140克，瓤瓣肾形，每果10～12瓣，含可溶性固形物11%～12%，特别是血红色的果皮和瓤液，酸甜适度的口味，很受消费者青睐，因而很快成为长寿果业中快速发展的新品种。

长寿县农业部门引种的红玉血橙在但渡、桃花引种成功后，引起了县里的重视。1978年，县革委会负责同志《在"三山一湖"柑橘基地建设工作会议上的讲话》中强调，"晶山、阳鹤山必须以锦橙为主体，辅以血橙"，"长寿湖沿岸，建立夏橙、血橙基地"。1978年，中共长寿县农林局总支《关于尽快把我县建成水果基地县的报告》中，要求"在长寿湖畔云集、兴隆两个区的云集、华中、仁河三个公社的岛屿上，发展夏橙、血橙15万株"。当时，仅桃花公社八一大队联办果场，就有血橙2805株。很快，血橙扩种到洪湖、江南、晏家和长寿湖沿岸乡镇。1985年，长寿县统计范围内的血橙达到6万余株，其中结果

树4089株,产果量近48吨。1987年,产果量达到117吨。

长寿湖渔场引种红玉血橙成功后,主要在园艺分场直属之高峰队、红旗队、团山堡队、三台队、同心队、先锋队等果园和场属农业队中种植。1991年2月,长寿湖渔场园艺分场的血橙首次获得产量超过100吨的大丰收,产量达到100余吨,比上年增长97%,甲级果占90%以上。1993年1月,长寿湖血橙再次获得大丰收,产量达到135吨,创历史最高纪录。

虽然红玉血橙果实外形美观、品质优良、成熟期晚、营养价值丰富且能调节市场供应,可是,随着科技的进步,红玉血橙不再是血橙的最佳品种。正当人们对红玉血橙满怀好奇、大力发展之时,一个新的血橙品种正在悄然培育和试种之中。很快,这个新品种凭借强大的优势,受到种植者和消费者的热捧,将红玉血橙的风光一盖而过,成为中国血橙的新霸主。它,就是塔罗科血橙。

塔罗科血橙的中国风味

在长寿,人们对血橙和血脐,可以说耳熟能详。所谓血橙,是长寿人对红玉血橙的简称,其果形为扁圆形或球形。而血脐,是人们对塔罗科血橙系列的称谓。长寿人所说的血脐,既指20世纪90年代初引种的塔罗科血橙老系,又指2000年左右开始引种的塔罗科血橙新系。

塔罗科血橙,果形为椭圆形,或倒卵形,其形状与大小,与普通脐橙相近,而其果皮、瓤瓣、汁液等皆呈血色,且实为血橙的一个品种,因而具有血橙和脐橙之结合体的特点,于是命名为血脐,意思是形若脐橙的血橙,或者是具有血橙特质的脐橙。

不过,塔罗科血橙,是果树学术界的专用名称,一般人还是习惯叫血脐,有的也叫塔罗科。血脐和塔罗科,都指的是塔罗科血橙。血脐,是它的中国名字;塔罗科,是它的外国名字。

塔罗科,是世界血橙家族中的佼佼者,本是意大利重要的柑橘栽培品种,占血橙总量的80%以上。塔罗科的英文叫"Tarocco",中文译作塔罗科血橙、红橙,来源于意大利语"Tarocchi"。

塔罗科(Tarocco),在意大利语中,本来既不是地名,也不是水果名,原是当地农民发现这一奇异水果时发出的惊叹。大约从1450年开始,意大利开始流行一种纸牌"Tarocchi",英文译为"Tarocco"。意

塔罗科血橙

大利语"Tarocchi"的含义,是"王牌"或者"胜利",在意大利诗歌中有歌颂爱情、胜利、死亡、名誉、命运和未来等含义。由此可见,当地农民发现这种绝美血橙时,异常兴奋,不好命名,只能发出类似"美妙绝伦"、"妙不可言"这种叹为观止的赞扬之声。

塔罗科,来自地中海的水果神话,一种满怀着赞叹、拥有最高褒义的水果名称,本身就是品质和品牌的象征,在世界水果品类中,只有塔罗科是用最高的赞赏词汇命名,这确实是一个罕见的先例。

塔罗科血橙引入中国后,经过培育提升,发展成塔罗科血橙新系,从而实现了塔罗科血橙的中国化栽培。

然而,兴盛于意大利的塔罗科,是怎么变成了塔罗科血橙新系的呢?

1976年3月,中国农业科学院柑橘研究所最早从意大利引入塔罗科接穗,经过检疫和消毒处理后,在该所引种隔离圃枳砧上嫁接。1978年移到种质资源圃甜橙三区假植,1980年在甜橙一区定植6株。据有关资料显示,1976—1979年,中国农业科学院柑橘研究所先后从意大利引进了塔罗科血橙的不同品系或不同来源的材料,包括老系塔罗科、塔罗科珠心(Tarocco Nucellar)、塔罗科鲁索(Tarocco Rosso)、塔罗科台尔木索(Tarocco Dal Muso)、塔罗科卡塔尼亚OL(Tarocco Catania O. L.)等。

1990年开始,在中国农业科学院柑橘研究所的主持下,四川省进行塔罗科血橙普通系、珠心系等多个品种品系的引种试栽、品种比较试验及区域适应性试验。栽培试验中,各品种品系的品质、早果性、丰产性、抗逆性等主要经济性状表现不一,其中从珠心系后代筛选出来的无性系主要综合经济性状

优异,特色突出。1996年以后,重点选择发展该新系继续进行品种比较试验和区域适应性试验。试种期间曾用名"新塔罗科"、"新系"、"优系"或"优变无性系"等。2003年,四川省农作物品种审定委员会审定命名为"塔罗科血橙新系"。随后,在四川省的内江、资阳、丹棱、宜宾、泸州、南充、自贡、成都、眉山、遂宁、广安、攀枝花、西昌等地示范推广,成为继脐橙新系纽荷尔、奈维林娜、朋娜、丰脐等新品迅猛推广以来发展最快最多的甜橙新品种。1995年11月,荣获"第二届中国农业博览会金奖";1999年11月,被中国国际农业博览会授予"名牌产品"称号,在"全国柑橘品种结构调整战略研讨会"上被确定为"重点推荐潜力品种"。

从与红玉血橙的比较看,塔罗科血橙新系的优势明显。品质指标统计分析结果表明,其果实大小、总糖、总酸、维生素C、糖酸比、平均单果种子数等指标上优势极其明显,固酸比差异显著,其果实主要理化性状指标明显优于红玉血橙。

从与意大利原产的塔罗科血橙主要品系同期品质比较情况看,经过中国培育的塔罗科血橙新系,可溶性固形物和糖度与原产果实相当;而酸度则低于原产果实0.3~0.5个百分点,因而固酸比和糖酸比明显优于原产。果汁含量也高于原产。尤其是果皮色泽远优于同类品种在意大利的表现。只是,平均单果重则明显低于原产,可能与意大利98%以上柑橘采用生长势强的酸橙作砧木,以及我国较落后的栽培水平有关。塔罗科血橙新系的果汁中维生素C的含量也略低于意大利。

总体来看,中国栽培的塔罗科血橙新系,明显优异于先前的红玉血橙,与原产意大利的塔罗科血橙相比,也拥有多种明显优势。2010年12月,意大利专家专程到中国考察塔罗科血橙的适应性、丰产性、抗逆性,最后得出的结论是:中国的血橙新系在色泽方面比原产地意大利还好,对中国血橙产业给予了很高的评价。当前,果业专家一致认定,塔罗科血橙新系生长势强,是甜橙中生长势最旺的品种,因而已经推广到我国南方主要柑橘产区,并引起各地重视,有的地区积极筹建大规模的塔罗科血橙新系商品生产基地。

塔罗科引种长寿湖

塔罗科血橙，是继沙田柚、夏橙之后长寿果业的又一个重要品牌，受到市场一致好评。

长寿，是塔罗科血橙的代表性栽培基地，主要分布于长寿湖、云集、龙河、石堰、双龙、洪湖等地，目前栽培面积已达5万余亩。

正如长寿沙田柚从广西引入的故事为人津津乐道一样，塔罗科血橙是怎样引入长寿的，也同样成为人们希望了解的往事。

长寿引种的塔罗科血橙，既有老系品种，也有新系品种。

关于塔罗科血橙引种长寿的详细过程，目前没有任何文字资料记载，也没有一个准确的说法。为了搞清楚这个过程，我们找了长寿区农委特色产业站，去寻找塔罗科血橙引种长寿的背后故事。

可是，问起塔罗科血橙引种长寿的过程，这里从事果树专业的技术人员几乎都茫然不知。因为，长寿地区的很多水果新品种，最初的引种地并不在长寿县或长寿区的行政管辖范围内，而在重庆市农垦系统的长寿湖联合企业公司，即原来的长寿湖渔场。

王振兴，是供职于长寿区农委特色产业站的一名果树专业技术人员，是一名毕业于中国农业科学院柑橘研究所的硕士研究生。细心的王振兴向人们提供了一则重要信息：长寿的塔罗科血橙，最早由一户农民引种，结果时发现效果特别好，于是周边农民纷纷效仿引种，种植面积迅速扩大，最终发展到现在的规模。

那么，这个最早引种塔罗科血橙的农民是谁呢？又是什么时候，从哪里引种的呢？正当大家议论纷纷、一筹莫展之际，富有经验的果树专家李吉熙提出了一个推论，认为这个最早引种塔罗科血橙的农民，应该在长寿湖一带。

于是，我们把寻找塔罗科血橙引种往事的目光聚焦于长寿湖。

张明，是长寿湖镇的果技员，土生土长于长寿湖上，长期从事果树的技术指导工作,对长寿湖的果业往事了如指掌。据张明介绍,塔罗科血橙,也就是血脐,最早是由长寿湖渔场园艺分场引种的,最早的引种人叫汪清明,家住长寿湖中的三台寨,但汪清明已经于2008年逝世。不过,张明提供了汪清明儿子汪林的电话,成为寻找塔罗科血橙引种往事的唯一线索。

汪清明的儿子汪林,曾经外出经商,现在是长寿湖旅游管理公司的总经理。据汪林介绍,父亲汪清明不是农民,而是长寿湖渔场即后来的长寿湖联合企业公司园艺场的职工,从20世纪80年代开始,承包了三台寨的几十亩果园。汪林知道,他们家是长寿湖最早引种血脐的,但对引种的具体情况,却并不清楚。不过,汪林推荐了他的母亲文碧芳,她是汪清明引种塔罗科血橙的直接参与者和见证人。

今年七十余岁的文碧芳,对他们夫妇俩引种塔罗科血橙的往事记忆犹新,如数家珍。据介绍,塔罗科血橙应该是1992年国庆节之后引种嫁接的。因为,秋天嫁接效果最好。当时,他们家里有果园40亩,种植的是锦橙即鹅蛋柑,不值钱,汪清明想换品种。经过打听,听说血脐是个好品种,于是引进血脐枝条。嫁接枝条的时候,有长寿湖园艺场的技术人员叶成伟、杜贤明等负责技术指导,由于时间紧,还请了当地的农民帮忙嫁接。当时引种的是夏梢枝条,不及春梢枝条长势好。因此三年后才试花挂果。果子成熟后,丰产,品质特别好,附近农民知道后,跑到果园偷剪枝条,被当场抓住,他们还到派出所报案,要求保护生产。文碧芳提到,血脐销售价格高,她家果园的血脐,常年产量可以销售30万元。儿子汪林购买水上飞机,到外面做生意,城内买房子,都是靠血脐的收入。

叶成伟,毕业于四川农业大学果树专业,长期工作于长寿湖渔场园艺分场,从事果树研究与生产指导,现任长寿湖联合企业公司总经理。据叶成伟回忆,塔罗科血橙是1992年秋季引进的。当时,中国农业科学院柑橘研究所在重庆市实施柑橘中晚熟品种推广项目,塔罗科血橙是当时推广的主要品种之一。由于长寿湖得天独厚的自然生态环境,又有成熟种植夏橙的成功经验,是发展中晚熟柑橘的理想场所,长寿湖渔场便成为重庆市第一个引种塔罗科血橙的地方。长寿湖的塔罗科血橙引种项目,张达金是项目负责人,叶成伟本人是技术负责人。据叶成伟回忆,从中国农业科学院柑橘研究所第一次引种塔罗科血橙的准确时间,应该是1992年9月,后来发现接穗不够,10月份又补充引种了一部分。其实,长寿湖渔场最早高位嫁接塔罗科血橙的,除了三台寨的汪清明外,还有团山堡的江学海(原长寿湖联合企业公司总经理江志明的父亲),也是长寿湖渔场的员工,是果园的承包人。两家都是以锦橙为中间砧进行的高位换种,汪清明家大约有30亩,江学海家大约有10亩。当时高位嫁接塔罗科血橙时,由于时间紧迫,先后外请了两批农民帮忙。一批是但渡乡的农民,一批是狮子滩镇紫竹村的农民。由于好奇,两批农民都悄悄把接穗"偷"走,高位嫁接到自家的果园里,客观上促进了血脐在长寿的推广。当时长寿湖引进的塔罗科血橙,都是老系品种,新系还没有培育出来。

现年五十出头的杜贤明,生于1963年,洪湖镇称沱村人,是塔罗科血橙引种长寿湖的直接负责人。1984年从重庆农校果树专业毕业后,分配到长寿湖渔场园艺分场从事果树的技术指导工作,后来又到重庆师范学院生物专业进修。1992年初,长寿湖引种塔罗科血橙时,杜贤明是园艺分场生产技术科科长。在谈到引种塔罗科血橙时,杜贤明回忆,这与柑橘专家李学柱有很大关系。李学柱是中国农科院柑橘研究所的研究员,曾经兼任长寿湖渔场夏橙研究所的技术负责人。当时,长寿的夏橙发展,中国农科院柑橘研究所有两位专家直接负责技术指导。在长寿县管辖范围,主要是刘孝仲负责,而在长寿湖渔场,则主要是李学柱负责。20世纪90年代初,长寿湖的果业形势相当喜人。夏橙基地已经建成,年年丰收,销售很好,品牌影响力很大。当时的血橙是红玉血橙,销售不错,每年大量向贵州等地运送。杜贤明作为科长,与中国农科院柑橘研究所的联系非常紧密,在与李学柱的接触过程中,了解到更多的柑橘优秀品种,于是尝试着引进了塔罗科、清见、不知火等柑橘品种,实践证明塔罗科的品质最优。杜贤明说,他是1992年春天,到北碚中国农科院柑橘研究所出差时,与李学柱谈到引种塔罗科血橙的想法。当年9月,他亲自到北碚中国农科院研究所苗圃引进塔罗科血橙接穗,数量约为1000株,首先在汪清明的果园嫁接塔罗科血橙这一新品种。汪清明是长寿湖渔场园艺分场的职工,又是三台寨果园的承包人,思想比较开明,乐于接受新生事

物,觉得锦橙价值不高,有更换新品种的想法。汪清明家果园嫁接塔罗科血橙接穗时,杜贤明与叶成伟、王跃兵等果树专业人员,直接参与技术指导。帮助汪清明嫁接塔罗科血橙时,狮子滩镇紫竹村李家堡的余姓农民,悄悄带走了10多枝接穗,嫁接到自家果园里。两年之后,这些"偷"接的果树,长出了茂盛的枝条,枝条上的刺又长又大,可是既不开花也不挂果,于是一气之下,几乎将这些新生的枝条全砍掉了。剩下的少部分枝条,到了第三年,这些枝条奇迹般地结出了又大又红又美味的血脐,惊喜过望的农民,赶紧恢复嫁接,扩大规模。

除了当事人的回忆,有关文字资料也复活了塔罗科血橙引种初期的历史。《重庆市长寿湖联合企业公司大事记》记载:

> (1995年12月)园艺场以锦橙为中间砧高接换种的塔罗科无核血橙,经过三年培育,收获果实1000公斤。该品种果实大,单果重200～350克,无籽,成熟期比血橙其他品种早半个月左右。

这段记载,佐证了1992年引种塔罗科血橙的历史事实。而《重庆市长寿湖联合企业公司大事记》记载:

> (1999年1月)园艺场团山堡、三台寨,塔罗科血橙产量超过3万公斤,每公斤售价3元以上,元月份上市即被抢售一空。

这段记载表明,在1992年秋天汪清明、江学海引种塔罗科血橙成功后,长寿湖渔场首先在团山堡、三台寨两个片区扩大了栽培规模,以至1999年1月,产量达到3万公斤,且市场销售火爆。

正如杜贤明特别强调的,"塔罗科血橙的成功引进,其意义不亚于夏橙"。而今,夏橙的辉煌已经不再,而俗称"血脐"的塔罗科血橙,已经成为长寿果业的主导产品和响亮名片。

老系与新系引种之谜

其实，1992年晚秋长寿湖渔场引种塔罗科血橙，只是长寿地区引种塔罗科血橙的一个精彩片段，而并不是塔罗科在长寿的第一次引种。

曾经长期分管长寿湖镇农业的叶海涛提供了一个重要信息：长寿湖镇响塘村的村民杨明安，长期与该镇紫竹村的几个农民争论不休，争论的焦点是：到底是谁最先把塔罗科血橙引种到长寿。

68岁的杨明安，是长寿湖镇响塘村六组河坎湾人，现为回龙余家桥"桥头山庄"老板。杨明安早年从事修表工作达17年之久，经常往来于双龙、回龙、狮子滩等地赶场修表。1978年改革开放之后，回龙乡党委副书记杨秀秋，重视水果产业，鼓励杨明安搞水果。1983年至1984年间，杨明安开始夏橙育苗，连续搞了五六年的育苗，赚了1万多元钱，率先成为远近闻名的"万元户"。后来，夏橙发展日渐饱和，育苗没有钱赚，杨明安就开始栽培果树，种植夏橙8～9亩。由于掌握了育苗和嫁接技术，杨明安还经常外出给其他人家的果园剪枝、嫁接等。

1986年秋天，杨明安到长寿湖大坪岛杨月超负责的青龙湾果场帮忙，发现回龙乡果技员文堂红给杨月超送来了柑橘新品种。据说果品很好，但不知道名字，于是找杨月超要了几株回来试种。两年后试花挂果，获得成功。后来才知道，这种柑橘叫塔罗科，又叫血脐。过了很多年，塔罗科血橙新系出来后，才知道当时引种的品种，叫塔罗科血橙老系。

尝到甜头的杨明安，知道血脐是北碚中国农科院柑橘研究所提供的，于是在1991年至1992年之间，通过关系，找到了北碚中国农科院柑橘研究所的专家姜国金，引种塔罗科血橙100余株。杨明安以此作为母本，开始培育血脐苗木，育苗4万株，周边很多农民到家里引种苗木。

1992年10月，长寿湖渔场开始引种塔罗科血橙老系的枝条，在三台寨汪清明家里嫁接，杨明安也去"偷"了几株苗子回来。后来发现，"偷"回来的苗

子与自己先前引种的苗子相比，没有什么大的区别。

2000年后，杨明安继续从事塔罗科血橙的育苗，其母本来源有三：一是杨月超提供的苗木；二是直接到中国农科院柑橘研究所引种的苗木；三是从长寿湖渔场"偷"引的苗木。

五十出头的杨月超，是长寿湖镇大坪村的果树专业户，曾任村党支部书记。杨月超回忆，回龙乡果技员文堂红给他送血脐枝条的时间，大约是1988年至1989年之间的秋天。当时，应该是长寿县农牧局经作站从北碚的中国农科院柑橘研究所引种的苗子，一共三个品种。文堂红亲自送到大坪岛青龙湾果场，要杨月超试种。当时不知道叫什么名字，后来才知道，这种新的血橙品种叫塔罗科。杨明安就是在青龙湾果场找杨月超分的塔罗科血橙苗子。

那么，文堂红向杨月超提供塔罗科血橙枝条的准确时间，到底是怎样的呢？

文堂红，原长寿县农牧局经作站派驻回龙乡的果技员，说起向杨月超提供塔罗科血橙枝条的往事，文堂红记忆犹新。他被派驻回龙乡当果技员是在1986年至1987年初，向杨月超输送塔罗科血橙枝条是在1986年10月或11月，当时应该是县农牧局经作站从北碚中国农科院柑橘研究所引进的枝条，再将枝条转交给大坪村试种。而当时担任县农牧局经作站站长的著名果树专家饶海洋，对1986年秋季是否引进塔罗科血橙，已记不清了。"长寿县农牧局与中国农科院柑橘研究所联系频繁，通过他们引种柑橘新品种是常有的事情，当时谁也没有想到塔罗科血橙会获得像现在这样大的成功，大家对是否引进这个新品种完全没有太在意。"

不过，在文堂红看来，当时引种三个血橙新品种到大坪岛青龙湾果场试种，肯定是县农牧局的组织行为，作为一个基层的果技人员，他不可能也没有去组织过这批血橙新品种的枝条。

从1976年起，中国农科院柑橘研究所曾经从意大利引进多个塔罗科血橙的品种。1980年前后，开始进行内部试种，直到1990年，才开始培育出塔罗科血橙新系。这个事实，与文堂红回忆的奉命将塔罗科血橙枝条转交给大坪村试种，完全是吻合的。也许，县农牧局引入三个塔罗科血橙品种试种，就是中国农科院柑橘研究所内部试种工作的一个部分。

由此可推断出，1986年10—11月之间，当塔罗科血橙老系还处于试种阶段的时候，就已经悄然引种到了长寿。塔罗科血橙进入长寿，最早的引种者，是长寿县农牧局经作站；引种地，是位于北碚的中国农科院柑橘研究所；经办人，是农牧局经作站派驻回龙乡的果技员文堂红；最早的试种者，是长寿湖镇大坪村的杨月超和响塘村的杨明安。

搞清楚塔罗科血橙老系引种长寿的真相，还没有完全揭开塔罗科血橙引种长寿的谜团。因为，塔罗科血橙新系，这个更具影响力和美誉度的品种，引种到长寿的真相，几乎很少有人知道。但据长寿资深果树专家李吉熙回忆，长寿湖镇的大坪岛，是塔罗科血橙新系的早期引种区。

年逾五十的陈龙渊，是土生土长的大坪岛人，曾经担任回龙乡的果技员，后来担任大坪村的村委会主任，现任村支部书记。据陈龙渊介绍，整个大坪岛的血脐，95%都是塔罗科新系。最早栽种的时间，应该是2000年初，当时是自己亲自到长寿湖镇东海村从几个紫竹村村民承包的苗圃中引进的苗子，再分发给村民在夏橙树上高位换接。这是长寿县林业局支持的退耕还林项目，林业局免费提供了种苗，还给予其他补助。

我们又对长寿湖镇东海村承包土地培育塔罗科血橙新系苗木的紫竹村村民一探究竟。

据长期工作于长寿湖镇的林业员吴秀芳回忆，2000年前后，长寿县林业局在长寿湖开展退耕还林项目，鼓励村民发展水果，于是委托一些育苗大户培育塔罗科血橙新系，这就是大坪村引种高位换接血脐的由来。当时，塔罗科新系的育苗人，全是长寿湖镇紫竹村的育苗大户。大约2000年前后，这些育苗大户集中到长寿湖镇东海村的铗钳口一带承包土地，培育塔罗科血橙新系苗木。

54岁的余树全，原是长寿湖镇紫竹村6组育苗大户。据介绍，紫竹村是长寿的果树育苗基地，主要育苗大户有余伯全、余树全、余建兵、余双全、黄大富、黄大云等人。其中，余伯全、余树全、余建兵是亲兄弟。过去参与夏橙育苗，积累了经验，也接触了一些专业人士。大约1990年，余树全到北碚的中国农科院柑橘研究所引种塔罗科血脐的枝条，又从成都引进了枳壳，回到紫竹村6组育苗，育种获得成功，成为育苗大户。1992年，育苗达2万株，长寿湖岛屿和附近的农民都来引种苗木。同村的其他几个育苗大户，基本上也是在同一时期内开始塔罗科血橙的育苗。不过，那时培育的是塔罗科血橙老系。

大约1996年之后，余树全到广安帮助别人经营果树和嫁接管理苗圃等。而余树全的夫人，凭借嫁接果树的经验，也外出到北碚中国农科院柑橘研究所委托的育苗大户冉志林的果园帮助嫁接果木。冉志林是北碚很有影响的育苗大户，中国农科院柑橘研究所的塔罗科血橙新系，就委托他试种。于是余树全知道了塔罗科血橙新系比原来引种的老系品质要好得多，是国内今后要重点推广的新品种，很快也引进到长寿老家培育。

冉志林，是塔罗科血橙新系引种到长寿的关键人物。1996—1997年他培育的血脐苗木，全是塔罗科新系，因为他从来没有培育过老系苗木。冉志林还清晰地记得，余树全曾经从他的苗圃里引种过塔罗科血橙新系的苗木枝条。

据有关资料显示，1996年起，中国农科院柑橘研究所开始对已经培育出来的塔罗科血橙新系进行品种比较试验和区域适应性试验。由此说明，塔罗科血橙新系，还在试种阶段，长寿就开始引种了。而且，这次引种，源于长寿果农的自发行为。

工作中的余树全

余树全率先引种塔罗科血橙新系，并在长寿湖镇紫竹村成功培育出苗木，引起了其他育苗大户的关注，于是大家纷纷仿效，前往北碚的中国农科院柑橘研究所引种塔罗科血橙新系。

　　黄大云,又名黄华峰,20世纪90年代初,就与余树全等人一道,开始培育塔罗科老系苗木,并成为紫竹村最大的果树育苗大户。得知余树全率先培育塔罗科血橙新系苗木后,大约1999年,黄大云就在文堂红的带领下,前往北碚引进塔罗科血橙新系的枝条几百株,先在狮子滩溢洪道下面的王显沱培育,获得成功。

　　虽然塔罗科血橙新系育苗成功,但远在紫竹村或者其他地方的苗圃,由于交通不便,影响了苗木的销售。而恰好此时,位于长寿湖边的东海村,正大力提倡发展果树。于是,从2000年初开始,余树全、黄大云、黄大富、余建兵等人,就转移到东海村铗钳口一带,承包农民土地用于培育果苗。其中塔罗科血橙新系,由于很受果农的欢迎,便成为长寿林业局退耕还林项目的扶持品种。这几个果树育苗大户在东海村的苗圃,也成为县林业部门的委托育苗基地。2000年秋,大坪村引种的塔罗科血橙新系苗木,就是陈龙渊带人到余树全的苗圃引进的。

挡不住的红色诱惑

　　血红的果皮,血红的瓤瓣,血红的汁液,构成了塔罗科血橙华丽而高贵的身影,加之酸甜适度、异常可口的美味,让塔罗科血橙成为人们抵挡不住的红色诱惑。

　　在长寿,这种红色诱惑的证据,主要体现为塔罗科血橙栽培规模的巨量增长。

　　1992年秋季,塔罗科血橙开始落户长寿时,主要种植于长

长寿湖畔血橙飘香

寿湖中的三台寨和团山堡两个岛屿上，面积不过区区40亩；1995年12月，栽培三年终于挂果的塔罗科血橙，产量不过1000公斤；1999年1月，塔罗科血橙在引种到长寿湖6年之后，产量超过30吨。长寿湖对塔罗科血橙的成功引种，刺激了长寿地区塔罗科血橙产业的发展规模呈几何级数增长。长寿湖渔场塔罗科血橙稳定增长的同时，长寿湖周边的乡镇，开始大规模种植，从栽培老系，到引种新系，推动了塔罗科血橙在长寿的快速发展。

然而，在发展初期，似乎没有引起有关方面应有的重视。从区农委特色产业站的统计数据看，2005年之前，长寿区的果业统计表格里，并没有设立血橙一栏，而是将血橙归入到其他柑橘类。

2006年，长寿区的果业统计表格里，第一次有了血橙的分类。当年塔罗科血橙栽培面积为3620亩，总株数21万株，结果树12万株，产量2000吨；2013年，栽培面积达到1.7万余亩，总株数76万株，当年新栽树7万株，结果树30余万株，产量达到1.1万吨；2014年，栽培面积达到4.8余万亩，总株数213万株，结果树73万株，产量达到2.9万吨；2015年，栽培面积达到5.4万余亩，总株数219万株，结果树109万株，产量49000吨；2016年，栽培面积达到5.7万余亩，总株数近225万株，结果树136万株，产量5.1万吨，栽培区域主要分布在云集、长寿湖、龙河、石堰、洪湖、双龙等镇。

考察长寿塔罗科血橙栽培规模的巨量增长,会发现一个奇怪的现象,可以简称为"夏退血进"。也就是说,夏橙种植规模大幅减少之时,就是塔罗科血橙种植规模快速扩大之时。2006年,当塔罗科血橙第一次列入长寿区的果业统计表格时,栽培面积才3620亩,而当时的夏橙栽培面积为7.3万亩,居全国夏橙种植面积之首位。可是,到了2016年,当塔罗科血橙栽培面积发展到5.7万余亩时,夏橙种植面积却已经缩减到2.9万余亩。

显然,塔罗科血橙与夏橙栽培面积的一增一减,反映出长寿果业的品种结构调整之变。

长寿湖镇,是夏橙改种塔罗科血橙的典型。

长寿湖镇的响塘村,地处长寿湖畔,东接双龙到长寿湖旅游公路,西接高峰岛,村里有果树5000多亩,2/3是夏橙。由于品种老化,品质越来越差,加之晚熟柑橘大量上市和保鲜技术的提高,曾经作为伏淡季水果的夏橙优势已不复存在。村民杨学渊的果园,有25亩果树,每年产夏橙40余吨,近几年销路不好。2012年,夏橙又一次遭遇销售难,40余吨夏橙,至少有15吨烂掉,而卖出去的25吨价格超低。

面对夏橙的衰颓之势,村民们纷纷改种塔罗科血橙。改种的方法,简称高换,即高位换接,就是对夏橙树进行高枝嫁接,插入血脐的枝条,几年后其品种属性就会改变,由夏橙变成俗称"血脐"的塔罗科血橙。2011年,村民游古文将400多棵夏橙树改种了塔罗科血橙,看到其他村民改种的塔罗科血橙销售价格远比夏橙高得多,游古文决定将夏橙树全部改种为塔罗科血橙。2012年秋天,响塘村自觉改夏橙为塔罗科血橙的农户超过150户。村民游古文、杨学渊、刘世明等态度坚决,纷纷表示:"再犹豫不决,吃亏的是自己。"

位于高山上的长寿湖镇石岭村,漫山遍野的血脐染红了山岗。据村支书黄唯旭介绍,2011年前,全村血脐种植面积才100多亩,没有规模也没有销路。近几年,村里组织村民一起扩大规模,到2016年,种植面积达到2000多亩。

大坪岛,位于长寿湖镇回龙村,面积2000多亩,由于四面环水,村民出行必须依靠渡船,交通十分不便。过去,大坪岛主要种植夏橙。村民通过销售果子,尝到了甜头。后来,村民发现无论甜味还是水分,血脐都比夏橙更胜一

筹。2000年，长寿开始推广高位嫁接技术，将夏橙换种成血脐。于是，大坪岛村民纷纷进行换种，还有的村民开荒扩大种植规模。很快，整个大坪岛都被茂密的血脐林覆盖。目前，整个大坪岛2000亩的土地，有1500亩都种上了血脐，总株数7万多株，已有6万多株投产。

其实，长寿湖镇的夏橙改血脐，只是长寿塔罗科血橙红色诱惑的一个缩影。事实上，除长寿湖镇之外，云集、龙河、石堰、双龙、洪湖等镇，纷纷掀起红色浪潮，夏橙改血脐早已蔚然成风。

除了夏橙改种血脐之外，还有"锦退血进"的现象，即锦橙改种血脐，这也是长寿发展塔罗科血橙的一个重要路径。事实上，塔罗科血橙引种长寿湖之初，就是嫁接在锦橙树上的。据统计，2006年长寿锦橙种植面积为1.97万亩，到2016年长寿锦橙种植面积仅为1.37万亩，10年之间减少了6000亩。这6000亩改种成了塔罗科血橙。

夏橙改血脐，锦橙改血脐，让农民尝到了甜头，也积累了发展血脐的经验。近年来，长寿区种植血脐的果农越来越多，随着全国血脐栽培规模的扩大，市场竞争越来越激烈。一些种植户开始改进技术、打造品牌，长寿的血脐开始走上品质与品牌提升之路。

长寿湖响塘村6组的杨明安，是种植血脐的领头羊。前些年，杨明安吃

游客采果忙

丰收在望的血橙

了不懂技术的亏，认为果树随便施点肥料，打下虫就行了。这几年才发现，这种粗放的管理方法根本行不通。于是，他开始查阅书籍、咨询专家，把肥料的配比、药物的用量都做到分毫不差。"氮磷钾肥各用15％，今年又加了50％的农用硫化钾，血色达到95％以上。"说起自己种植血脐的经验，杨明安用一连串的数据说话。由于管理精细化，他种植的血脐品质大为提升。2015年，血脐收入达到17万多元，还会逐年提升。

大坪岛上的果农袁晓丰，血脐卖上了8元/斤的高价，很多顾客慕名前来购买。本来，大坪岛上的小气候，让他的血脐有一些先天优势，以往一般每斤比别人多卖1～2元。可是，市场竞争越来越激烈，袁晓丰果断加大投入，新采用生物肥料，确保血脐的品质优势。

除了技术改良提高品质之外，果农们还特别注重品牌建设，在销售环节中有的注册了商标，用精美的包装盒包装。回龙村的果农，为血脐注册了商标，用漂亮的箱子包装血脐，一箱血脐只有5公斤，卖价高达55元，1公斤卖价达11元；有的在网上开起了网店，通过网络销售；有的把不同品质的果子进行分级销售，树立自己的品牌信誉；还有的把血脐销售与乡村旅游结合，长寿湖镇响塘村的果农杨世清，还把农家旅游和血脐采摘结合起来，收到不错的效果。

2013年3月26日,《重庆晨报》在"晨网商城"上推出22种新鲜团购水果,其中正宗长寿湖血脐,净重12斤,团购价58元,免费包邮,一上线就受到市民热捧,短短4个小时,就热销1.4万斤。2016年1月,长寿湖血脐大量上市,果农在微信、微博、淘宝等平台上"吆喝",成功将血脐销往北京、上海、广东、河北、新疆等地。

塔罗科血橙在长寿的大面积成功栽培,让长寿果业上了一个台阶。如今,塔罗科血橙在中国南方柑橘适宜区的种植面积也在迅速推广,市场竞争激烈,长寿血橙必须寻找新的突破路径。2015年开始,在塔罗科血橙老系、新系之外,长寿开始引种特晚熟的塔罗科血橙——塔罗科8号和9号。目前,已在龙河和双龙引种特晚熟血橙8号2000亩,意在错峰上市上探索新路。

第六章

绿叶素荣 红橘广柑

"绿叶素荣，纷其可喜兮。曾枝剡棘，圆果抟兮。青黄杂糅，文章烂兮。"两千多年前，屈原创作的《橘颂》令后人久久传诵。在优美的诵读声中，柑橘成为人们心海中久远的优美意象。长期以来，红橘与广柑一直是长寿果业尤其是柑橘种植的代表，创造了长寿果业的辉煌，为长寿争得了荣誉。然而，时过境迁，世易时移，红橘与广柑，辉煌不再，渐入衰境。回望红橘与广柑的往日荣光，考察其盛衰之迹，对于今天长寿果业的发展壮大，大有益处。

复元乡喻氏果园

说到长寿果业，人们首先会想到红橘，继而想到复元乡的喻氏果园。

喻氏果园，紧邻瓦罐窑。瓦罐窑，是复元乡最为繁华的地方，位于长寿县复元乡的长江北岸。这里，正好是长寿与涪陵交界处的黄草峡口，黄草山于斯将奔腾的江水挡住，形成一个巨大的回水沱。春秋战国时期，这里是著名的军事隘口阳关。唐朝的时候，这里设置了阳关城，后来变成了永丰场。清朝末年，因为矿产资源丰富，有人办起了石灰厂，更因土质特殊，于是人们用石灰烧制日用陶器，进而形成了远近闻名的瓦罐窑。由于地处江边，交通便利，瓦罐窑长期是官渡，成为长寿著名的水陆码头。

喻氏果园的创立者，名叫喻长泰，本是长寿复元的乡绅，后来成为长寿有名的果业实业家。民国十七年(1928年)《长寿县志》卷八之《长寿果园调查记》，对喻氏果园有如下记述：

> 喻君长泰创置果园，园地逼近瓦罐窑，据大江北岸，船舶往来，交通便利。对于肥料之运输，果品之行销，地理上实占据优胜，非陆路果园所能逮也。其园专种橘树，无副属品。其种地势系平冈形，估亩数约计六十余石（吾邑农家不谙丈量之法，习俗估计亩数，皆以夏季收苞谷之多寡定土壤之广狭）。该处地质系泥土夹沙土，泥颇厚，艺橘尚属相宜。喻君家住此间，开垦荒土，于前清光绪二十一年手植橘树五千余株，惨淡经营，规模宏远。

从这段记述看，喻长泰家住复元，对当地的土壤特点与交通优势等了如指掌，于是开垦荒地，辟成果园，栽培橘树5000株，时间是清朝光绪二十一年（1895年）。喻氏果园"专种橘树，无副属品"，是专业化的果园，避免了杂而不专的弊端。其专精之道，值得后人借鉴。

喻氏果园，是长寿最早的大型果园。经过数十年发展，到20世纪20年代中叶，果园全面成林，臻于盛产期，产果量很大，经济效益非常可观。据史料记载，当时喻氏果园年产红橘120万～130万个，价高年份销售金额为"银约八九千元"。当时，无论是在长寿，还是在重庆，像喻氏果园这样种植规模、果品产出和经济效益的果园，都是非常罕见的。喻长泰"全力经营园业，卒告成功，遂以实业家著名"。1927年，喻长泰辞世，寿逾八十，其子继承父业，喻氏果园得以继续发展，始终是长寿红橘的标志性果园。直到新中国成立后1951年土地改革时，喻氏果园才收归国有，长期是复元红橘的样板果园。

喻氏果园的成功，不仅带动了整个复元乡红橘的发展，而且刺激了长寿红橘产业的发展。喻氏果园的种植经验，也为长寿红橘栽培者纷纷效仿。今天，我们回顾长寿红橘的历史，很有必要吸取喻氏果园在果业种植上的成功经验。

储肥施肥的讲究，是喻氏果园的最大特点。喻长泰特别注重肥料的储备，"观其预备肥料之策，脚踏实地，饶有独立精神"。

储蓄有方。"就橘园适中地开设醋房、粉房,取其醋渣以养肥猪,猪肥则粪肥,此种肥料每年可取八千余挑,以此壅橘,可省购买之费,况酒粉及肥猪出售时又获厚利,而肥料不须外求,一举两便,孰善于此。"可见,喻氏果园已经开始采用循环经济模式,在果园中开设酿酒厂和粉厂,用其醋渣饲养肥猪,再以猪粪作为果园肥料,既从酒粉和养猪中获利,又解决了果园的有机肥料来源。

运输得法。"该园以猪粪为大宗,而又以人粪补助之。来源于河街,包厕所十余所,兼在渝城采买。其转运之法,自备木船数艘,随时赴长渝码头载运以归,往返自由,不受牵制,较之临时雇船,被人挟制,宕延时日,贻误施肥期间者,利弊悬殊也。"除了通过循环经济模式自备猪粪外,喻长泰还重视人粪的施用,而且特别花心思,既在长寿河街包购厕所十余所,还在重庆采购。为此,还专门自备木船数艘,确保运输畅通及时。

施用得当。对于人粪,喻氏果园一年大致需要2000余担,但是,人粪的施用是有讲究的,"施时每担须和清水一担,俟水粪溶化而后用之,庶几橘受培补之益。若纯施人粪,则粪汁太浓,漫补过度,适以厌生气而伤树根,不可不慎"。对于橘树的施肥,每年分为二期:春季施肥,"立春后一周施之,所以促枝叶之发荣也"。秋季施肥,"立秋时施之,所以助果实之强壮也"。

治虫剪枝精细。"除施肥外,尚有去害虫、剪旁枝二法。害虫不去,则正干受病,难以畅生机;旁枝未剪,则精气难凝,而结果不繁。"喻氏果园治虫,"利用铜丝入其穴而钩取之";剪枝,则"用铁丝截采其条而斧削之,调护维周良工心"。

采摘销售周密。到了秋天红橘成熟时,对于如何采摘销售,喻长泰也颇有心得。"除本邑商贩赴园购运外,则自以木船载运涪、万、宜、沙一带行销;又或售与轮船客商转各地。盖以园地滨江,为商船上下之孔道,不愁问津无人也。"喻长泰利用果园的区位优势和便利交通,对于长寿本土的客商,采取入园采摘的办法;由于产果量大,本土无法全部消化,于是船运到涪陵、万州、宜昌、沙市等地销售,或者批发给轮船客商,由他们转销各地。

纵观长寿果业发展的历史,每个优势品牌的出现,都有代表性的果园。

喻氏果园，是清末民初长寿红橘产业发展的一个缩影，是长寿红橘栽培史上最有代表性的果园，其在长寿果业史上的地位，与后来长寿沙田柚的雷尧阶尧峰果园一样，成就卓著，各呈其美，集前人之大成，开后世之风气，可谓居功至伟。

三洞沟李家果园

　　清末民初，是中国社会一个深刻变革的时代。在众多的新风尚中，爱国图强，实业救国，成为有识之士的共识。长寿，位居长江之滨，易得时代之影响，故求新求变，成为时尚，发展实业，渐成风气。振兴果业，已经不是纯粹的农业问题，而是带有某种政治色彩。当时的红橘发展，就是基于这样的社会背景。

　　从现有的记载看，清末民初是长寿果业一个重要的转型发展时代。除了沙田柚的成功引种和快速发展，红橘、广柑两大产品种植规模迅速扩大，产量快速提升，成为当时长寿果业的清新风景。位于复元乡瓦罐窑的喻氏果园，成为当时长寿红橘种植的旗帜，对整个长寿的红橘生产，起到了引领、刺激作用。位于城郊三洞沟的李家果园，就是在喻氏果园影响下，长寿柑橘产业大发展的另外一个成功案例。

　　民国十七年（1928年）《长寿县志》卷八之《长寿果园调查记》，对"三洞沟李家果园"记述甚详：

　　　　该园以橘为主，他则副之。而三洞沟东西两岸种橘者不下百余家，惜规模狭小，未成园林，惟李氏一家，颇有果园气象。其种橘地点，据桃溪之东岸，与县城斜对，地面自头洞起，沿溪南下，至三洞止，形势系属斜坡，估亩数约计四十余石，其地质系泥沙混合，虽土中怪石林立，而土肉甚厚，种橘适宜。李君自前清光绪季年购买土块，卜宅于兹，种橘约计四千株。

这段记述，让我们知道了三洞沟李家果园的大致轮廓。

李家果园创立于清朝"光绪季年"，时间大约在1900年至1908年之间。果园的创立者叫李其章，据长寿凤岭街《李氏族谱》记载，李其章，名述文，清末民初人，世居渡舟，有祖产，其父李继裕，其母刘氏，夫人程氏，生崇信、崇敏、崇惠三子。李其章出身于书香世家，又有世袭祖产，受当时发展实业的风气影响，遂到三洞沟购买土块建立果园。

当时，三洞沟的桃花溪两岸，种植红橘者有百余户，但都是小打小闹，不成规模，只有李其章种植的红橘面积大约"四十余石"，"颇有果园气象"。与复元喻氏果园不同，李家果园"以橘为主，他则副之"。据史料记载，李家果园除了主要种植红橘外，还种植了沙田柚、广柑、梨子、桂圆、核桃、板栗、花红、桃子、李子等品种。

李家果园，创立时间晚于喻氏果园，种植红橘的面积较喻氏果园小1/3，栽培红橘的数量较喻氏果园少1000余株，因而到20世纪20年代中叶，"每年仅下橘二十余万枚，价高年份约值银一千四百元"，经济效益远不及喻氏果园。

但由于离县城近便，知名度较高，虽"尚未十分发达"，但很受全县种植红橘者关注，特别是李其章"历年讲求培壅之法，富于经验，颇为实业界称许"。所谓"培壅之法"，就是在植物根部堆土以保护其根系促其生长培养的技术。

李家果园培壅橘树的肥料，主要有四种：一是人粪。到"县城暨桃花街两处，包厕二十余所，每年得粪二千余担"。二是猪粪。在果园的家中常养肥猪六只，"即以土上所产苞谷作饲猪食料，每年得粪千余担"。三是草粪。在果园种植胡豆一石，等到"茎叶隆茂时，刘成细节，抛掷厕中，久之糜烂成粪矣，每年得粪千余担"。四是肥田粉。农学家称之为人造肥料。此粉由德国输入，销路颇旺。每袋168斤，值大洋30元。李其章特地从重庆购回，查照仿单试用。

李其章在红橘栽培中对肥田粉的应用，当时很受人称道，甚至效仿者众，民国十七年（1928年）《长寿县志》对此有详细之记述：

当施肥时,方法有二:(一)施用干粉。粉量多寡,视树之大小为加减,大树三两,中树二两,小树一两。先将泥质挖松,乃以粉撒之,均匀为妙,所撒处须距树根二尺,不可逼近根株,盖恐猛烈之品,直下受伤也。(二)施用湿粉。粉一两,须和水一桶,搅匀后逼近树根淋之。仍须挖松泥土,使其浸渍土中,免致倾泻,每树一株淋二桶为率。李君采用干粉方法,因园中道路崎岖,运水维艰,施湿粉不如施干粉之为便利,并可节省人工。此粉适用于春季,而秋季殊不适宜,盖春季气候温和,此粉足助发育;秋季炎热,土质焦燥,误用此粉则热度益高,树根被烧而枯,补之适以害之矣。

李其章施用肥田粉,收到了良好效果,无疑引起了人们的羡慕:

"李君善用此粉,成效卓著。所结之果,较前岁加一倍有奇,见功何其速耶!"

关于肥田粉的肥效与投入产出比,民国十七年(1928年)《长寿县志》亦有明确记载:

查此粉性烈,有溶解土质之功,化坚为软之妙,于是土壤疏松,地气流通,经日光熏蒸,雨露涵濡,足以酝酿膏腴,硗确之区,变为肥沃之地。树根得沃土培养,则须芽发育繁茂,蔓延甚广,其滋养由根及干,由干及枝,苗嫩条,发新叶,有欣欣向荣之象。故能结收良果,橘子累累满叶,汁饱而味醇,此肥田粉之功用也。

用此粉较之他种肥料经济多矣。每橘百株,施粉二百两,耗银不过二元五角。若施猪粪等肥料,每橘百株,需粪一百担,而粪价及运费每担约需钱四百文,一百担需钱四十串,合银五元之谱,较用肥田粉减半数矣,故实业家乐购之。

所谓肥田粉,即硫酸铵,是一种优良的氮肥,适用于一般土壤和作物,可作基肥、追肥和种肥,能使枝叶生长旺盛,提高果实品质和产量,增强作物对灾害的抵抗能力。

由此可见，与喻氏果园纯用有机肥料不同，李家果园施用的肥料，既有传统的人畜草木之肥，又有人工制造之化肥，有点类似今天的复合施肥。这在当时，确有几分开风气之先的色彩，难怪"颇为实业界称许"。

至于果树的治虫剪枝，果实的行销策略，李家果园与喻氏果园如出一辙。

红橘的红火乐章

在长寿果业发展历史上，红橘曾经是栽培时间最早、种植规模最大、果实产量最高的水果。创办于清末、兴盛于民国的复元乡喻氏果园、三洞沟李家果园，是长寿红橘发达的重要标志，是长寿红橘产业红火乐章的最美音符。

长江沿线的巴渝和鄂西，是中国红橘的原产地，历史上即以产橘闻名遐迩。"后皇嘉树，橘徕服兮。受命不迁，生南国兮。"战国时期楚国诗人屈原的《橘颂》，是中国最早赞颂红橘的诗歌，而屈原所写的红橘，就是三峡地区所产，正好说明这个地区红橘的发达。西汉司马迁《史记·货殖列传》记载"蜀汉江陵千树橘……此其人皆与千户侯等"，说明秦汉时期巴渝鄂西地区红橘种植规模已经很大，经营者可以富比王侯。自西汉开始，中央王朝就在巴郡地区设置橘官，专门负责管理柑橘的生产经营，这是中国设置橘官之始。当时，江州（治今重庆江北嘴）、朐忍（治今重庆云阳旧县）、鱼复（治今重庆奉节县东北）都设置有橘官。由此可见，今天的重庆，是历史上红橘的重要产区。

长寿位于巴渝鄂西红橘产业带上，自然是红橘的早期重要产地。长寿，春秋时期的名字叫枳，而枳与橘，具有天然联系。春秋时期的著名典故"南橘北枳"，说到"橘生淮南则为橘，生于淮北则为枳"，意思是淮南的橘树，移植到淮河以北就变为枳树，比喻同一物种因环境条件不同而发生变异。现代遗传学研究表明，枳与红橘，具有物种上的渊源关系。长寿"枳"的起名，其实就与柑橘产业的发达有关。

康熙五十三年（1714年）《长寿县志》卷六《方物果类》记载，长寿的果树

有"橘"，这个记载应该是基于长寿红橘的历史传承，由此可以上推长寿红橘自秦汉唐宋以来的发展情况。

民国十七年（1928年）《长寿县志》卷八《物产果类》记载："橘，一名木奴，根下埋鼠，则结果加倍。"这个记载，反映出长寿的红橘种植已经达到相当水平，否则不可能总结出如此经验之谈。尤其重要的是，本志中附录的《长寿果园调查记》，详细记录了喻氏果园和李家果园的基本情况，为我们了解清末民初长寿红橘产业的盛况，提供了重要依据。

民国三十三年（1944年）《长寿县志》卷四《农桑之农家副业》有这样两段记载：

> 橘，一名木奴。四月著小白花五瓣，结实至冬成熟，形扁圆，色或黄或红，皮薄而光滑易剥，味甘微酸。吾邑向时种者甚少，近二十年来培育成园者，或数百株或数千株，颇获厚利。

> 全县各乡镇，地多岗陵，宜于种橘，多者数千株，少者数百株，一岁之收获，一家有至数万元，或数千元、数百元、数十元不等，销售本境，或运往宜昌、沙市间出售，全年产量约得金二十万元。

综合民国十七年（1928年）和民国三十三年（1944年）的《长寿县志》看，清朝末年之前，长寿虽有红橘栽培，但种植规模不大。从清末民初的喻氏果园和李家果园开始，通过果园形式进行规模化栽培，带动了全县红橘的大面积种植。

红橘，曾经长期是长寿果业的第一产业。首先表现在红橘果园化种植的时间，比其他果树早。果园化种植，是果树规模化生产、产业化经营的重要形式，由于是一种集约化的经营方式，因而对于长寿红橘的规模扩大和品质提升，都起到了很直接的保障作用。从清末到民国，长寿的果园，品种主要集中在两个领域：红橘和沙田柚。

复元喻氏果园和三洞沟李家果园，都是典型的红橘果园，它们的出现，是长寿红橘发展到一定阶段的必然产物，标志着红橘已经成为长寿果业的主角。喻氏果园和李家果园的创办时间，都在光绪晚期（1895—1909年），还没有进入民国。

喻氏果园、李家果园，是长寿红橘栽培的范本。新中国成

大红果子高高挂

立前，长寿的红橘种植，以地主果园为主，农民零星种植为辅。据1951年《川东园艺试验场涪陵分场筹备处关于长寿县复元、走马乡果树调查报告》的记载，长寿红橘最集中的复元和走马片区，种植经营情况大致如下：

> 凡三百株以上的果园，全为地主占有，农民中只有少数的自耕农占有零星的果树。以走马乡三村为例，全村188户，红橘树3340株，地主11户，占有果树2430株，占有果树的72.5%；中贫农125户，占有380株，占果树的11.5%，其余为小土地出租者与富农所有。至于经营方面，地主仅负责指挥之责，除出资购买肥料与临时雇人看虫外，其他如锄草、修枝、施粪、看管……全由佃户担任。复元乡地方喻老八（喻氏果园继承人）每年补偿佃户每石土四斗米。这不但说明果园利益很大，同时也说明了农民在土上耕锄、施肥等对果树繁茂的决定作用。

而沙田柚的果园化栽培，时间明显晚于红橘，甚至受到喻、李两家红橘果园的启发。长寿沙田柚最早的果园要数雷尧阶的尧峰果园，其创办时间应该在进入民国的1915年之后。因为，现有史料证明，民国初年（1912年），雷尧阶"曾自孔和清家分苗三株，但结果均为平顶柚沙橙，品质不佳"。从分苗到种植、结果，至少三年时间。后来，雷尧阶从外婆家"偷"到正形沙田柚苗三株，送回邻封老家栽植，成活二株，即现在尚存的两棵百年老树。由此可见，

尧峰果园的创办时间,怎么说也在1915年之后。

由此看出,在沙田柚果园崛起之前,长寿果业主要是红橘的天下。

清末民初,喻氏果园、李家果园种植红橘分别达到5000株、4000株时,沙田柚还没有开始创建果园,其种植规模和果实产量显然无法与红橘抗衡。直到新中国成立前,长寿沙田柚的种植规模和果实产量,都远远不及红橘。据民国三十年(1941年)《长寿县特产调查表》显示,全县红橘产量460万个,沙田柚产量56万个。而据1951年长寿县政府《关于柑橘、柚调查情况的报告》显示,当年红橘种植面积2.4万亩,已结果7.2万余株,常年产量约952万个;沙田柚种植面积6961亩,已结果2万株,常年产量84.6万个。事实上,1951年的红橘产量,并非长寿红橘的最高年产量。据史料显示,民国十三年(1924年),长寿红橘产量曾经高达1600余万个;民国三十六年(1947年),高达2000万个,这是新中国成立前长寿红橘的最高产量。当时,长寿柑橘供销合作社担心"以长寿辖境之小市场销售如此巨大数量,殊成问题,势非运销外地,难免生产过剩,贬值求售之现象",于是千方百计运往汉口、宜昌、万县、成都、重庆等地销售。

关于长寿红橘的种植区域,1951年7月长寿县建设科提供的《长寿县各乡红橘栽培面积、株数、常年产量统计表》,反映出1950年的大致情况。总的来看,有17个乡栽培红橘,栽培面积2408亩,已结果7.2万余株,常年产量约1450万个,其中,复元、千佛、邻封、走马4个乡,栽培面积达1840余亩,已结果5.5万余株,常年产量约1100万个,约占全县栽培面积、已结果株数和常年产量的76%,尤其复元,是长寿红橘的最大产地,仅1950年其栽培面积、已结果株数、常年产量约占全县1/3强,达38%。

可是,1950年长寿红橘的盛况,很快发生

复元村的红橘香

了逆转。随着时间的推移，红橘逐渐开始走下坡路。当年冬，长寿开始实行土地改革，次年全面推开。土地改革前，长寿果树80%以上均系地主掌握。土地改革后，情形恰好相反，有果园的大都是农民。除复元喻氏果园3600株收归国有外，其余大果园均已经随土分配，由千株以上的大园变成3株、5株、30株、20株或300株、200株的小园了。

农民得到红橘树后，除走马、邻封少数果农珍惜外，因经费、技术、销路等关系，举凡修枝、看虫、施肥等工作，均没有做到，甚至还有伐取大枝、掘土挖断树根，乃至于极少数农家将果园开为水田，小苗挖掘等情形发生。到1952年，长寿红橘产量仅818万余个，较1950年减产43%。

基于这种情况，长寿县采取了下列补救措施：提高农民认识，打开果树的销路，让农民自觉珍视分配到的果树；把果农组织起来，帮助他们解决肥料、技术及保育问题；提供肥料及修枝贷款，以补助及鼓励果农；要求每一个村乡干部积极重视，支持果树生产管理与经营指导。

及时的补救措施，让红橘的产量开始恢复。1954年，产果近1600万个，较1952年增产776万个。此后的产量，时高时低，始终没有超过1954年的水平。

面对红橘产量的上下波动，长寿县及时采取有效措施：品种改良，全面引进优良品种大红袍，代替以前的红皮橘；技术革新，以前栽培多为实生苗，此时开始改为培育砧木苗；政策扶持，多次提高红橘收购价格。这些举措，提高了长寿红橘的品质，缩短了果树投产年限，尤其是调动了果农的生产积极性。1971年，全县红橘树上升到25万余株。1973年，发展到28万株，占柑橘类果树栽培总量的50%。《长寿县1973年柑橘生产、收购工作会议纪要》提出，到1975年，红橘要发展到30万株，要求复元、城关和现有栽培红橘的社队，以发展红橘为主；1983年，全县栽植红橘达42万株，产量2760万个；1985年，全县栽植红橘43.6万株，产量2910万个，为长寿历史最高水平。

1985年是长寿红橘由盛转衰的转折点。1987年，全县红橘规模达62万余株，比1951年增加近8.6倍，但是，红橘产量开始下降，只有2680万个。此后，长寿红橘的种植面积和果实产量，开始一路向下。特别是2001年开始抓

名优水果的开发和良种引进,红橘生产更是快速减少。据2006年统计,长寿区栽植红橘仅30万株,产果2500万个;2015年,长寿红橘面积3400亩,存活17万株,产果1300吨,相当于1300万个;2016年,长寿红橘继续萎缩,面积只有1400亩,存活7万株,产果500吨,相当于500万个,已经远远低于以往的水平了。

尽管长寿红橘的种植规模与果实产量,已经大不如前,但是,回顾长寿果业发展的历程,长寿红橘曾经创造的辉煌和作出的社会贡献,依然值得我们久久怀念。

广柑的黄金岁月

在长寿果业的历史上,曾经有很长一段时间,只要提到柑橘中的红橘,人们自然会想到广柑。的确,广柑和红橘,同时于春天开花,同时于晚秋初冬成熟,同时在市场上销售,仿佛是形影不离的孪生兄妹。尤其是在沙田柚、夏橙、脐橙、血脐、晚熟柑橘等水果新品成名之前,广柑和红橘,一直是柑橘的代名词。

广柑,在长寿人的习惯上乃至长寿果业中,其实是一个相当宽泛的概念。它既指原产于广东、新中国成立前即引种于长寿的甜橙品种即普通广柑,也指20世纪60年代开始引种的锦橙即鹅蛋柑,还包括后来引种的锦橙系列品种。

柑橘,虽然经常合称,但柑与橘,事实上是有区别的。柑树与橘树外形没有区别,只是刺比橘树少一些。柑的果实,体积较橘子偏大。柑的果实形状圆而团,橘的果实形状圆而扁。柑皮颜色稍黄,比橘皮稍厚,纹理稍粗且味不苦。橘皮颜色橙红,比柑皮稍薄,纹理细密,易于剥离。柑不好保存,容易腐烂,耐储性低于橘。柑树比橘树怕冰雪,更具喜热性。

广柑,只是柑的一个品种。在广柑之前,中国早已有柑的种植。据古籍《尚书·禹贡》记载,夏朝时期,柑已列为贡税之物。事实上,中国是世界柑橘类果树的原产中心,自长江两岸到闽、浙、两广、云贵、台湾等省区,都产柑橘。至今已有1300多年历史的潮州柑,被视为世界最佳良种柑。

巴渝地区是世界公认的中国柑橘核心起源区。如同红橘栽培的悠久历史一样,柑在长寿的栽培也由来已久。康熙五十三年(1714年)《长寿县志》卷六《方物果类》记载,长寿的水果中有"黄柑"。黄柑,又叫皱皮柑,为橘橙的天然杂交种,这正是中国古代柑的主要品种。光绪元年(1875年)《长寿县志》卷十《艺文》收录了明朝初年雪庵和尚叶希贤的《谢某馈柑》一诗:"弃却春光独爱秋,至今不改皱眉头。主人若把金刀剖,点点酸心对客流。"说明至少明朝初年,长寿就有"黄柑"的栽培。民国十七年(1928年)《长寿县志》卷八《物产果类》记载的长寿水果有"柑",指的当是"黄柑";而民国三十三年(1944年)《长寿县志》卷四《农桑之农家副业》记载,"吾邑有皱皮柑、广柑数种,植成林者亦多"。说明到20世纪40年代,传统的皱皮柑与引种的广柑,已经出现并驾齐驱的态势。

普通广柑,又称甜橙,何时引入长寿,这是长寿果业史上的一个大事。目前已知长寿最早引种广柑的人是李其章。据《长寿农业志(1949—2006)》记载,1927年李其章从广东引入广柑200株。而据1951年《长寿县园艺生产情况》记述,"甜橙栽培历史只有三十多年,种苗来自江津"。据此,广柑引种时间应该在1920年之前。考民国十七年(1928年)《长寿县志》卷八《物产果类》之李氏果园,李其章的三洞沟李家果园有"广柑计二百株,此种自广东传入,故以广柑擅名。与本地之柑相较,优劣悬殊,其修剃施肥之法与抚橘略同。此园目下试花仅四十余株,结果尚少,售价每枚值银二仙"。据此记载,民国十七年(1928年)李其章的果园,已经有广柑40余株进入试花期,其引种时间当在20世纪20年代中叶。或许,李其章只是规模化引种广柑的第一人,而在20世纪20年代之前,广柑已经从江津引入长寿。

广柑从民国初年引入,直到新中国成立,大约30年时间,在长寿已经有了一定发展。1951年7月,由长寿县建设科提供的《长寿县各乡甜橙(广柑)栽培面积、株数、常年产量统计表》,基本上可以反映出广柑自引入长寿之时至新中国成立初期的大致发展轮廓。

当时，长寿有14个乡栽培广柑，栽培面积253.5亩，已结果树7261株，常年产量147万个。分布在晏家、沙溪、走马、焦家、邻封、灵山、太平、万顺、新市、葛兰、石堰、黄葛、兴隆、双龙等乡。其中，沙溪的广柑栽培规模最大，其种植面积116亩，结果树3500株，常年产量70万个，约占全县的47%。

新中国成立前，长寿广柑种植面积不大，产量也小，主要销往重庆。由于市场需要，销售速度很快，农民生产信心逐年增加。但长寿广柑存在一个突出问题，就是品质欠佳，与江津原产之广柑存在差距，亟须改进，并从外引入优良品种。

新中国成立后，广柑日益受到消费者欢迎，其栽培价值也越来越引起政府和果农重视。据1953年12月《长寿县1953年果蔬生产情况》记载，"在过去，因不明确经营价值，株数较少。解放后，向群众说明甜橙经营价值，指出销路，并说明为今后发展的方向，近两年来，已逐渐增加"。同时，提出"我县果树发展的方向，红橘在现有基础上加强经营管理，不再使其继续颓败，适当发展甜橙和沙田柚"。可见，广柑与红橘、沙田柚一起，成为新中国成立初期长寿果业的三大方向。1954年，长寿从江津园艺场引进广柑种苗在渡舟试种，果品好，耐贮藏。同年，长寿县供销社第一次收购广柑、红橘、柚子外调到重庆、万县、武汉、上海等地。但在1955年，长寿广柑出现大幅度减产，比1954年的46.8万个减产接近50%，引起了决策层高度重视。

1956年，长寿第一次提出把发展广柑作为全县果业的重点。据当年11月17日长寿县人民委员会农业科《长寿县1956年果树生产情况》，全县有广柑4818株，能产50.8万个，比上年增产50%。特别提出"五七年在原有基础的果树区，大量发展广柑；其次为红橘、柚子、柠檬；其他根据需要和社里具体情况，适当发展。今年，计划培育广柑苗30万株，红橘5000株，柠檬1000株，柚子5000株，为五七年打好底子"。

从此，长寿广柑掀起了一次发展高潮，种植面积快速扩大。1957年，总数猛增至18万余株，较1956年净增17.6万余株，增长366%；1958年，总数增至19.7万余株，较上年净增1.6万株；1959年，总数再增至21.4万株，较上年净增1.7万株。此后历经三年困难时期，到1963年，全县广柑总数仍然保存

15万株。

长寿在发展广柑过程中,特别注重优良品种的引进。1962年,引进合川、江津锦橙(鹅蛋柑)嫁果苗20余万株,植于阳鹤山等一带,多为粮经间作,由于与粮食作物争地,果苗多遭破坏,到1971年时只剩数百株。1971年、1982年和1983年,长寿分别从江北、开县、中国农科院柑橘研究所、北碚等地引进锦橙、先锋橙种苗接穗繁殖,长寿锦橙规模迅速扩大。锦橙适应性强,耐寒、耐旱,结果早,丰产稳产,果肉橙黄色,柔嫩多汁,化渣,甜酸适度,较耐贮运,鲜食加工兼用。之后,长寿又引进北碚447、铜水72-1、渝津橙等锦橙品种,主要种植在邻封、龙河、渡舟、新市、江南等镇。

在品种改良的基础上,长寿广柑的种植规模也迅速扩大。1965年,长寿县一年新植广柑苗5万株。1971年,县革委农业组王景禄《在全县果树生产会议上的总结讲话》中要求,"种植果树一定要优良品种化,我县果树发展,仍以发展柑橘为主要,又要以优良甜橙(广柑)为首。甜橙中,大力发展鹅蛋柑26号、20号"。据《1976年长寿县果业统计表》,当年,全县红橘总数近25.6万株,结果树9.2万余株,幼树1.6万余株;而广柑总数25.7万余株,结果树9.4万株,幼树1.6万余株;锦橙(鹅蛋柑)总数17.9万株,结果树1.7万株,幼树16万余株。广义广柑(普通广柑和锦橙)栽培规模之和,已经大大超过红橘。

长寿的广柑产业,特别注重品种结构的优化,传统的广柑品种逐年减少,而锦橙系列优良品种快速增加。1977年之前,长寿锦橙嫁接苗一共5.1万株。1978年,《长寿县革命委员会关于"五五"后三年果树生产发展规划的意见》,指出力争在1980年基本建成几个良种果品基地,其中有阳鹤山锦橙基地,即渡舟、桃花、但渡、焦家四个公社的14个大队48个生产队栽培锦橙40万株。从此,锦橙栽培面积迅速扩大。1978年,一年嫁接锦橙苗就达12万株;1979年,一年嫁接锦橙苗高达26万余株。很快,锦橙系列品种的总数超过普通广柑的数量。1981年,长寿锦橙(鹅蛋柑)面积3900余亩,总数18.9万余株,结果树近3.5万株;而广柑面积2460余亩,总数12万余株,结果树3.5万株。由于锦橙适栽范围广,早结丰产,经济效益好,发展快,最终超越红橘,成为全县柑橘的主栽品种。1987年,广柑总数达到72.2万株,时为全县果树第

一位。2006年，栽植面积近2万亩，总株数119.6万株，结果树112万株，产量约8000吨，相当于6400万个，栽植面积和总产果年居柑橘生产的第三位。2015年，长寿区广柑（含锦橙）栽植面积2.2万亩，总数127.6万株，结果树85万株，产量1.2万吨，相当于9520万个。这个数据，比红橘1985年的最高产量多出6600万个。

可是，2015年却成了长寿广柑由大变小的拐点。2016年，长寿广柑栽植面积1.37万亩，比上年净减8000亩；总数61.6万株，净减69.6万株；结果树57.7万株，净减27.3万株；产量8100吨，净减3800吨，相当于减少3040万个。

广柑引种到长寿将近100年，经过50年发展，于20世纪70年代在栽培面积和果实产量上超过红橘，成为长寿柑橘产业的重要品种，并于2015年达到巅峰时期，创造了属于自己的黄金岁月。

品种考述与盛衰

红橘与广柑在长寿果业发展中创下的辉煌历史，与优良品种的不断更新密切相关。从品种特性上认识长寿的红橘和广柑产业，对于研究长寿果业的发展规律，不无裨益。

长寿的红橘，不管是早期的零星种植，还是复元喻氏果园、三洞沟李家果园，抑或是新中国成立后的大发展，多属"大红袍"良种，11月下旬成熟。"大红袍"橘子的特点是，适应性强，耐寒，抗旱，丰产性好，单株产量可达150～650公斤，果大重140克左右，扁圆形，顶部微凹，四周有少许凹点，柱痕间或有小脐，蒂部有乳状突起，皮色鲜红、光滑，皮层薄而易剥开，内有果肉8～13瓣，排列整齐，果汁多，味甜美，柔软化渣，可食部分占71%，果汁为51%，可溶性固形物为13%，种子17粒左右，品质优良，营养丰富，极宜鲜食和罐藏，果实耐贮运，在各适宜区皆有发展。"大红袍"原产于三峡地区的万州，至今已有上千年历史，是典型的川橘，后来移栽到浙江、福建、江西、湖北等地。

"大红袍"的得名缘由，至今有两种说法。一说乾隆赐名。传说乾隆皇帝下江南,微服私访到了江西新干县的三湖镇,正值红橘初长成,果香沿江飘散,乾隆旅途劳顿,摘下一个品尝,味道香甜无比。乾隆又看着如同披了一身红袍的橘树,回味橘子的美味,便御赐红橘雅号"大红袍"。二是兴义得名。贵州西南的兴义市,盛产红橘。原来,它的前身本是川橘,道光年间,一位名叫陈以藤的老人,由四川乔迁兴义,发现两地气候土壤相似,便不远千里返回故乡,运来四百多株川橘在兴义种植。三年后便绿树连畦,结下了橙红光亮的硕果。这位陈以藤老人,头戴大红风帽,身披大红袍子,格外引人注目,于是有人送了他"陈大红袍"的雅号。果品上市之后,人们渐渐把"陈"字略去,称他种植的红橘为"大红袍"。其实,不管"大红袍"的名字是怎样来的,但有一点可以肯定,"大红袍"三个字,形象地概括了这种红橘的精气神韵,对于品牌的树立,可以说别具匠心,让人不得不佩服"大红袍"的命名者。

与长寿红橘主要是"大红袍"一个品种不同,长寿广柑则包括多个品种。

普通广柑,又名甜橙。新中国成立前后,在锦橙(鹅蛋柑)系列引入之前,长寿的广柑,主要就是这种名叫甜橙的普通广柑。这种品种,主要引种地在江津,即所谓的江津广柑。之所以称为广柑,显然是引种于广东。据四川省建设厅杨定伦1937年撰写的《四川柑橘调查》记述:"江津栽培甜橙之历史,据乡人云苗木为本县知县曾某(广东人)由广东带来。"经查阅史料,在江津历史上确曾有过广东籍的县官,姓曾名受一,字正方,广东东安县人,进士出身。清乾隆三十年(1765年)从川南琪县调署江津知县。曾受一曾为江津人民从广东引进红薯,从江浙引进蚕桑。由此推之,有可能是他从广东引进了广柑。广柑引入江津后,先后在广兴场、永丰场、先锋场栽培,而这三个广柑中心,每年均要培育大量果苗,经过苗商之手传遍全县各地乃至省内外,成为长江中上游河谷地带的主打甜橙品种。

自1962年开始,长寿开始从外地引进锦橙(鹅蛋柑)系列品种,推动了长寿广柑的品质提升与规模扩大。锦橙,又名鹅蛋柑26号,原产于重庆江津,系20世纪40年代从地方实生甜橙中选出的优良变异。果实呈椭圆形,形如鹅蛋,故名。果大,单果平均重170克左右,果皮橙红色或深橙色,有光泽,较光滑,中等厚;肉质细嫩化渣,甜酸适中,味浓汁多,微具香气。四川、重庆各

柑橘产区几乎都有分布,湖北(主要是宜昌南津关以西)、贵州、福建也有一定数量的栽培。如果追根溯源,锦橙(鹅蛋柑)其实就是从广柑(甜橙)中培育繁衍出来的。

20世纪七八十年代,长寿大量引进先锋橙。先锋橙,又名鹅蛋柑20号,原产重庆江津。果实呈椭圆或短椭圆形,果汁橙黄,组织均匀,具原果香,无异味。先锋橙和锦橙相比,先锋橙在外形上劣于锦橙,但在品质和风味,尤其是贮藏后的品质上,则先锋橙优于锦橙。

1980年,长寿又引进了北碚447、铜水72-1、渝津橙等锦橙品种。

北碚447号锦橙,又名北碚无核锦橙,系重庆市北碚农业局于1980年在北碚歇马镇柑橘园中从1972年定植的锦橙芽变中选育出来的新品种,具有果大、皮薄、丰产稳产、早熟、肉质细嫩、无核(或少核)等优良特点;铜水72-1锦橙,为锦橙的少核变异,1972年在铜梁县水口果园锦橙中选出,而其锦橙源于江津实生广柑(甜橙),丰产、优质、少核等优良性状稳定,耐贮性强,加工制汁性能良好,最适于中亚热带地区种植,是目前栽培最多、最广的中熟甜橙良种;渝津橙,又名78-1锦橙,由重庆市果树研究所、西南农大等科研单位历经十余年选育成功的锦橙品种,果大、色鲜、口感好、耐贮运,先后获得"中国农业博览会银奖"、"国际农博会名牌"、"重庆市五大名果之一"、"重庆市消费者喜爱产品"、"中华名果"等多项荣誉称号。

红橘是长寿果业中最早实现果园化栽培的水果,长期在长寿果业中可谓一果独大,地位超过沙田柚和广柑。新中国成立前,长寿红橘的最高产量是民国三十六年(1947年),产量曾经高达2000万个。新中国成立后,长寿红橘的最高产量是1985年,产果曾经高达2900万个。此后不久,长寿红橘栽培面积和果实产量开始一路下滑,到2016年,仅有1400亩,存活不过7万株,产果只有500万个,在当今长寿果业的版图中已经显得无足轻重了。

长寿红橘之由盛而衰,既有长寿果业小环境的因素,又有中国果业大气候的因素,是一种历史的必然。

长寿红橘的第一次由盛转衰,发生在20世纪50年代前后。据史料记载,从20世纪40年代开始,沙田柚所具有的比较优势,已经让红橘处于不利地位。随着沙田柚的发展，人们发现红橘在管理、销路、价格、贮藏等方面均不如沙田柚，因而果农逐渐放松红橘生产，转向重点发展沙田柚，以致红橘树由原来的20余万株减少到8.8万株。新中国成立前后，弃橘种柚的趋势继续发展，特别是因为沙田柚价格昂贵，不少农民将橘树换接成沙田柚，致使全县红橘下降到1951年的7.2万株，产果1600万个，产量约292万斤。

除了农民的自发选择，政府提倡发展沙田柚，也对红橘萎缩产生了直接影响。1951年7月，《川东园艺试验场涪陵分场筹备处关于长寿果树调查总结报告》，对长寿果业发展之工作重点，有这样一段记述：

> 长寿果园，以红橘栽培最早、最多、最普遍。后来柚子成林，销路甚广，价值很高，口味极佳，又耐贮藏，天牛虫害比红橘少，成园较快，刺少，修枝较便等等关系，大家目光都集中于柚子，对红橘的注意力不及往先了。由此次调查结果，红橘没有幼树，沙田柚幼树甚多，是个明显的例子。由此，指示了我们今后发展长寿果树，应该是沙田柚。据农林科黄科长谈，该县特产榨菜头方面不及涪陵产区之大，红橘价值较小，甜橙不及江津有基础，惟有沙田柚在长寿种植也有基础和经验，现正在发展期中，惟有发展柚子是可以争取且有前途的一件事业。这是对的，我们今后在长寿果树方面专门发展沙田柚，是一条极其正确的路线。

农民的选择，政府的主张，让弃橘种柚的趋势更加明显。后来，政府对红橘固然采取了一些发展措施，但长寿红橘的产量长期徘徊在200万斤左右、约1000万个，达不到新中国成立前的最高水平。

长寿红橘的第二次由盛转衰，发生在20世纪90年代前后。从20世纪70年代开始，因为优良大红袍的广泛引种，长寿红橘出现了第二次发展高潮，到80年代，红橘种植面积大幅提升。1985年全县红橘43.6万株，1987年达到62.4万株。1990年以后，长寿调整农业结构，积极发展多种经营，实施长江柑橘带建设项目，致力于建成以名优水果为龙头的优质水果商品基地。长寿果

业的重点已经不再是红橘,而是沙田柚和夏橙。政府采取了多种措施,投入了很多资源,集中精力发展沙田柚和夏橙等名优水果。相比而言,红橘由于自身优势不足,在市场竞争中只有让位于名优水果,栽培面积和果实产量因而一路下滑。

除了长寿果业小环境的因素,长寿红橘的下滑趋势,还受国内果业发展大气候的影响。红橘在我国四川、福建、浙江、江西、湖南、湖北和重庆等省(市)曾有较多栽培,广东、广西、海南、贵州、云南和陕西等省(区)也有过零星栽培。红橘生产的鼎盛时期是20世纪七八十年代及90年代初期。当时,仅四川省就有30多个县(市)生产红橘;福建的7个县市,江西的2个县市,浙江、湖南、湖北、陕西,以及贵州的部分地区也栽培较多。当时,红橘畅销国内"三北"(华北、东北、西北)市场,外贸出口形势很好(出口苏联和东欧等国还要搭配锦橙),红橘果品供不应求,果农种植红橘也得了实惠。到20世纪80年代末,全国柑橘产量超过456万吨,其中,红橘占1/3。进入90年代后不久,国内早熟、特早熟的温州蜜柑、椪柑、脐橙等新品种不断推出,并得到快速发展,红橘在市场上的优势逐渐被这些新兴品种所取代,一些产区出现了红橘挂树无人采的现象,红橘产区不断缩小,不少产区的红橘被高换或改种温州蜜柑、椪柑或脐橙等品种。

长寿广柑的盛衰之变,似乎没有红橘明显,但这种变化正在发生。从民国初期引进,经过不断发展壮大,到2015年,长寿广柑(含锦橙)栽培面积2.2万亩,总数127万余株,结果树85万株,产量1.2万吨,相当于9520万个。可是,2016年,这个数据却发生了明显的改变。长寿广柑面积近1.4万亩,总数61.6万株,结果树57.7万株,产量0.8万吨,同比减少幅度较大。这个巨变,与长寿沙田柚、晚熟柑橘的快速发展和取得成功,不无关系。

长寿红橘与广柑的盛衰之变,内在动力来源于品种的更替与技术的进步,其决定力量不是果农,而是消费者。紧紧围绕消费者的需求,把握品种革新和技术创新的大趋势,及时适应市场需求的变化,对果业结构进行有效的调整优化,是长寿果业永远保持活力和优势的必由之路。

第七章

晚熟柑橘　果香四溢

长寿果业,因晚熟柑橘而绽放异彩。十年之间,因夏橙滞销而转型,引优良品种而创新,借助园区化模式、企业化运作、科技化管理、国际化营销,一举打造出国内最大的晚熟柑橘集中种植区和全国最大的标准化晚熟柑橘基地,创造出中国晚熟柑橘的新高度。重庆市长寿区现代农业园区,也因晚熟柑橘而声名鹊起,广受瞩目,先后荣膺全国首批"国家级农业产业化示范基地"、"全国晚熟柑橘科技集成示范基地"、"国家农业科技园区"等多项殊荣。从此,声威日隆的长寿晚熟柑橘,与久负盛名的长寿沙田柚、长寿夏橙一道,鼎足而立,啸傲天下,成为长寿果业的三大响亮品牌。

何为晚熟柑橘?

　　说到柑橘,人们总是习惯于想到广柑、红橘、柚子之类,脑海里压根就没有早熟或者晚熟的概念,柑橘成熟期的划分,很长时间以来只是柑橘专业领域的事情,普通人对这个问题并不关心。所谓晚熟柑橘,只不过是一个学术概念。

　　近些年来,情况发生很大变化。由于中国柑橘产业结构调整,晚熟柑橘开始在南方大规模种植,不仅各级政府提倡和鼓励,也赢得了广大消费者的青睐。晚熟柑橘的概念,开始变得流行起来。

　　所谓晚熟柑橘,顾名思义,就是成熟时间偏晚的柑橘,或者说是柑橘中的

晚熟柑橘

晚熟品种。事实上，存在两种晚熟柑橘的概念：一是品种概念，即成熟期晚的柑橘品种，这类晚熟柑橘只需选择适宜地区种植即可。二是市场概念，即不管什么品种，只要晚期上市的柑橘就是晚熟柑橘，而此类晚熟柑橘主要是通过选择合适的栽培区域，例如在适宜柑橘生产的高纬度、高海拔地区种植，以达到晚熟的目的；或者通过采用各种栽培方式和栽培技术措施，例如使用保护地或设施栽培，使用植物生长调剂、控水、土壤或树体覆盖等方法，使种植的柑橘推迟成熟或使原本已经成熟的柑橘可以延迟数周或数月采收，达到晚采目的，以便错峰上市，达到利益最大化。

作为中国晚熟柑橘代表性的种植区域，长寿种植的晚熟柑橘，并非市场概念的晚熟柑橘，而是品种概念的晚熟柑橘。

所谓品种类群划分法，指不同的柑橘品种，晚熟的时间标准各不一样。如9月前成熟的温州蜜柑，属于特早熟柑橘；9—10月成熟的温州蜜柑，属于早熟柑橘；11—12月成熟的温州蜜柑，属于中晚熟柑橘。又如11月中旬前成熟的脐橙，属于早熟柑橘；11月中旬—次年1月成熟的脐橙，属于中熟柑橘；次年1月以后成熟的脐橙，属于晚熟柑橘。

所谓季节划分法，即按果实成熟时间不同，来进行早熟或者晚熟的划分。一般将9月以前成熟的品种，划入特早熟柑橘；9—10月中旬成熟的，划入早熟柑橘；10月底—12月成熟的，划入中熟柑橘，像长寿的广柑、红橘、沙田柚等，就是典型的中熟柑橘；次年1—5月成熟的品种，归于晚熟柑橘，当前长寿普遍种植的长寿夏橙、塔罗科血橙新系、W.默科特、鲍威尔脐橙、班菲尔脐橙等，就是典型的晚熟柑橘。当然，同一产品，在不同地域和海拔，成熟期会有所不同，如罗伯特脐橙在重庆北碚成熟期为11月上中旬，而在云南华宁的成熟期却是10月中旬。

要准确理解晚熟柑橘的内涵，还有必要对"晚熟"二字作进一步的解读。所谓柑橘成熟期"晚"，表面看是采摘时间"晚"，实际是指生产周期"长"。中国的柑橘品种，绝大多数都是春天开花，秋天结果，因而中熟柑橘的比重特别大，生长周期一般是半年左右。可是晚熟柑橘不一样，生长周期要多出4~5个月。以夏橙为例，一般是前一年4月开花，到第二年4月至5月才成熟采摘，生长周期整整一个对年。由此可见，所谓晚熟柑橘，其实是指生长发育周期最长、成熟采摘时间最晚的柑橘。

晚熟柑橘对环境条件具有一定的特殊要求，并非哪个地方都适宜种植。柑橘原产于亚热带多雨的森林地带，属于亚热带常绿果树，性喜温暖湿润气候，不耐低温，较耐阴，根部好气好水，要求有机质含量丰富的肥沃土壤。柑橘类果树生长发育及果实品质形成，是在植株内部因素和外部环境条件的影响控制下，相互作用、相互适应的结果。其中，决定晚熟柑橘能否栽培成功的外部环境条件，如温度、水分和光照等，尤其热量条件最重要。热量条件中，相对于年平均气温，更重要的是冬季最低温度。只要年平均气温在17℃以上，冬季极端低温在-2℃以上，或仅有短暂低于-3℃的气温，柑橘果实即可基本安全留树越冬，晚熟柑橘的栽培就不会有太大的问题。

合理的设施栽培可改变外部环境，达到适宜晚熟柑橘生长结果的条件。设施栽培也有一定的不利因素存在，如由于设施覆盖物、骨架结构遮阴影响，设施内的光照条件一般比露地弱，光照时间也可能会缩短。但在设施栽培中与其他环境因子相比，较为容易调控的是温度，这是影响植物生长发育最重要的环境因子，它影响着植物体内的一切生理变化，是植物生命活动最基本的要素，对于晚熟柑橘的生长发育、留树越冬等也最为重要。

目前，我国各地发展的晚熟柑橘品种主要有晚熟甜橙、晚熟宽皮柑橘、晚熟杂柑、晚熟柚和柠檬等。晚熟甜橙类，主要有奉节晚熟脐橙和从国外引进的伦晚、鲍威尔、班菲尔、切斯勒特、红肉和夏金等脐橙类品种；塔罗科和塔罗科新系等血橙类品种；奥林达、伏令、卡特、德塔、路德红等夏橙类品种。宽皮柑橘类，主要有岩溪晚芦椪柑、马永橘、春甜橘、紫金春甜橘、蕉橘及其优系等。杂柑类,主要有默科特、W.默科特、不知火橘橙、春见橘橙、清见橘橙、沃柑等。晚熟柚类,主要为晚白柚和矮晚柚等,此外,还有从沙田柚、琯溪蜜柚等柚中选出的晚熟品种、品系等。柠檬类,主要是利用夏花果、秋花果的反季栽培延迟成熟,达到周年供应。

我国晚熟柑橘种植面积相对集中的省市区,主要有以下五个。

重庆。重庆地处三峡库区腹地,属典型的中亚热带湿润季风气候。三峡库区蓄水后,水库周边有白天降温、夜间增温的效应,减少极端最高温、极端最低温的出现,总体上以增温为主,使沿江地区冬季平均气温上升0.3～1℃,夏季气温下降1～1.2℃,冬无严寒,无霜期更长,为我国晚熟柑橘发展的安全和生态适宜区域。截至2011年,重庆晚熟柑橘种植面积已达96万亩,产量80万吨。规划到2015年晚熟柑橘发展至150万亩,占柑橘总面积50%,产量超过150万吨。

四川。四川盆地及周围山地,全年温暖湿润,年均温度为16～18℃,无霜期为230～340天,降雨量充沛,川西南地区全年气温较高,日照时数多为2000～2600小时。塔罗科血橙、不知火橘橙、清见杂柑等晚熟品种推广面积已达到64.5万亩,占柑橘总面积的20%左右,柑橘留树晚采推广面积达到45万亩。

广西。广西大部地区气候温暖,热量丰富,雨水丰沛,干湿分明,季节变化不明显,日照适中,冬少夏多,年平均气温在16.5～23.1℃之间,属亚热带季风气候,年平均气温及年有效积温都较高。尤其桂林以南的广大区域,基本无霜冻和冰雪冻害,晚熟柑橘品种果实均可以安全过冬,非常适合种植晚熟柑橘。目前,广西晚熟柑橘种植面积达25.5万亩,产量达23万吨左右。

云南。云南省气候有北热带、南亚热带、中亚热带、北亚热带、暖温带、中温带和高原气候区等7个温度带气候类型。云南气候兼具低纬气候、季风气候、山原气候的特点。云南省的晚熟柑橘发展主要集中于干热河谷坡地,该区域光照充足,热量丰富,无霜期达294天,素有"天然温室"和"热区宝地"之称。仅位于干热河谷区的宾川县,全县晚熟柑橘种植面积就达1万余亩,总产量达1.5万吨。

广东。广东南濒大海,北屏南岭,地势北高南低,加上中部一系列东北至西南走向的山脉,使得北方冷空气不容易南侵,南边又有潮湿温暖的水汽北上,气温因此呈北低南高的梯度分布,热量资源非常丰富。调查显示,广东中南亚热带和热带地区很少有低于0℃的极端低温出现,气候条件适合晚熟柑橘的生长。广东是我国柑橘栽培品种最为丰富的地区之一,早中晚熟柑橘品种很多,其中尤以中晚熟品种资源最为丰富,为晚熟柑橘的发展奠定了优良基础。

除开这五大区域外,还有一些柑橘产区也有部分晚熟柑橘栽培,如福建的蕉柑,湖南和江西有少量夏橙,湖北有部分晚熟脐橙等。

应时而兴的柑橘新宠

从世界柑橘的产业结构看,晚熟柑橘的发展,带有一定的必然性。原有的柑橘种植规律一般都是春天开花,秋天结果,这就带来一个问题,春天和夏天,人们很难吃到新鲜的柑橘。随着经济发展水平的提高,人们的生活需求开始发生变化,人们已经不再满足只能在秋天吃上新鲜柑橘了,而是希望任何时候都能吃上新鲜水果。正是基于一年四季都能吃上新鲜柑橘的市场需求,柑橘专家开始探索种植春天和夏天成熟的柑橘品种,于是晚熟柑橘应运而生。

实现柑橘新鲜水果的周年供应,大力发展晚熟柑橘无疑是最佳选择。从世界柑橘产业的大趋势看,成熟期的合理搭配,是一个国家或地区柑橘生产实现可持续发展的重要因素,也是衡量一个国家或地区柑橘产业发达程度的重要标志。美国柑橘的果实采收期,一般从9月底开始,一直延续到翌年6月,全年仅有2个多月的鲜果市场空当。

巴西柑橘的鲜果上市期,从3月延续到12月,全年也仅有2个月时间没有柑橘鲜果应市。美国和巴西,这两大柑橘主产国,晚熟柑橘所占比例都接近50%,在世界上处于领先水平。尽管日本冬季气温较低,但通过先进的设

施栽培技术,晚熟品种也占柑橘种植面积的12%以上,柑橘生产也基本实现了周年均衡上市。

晚熟柑橘主要用于鲜食,也用于加工果汁、橘瓣罐头等,对于提高柑橘产业经济效益而言,其特殊作用显而易见。一是延长鲜果供应期,填补了市场鲜果空当期,销售价格更高,效益更好。二是延长柑橘加工期,提高设备利用率,提高了企业效益。三是减少果实库藏,减少贮藏成本。

中国是世界上最重要的柑橘原产地,已有4000多年的栽培历史。当前,柑橘是我国南方最重要的果树,已成为我国南方丘陵山区、三峡库区和老区农民脱贫致富的支柱产业,全国有19个省(区、市),1075个县(区、市)生产柑橘。根据国家统计局数据,2013年,全国柑橘种植面积3600余万亩,产量达3300余万吨,分别占全球柑橘种植面积和产量的25%和24.5%。

虽然我国已经是柑橘生产大国,但却远非柑橘生产强国,在柑橘产出、鲜果出口、加工出口和生产基础设施、机械化程度、新技术应用、规模化种植、加工开发、产销一体化等方面,与发达国家相比,都存在较大差距。尤其是在柑橘成熟期的结构搭配上,成熟期过于集中,早、中、晚熟品种搭配不协调。我国绝大部分柑橘都是10月至12月采摘的中熟品种,其中广柑、红橘、温州蜜橘、柚子等,主要集中在10月至11月。脐橙和椪柑主要集中在11月至翌年1月。夏季成熟的品种比较少,主要有夏橙,但所占比重较低。20世纪80年代初,中国柑橘90%以上都是中熟品种,90年代初我国柑橘早、中、晚熟品种比例分别为15%、80%和5%;而美国早熟品种占42%,11月至12月成熟的品种占9%,1月至6月成熟的品种占47%。

中国柑橘成熟期过分集中,不仅影响了新鲜水果的周年上市,而且还带来相应的"过剩危机"。由于中国柑橘主要在10月至12月短时间内集中上市,导致市场供应太集中,加之贮运、加工能力不足,造成季节性供过于求,不仅售价低廉,而且严重滞销,在很大程度上挫伤了农民的种果积极性。而另外一个问题是,由于4月至8月的中国柑橘市场上很少有国产柑橘,于是外国新鲜水果涌入中国,占领中国水果市场,且价格相当昂贵。

可见,晚熟柑橘在中国柑橘产业中的严重缺位,既造成柑橘集中上市影响果农收入，又影响市场上鲜果的不间断供应，已经成为一个非解决不可的问题。

面对中国晚熟柑橘的市场缺位和进口晚熟柑橘的持续畅销，发展晚熟柑橘很快成为中国柑橘产业转型的重点。中国发展晚熟柑橘具有得天独厚的诸多优势。一是晚熟柑橘品种丰富。作为世界柑橘的祖源地，我国有丰富的晚熟柑橘品种，从甜橙中的脐橙、血橙、夏橙，宽皮柑橘中的晚熟椪柑、晚熟橘类，到晚熟杂柑、晚熟柚，可以说应有尽有，这为适栽晚熟柑橘区域提供了丰富的品种选择。二是适宜种植区域辽阔。我国适栽柑橘地域广阔，有3750万亩的亚热带地区适种柑橘。在柑橘适栽区域中，不少区域可种植晚熟柑橘的不同品种。三是市场需求异常旺盛。人们的生活水平持续提高，不再青睐春夏之际上市的贮藏保鲜果实，而对于新鲜水果，就是价格昂贵也趋之若鹜，于是晚熟柑橘开始走俏市场，卖价看好。目前，早、中熟柑橘年内售价为0.8～1.6元/公斤，而翌年3月及其以后成熟的晚熟柑橘应市价可比肩"洋果"，达到10～12元/公斤，且持续销售火爆。

中国晚熟柑橘的发展，有一个从提倡到实施的过程。早在20世纪80年代，国内一些专家学者就提倡适度发展晚熟柑橘品种，但一直没有引起足够重视，因而发展缓慢。究其原因，主

火红的晚熟柑橘销售市场

要是改革开放初期，中国还处于短缺经济时期，柑橘生产规模小，产量不大，市场上供不应求，水果根本不愁销。后来，随着中国经济的快速增长，柑橘产量快速增长，但通过采后的贮藏保鲜，果实能够延后销售，既有市场又能增效，因而人们对发展晚熟柑橘的愿望还是不够强烈。到了20世纪末期，各地开始出现季节性、局部性柑橘供过于求，柑橘"卖难"问题日益突出，产区农民

增收、农业增效受到很大限制,而与此同时,春夏时节进口的新鲜水果,却很受消费者青睐。当时的全国水果生产会议,开始要求控制中熟品种、发展晚熟品种。2003年,农业部发布了《柑橘优势区域发展规划(2003—2007年)》,随后长江上中游柑橘带,赣南、湘南、桂北柑橘带和浙南、闽西、粤东柑橘带,以及一批特色柑橘生产基地(简称"三带一基地")建设取得了显著成效。2008年,按照"稳定面积、调整结构"和"相对集中连片"的原则,农业部组织相关专家进一步调整完善柑橘优势区域,形成《柑橘优势区域布局规划(2008—2015年)》,进而形成了"两横两纵五点"的柑橘优势产业带。"两横",即长江上中游柑橘产业带和赣南、湘南、桂北柑橘产业带;"两纵",即浙南、闽西、粤东柑橘产业带和鄂西、湘西柑橘产业带;"五点",即南丰蜜橘、闽南晚熟柑橘、云南特早熟柑橘、丹江库区北缘柑橘、柠檬基地等五个特色产业基地。这些柑橘产业的区域规划,都把晚熟柑橘作为重要转型方向。

从此,晚熟柑橘在中国开始从学术领域,进入生产领域和消费领域,成为市场新宠,引领中国开启了晚熟柑橘时代。目前,我国柑橘产量的早、中、晚熟比例大致为15%~20%、70%~75%、5%~10%,反映出晚熟柑橘的比例开始提高,中国柑橘的结构更趋合理化。

长寿果业的晚熟转型

从长寿果业的发展轨迹看,20世纪80年代是个分水岭。从清末民初到80年代之前,长寿果业主要由广柑、红橘、长寿沙田柚三分天下,各呈其美。80年代之后,长寿沙田柚规模扩大,广柑、红橘面积减少,而此前引种的夏橙悄然崛起于长寿湖畔,长寿逐渐成为全国最大夏橙生产基地,长寿沙田柚和长寿夏橙,被誉为长寿水果产业中的双子星座,让长寿成功跻身全国柑橘11个重点县行列。21世纪初,夏橙面积开始缩小,而晚熟柑橘却异军突起,名声大振,几乎转眼之间,长寿成了全国最大晚熟柑橘基地并名扬海内外,成为中国果业一道亮丽的风景而广受瞩目。

晚熟柑橘在长寿的快速发展，是长寿果业的一次成功转型。

从晚熟柑橘在中国的种植历史考察，长寿果业向晚熟柑橘转型，似乎带有某种"先知先觉"。因为，长寿的晚熟柑橘，并不是起源于晚熟柑橘在全国范围内普遍受到重视的背景之下，而是起源于晚熟柑橘完全不被常人知晓的特殊年代，这个转型的起点，就是夏橙的引种。

夏橙，是长寿晚熟柑橘之母。长寿晚熟柑橘的成功，与长寿成功种植夏橙有着渊源关系，因为夏橙本身就是晚熟柑橘的重要品种。

长寿夏橙于1972年从中国农业科学院柑橘研究所引进，随后又引进多个优良品种，种植面积不断扩大，果品品质不断提升，既内销，又出口，长期以来受到市场追捧，持续畅销了很多年。到1999年，长寿夏橙已经发展到2万亩，产果1.4万吨，但与丰收相伴的却并非畅销，而是卖果难。虽然通过行政促销手段，当年的夏橙基本售完，但却错过了夏橙的最佳销售时间，因而销售价格大降，农民收入大打折扣。其实，1999年的夏橙销售危机，只是夏橙产业走下坡路的初始信号。此后，夏橙的命运，辉煌不再，持续迭荡，下行趋势已经难以阻挡。到了2012年，长寿夏橙的滞销终于全面爆发，跌价严重，问津者寡，很多成熟的果实被迫腐烂于树上。

面对夏橙的式微态势，长寿的决策者们并没有惊慌失措，更没有束手待毙。原来，在长寿夏橙快速发展的同时，世界果业结构正在进行大调整，特别是中国加入WTO后，国际与国内两个市场开始连成一体，中国果业结构也随之进行重大变革。国外优质水果进口，国内新兴水果问市，刺激人们的消费欲望，开始成为市场新宠。反观长寿夏橙，品质缺陷日益明显，竞争劣势一目了然。经过40多年的引种，长寿夏橙品种严重老化，品质良莠不齐，干、酸、小现象严重，水分不足，出汁率低，病虫害较多，外观极差，没有卖相，不仅鲜销受阻，加工果汁也受到影响。经过科学分析，人们得出结论：夏橙滞销，具有必然趋势；夏橙滞销，看似坏事，实是好事，长寿可以另辟蹊径，走出新路。

夏橙滞销，让长寿人可以较早地思考长寿果业的出路，尤其是增强了长寿人调整果业结构的紧迫性。2002年，在重庆市提出百万吨优质柑橘产业工程规划后，长寿提出在5年时间内发展柑橘达到35万亩，并且把发展晚熟

柑橘作为调整柑橘结构的重要方向。在政府的号召下,农民的积极性被彻底地调动起来,长寿地区立刻掀起了柑橘种植的新一轮高潮,走上了调优结构、转型升级之路。

如果说夏橙引种是长寿晚熟柑橘的起始点,那么夏橙滞销则是长寿晚熟柑橘的崛起点。长寿晚熟柑橘,其实就是长寿果业应对夏橙滞销的一个成果。值得一提的是,夏橙在长寿的成功种植,让长寿人滋养了发展晚熟柑橘的意识,积累了发展晚熟柑橘的经验,这是长寿晚熟柑橘快速崛起的一个重要因素。

2003年,W.默科特开始由重庆恒河农业公司引进长寿,这是具有国际影响的晚熟优势杂柑,这是长寿晚熟柑橘产业起步的标志。2004年8月,澳门恒河农业公司在长寿发展鲜销柑橘基地6万亩项目正式启动。目前,长寿W.默科特杂柑种植面积达5.7万亩,成为中国最大的杂柑集中种植基地。在引进W.默科特杂柑之后,长寿又先后引进了鲍威尔脐橙、班菲尔脐橙等晚熟脐橙品种。

而对于滞销已久的夏橙,长寿则果断采取了"壮士断腕"的应急策略——换种。从2000年开始,引种蜜奈夏橙,很快获得成功,受到市场好评。

塔罗科血橙新系,是长寿晚熟柑橘的重要品种。这个品种的推广,采取了两条腿走路的方式:除了直接栽植幼苗外,更多的是夏橙高位换种。2012年夏橙大滞销后,长寿夏橙高位换接塔罗科血橙新系开始大规模实施。不到两年时间,长寿夏橙换种塔罗科血橙新系约2万亩。目前,长寿塔罗科血橙新系种植达3.15万亩,投产面积近1万亩,受到市场热捧。

长寿的晚熟柑橘产业,之所以快速发展,一个重要因素,是注重产业规划。2007年11月,精心编制的《重庆市长寿区柑橘产业发展规划(2008—2012)》正式发布实施。这个规划,以国家农业部《柑橘优势区域发展规划》、国家三峡建设委员会办公室与农业部《三峡库区柑橘产业开发规划》、《重庆市百万吨优质柑橘产业化工程规划》及《沪蓉高速沿线长垫忠柑橘观光示范走廊规划》为依据,通过对市场的分析,结合本地柑橘发展的优劣势,在规划柑橘新基地建设上,强调以鲜销品种为主,适当兼顾加工,以晚熟柑橘为重

现代农业园区的橘子熟啦

点。规划提出2008—2012年期间，新建柑橘标准化基地13.8万亩，其中早熟品种2万亩，沙田柚0.5万亩，晚熟品种11.3万亩。晚熟优质柑橘基地11.3万亩，规划在长垫路、渝宜高速公路及合兴至长寿湖旅游路两侧的葛兰、石堰、云台、海棠、龙河、双龙、新市等七个镇。品种选择主要为W.默科特、塔罗科血橙等，并提出了一系列保障实施措施。

2009年，长寿区政府联合西南大学编制了《重庆市长寿区现代农业种植园区总体规划》，其中专门制订了《晚熟柑橘产业发展规划》，强调不与"两湖"抢早，不同赣南争中，不搞同质竞争，充分利用自身优势，重点发展晚熟柑橘。规划在长寿现代农业种植园区内发展晚熟柑橘基地4.5万亩，其中高标准晚熟柑橘园2.5万亩，拓展示范基地晚熟柑橘2万亩。高标准晚熟柑橘园，布局在龙河镇和双龙镇的合兴、四坪、河堰、保合和天堂村。拓展示范基地晚熟柑橘园，布局在双龙镇、龙河镇和长寿湖镇。品种选择W.默科特杂柑和鲍威尔、班菲尔、切斯列特等晚熟脐橙。同时，这个规划强调农业与旅游融合理念，提出在合兴—长寿湖公路沿线适宜柑橘生长的区域，高标准建设晚熟柑橘基地果园，建成晚熟柑橘生态观光采摘带。

长寿晚熟柑橘的成功发展，与长寿适宜发展晚熟柑橘产业的四大优势关系极大。

气候优势。长寿属于中亚热带湿润季风气候，四季分明，气候温和，冬暖春早，初夏多雨，盛夏炎热多伏夏，秋季多连绵阴雨，无霜期长，温差大，多雾

少日照。常年平均气温17.6℃,最高20.4℃,最低16.7℃,绝大多数年份极端高温38℃,极端低温0℃。常年平均降水量1162.7毫米,平均相对湿度80%左右,常年平均无霜期360天,适宜柑橘生长。特别是受境内长寿湖、大洪湖和长江等大水体的影响,冬暖夏凉,春季气温回升与冬季降温缓慢的小区气候特点明显,最适宜晚熟柑橘种植。

品种优势。在翌年4月至5月成熟上市的长寿夏橙,因长寿区气候独特,果实内质优于国内外同类果品,曾获国家农业部绿色食品认证,目前居国内现有三大夏橙基地之首。2003年,重庆恒河果业有限公司从澳大利亚引进的W.默科特杂柑和鲍威尔与班菲尔晚熟脐橙,丰产性好,品质优良,得到国内外专家一致好评。塔罗科血橙新系,因其高产优质的特性,曾被评为重庆市优质农产品,特别受市场欢迎。经过多年栽培,晚熟柑橘在长寿表现良好,特色明显,"人无我有",以晚取胜,在1月至5月抢占国内外市场。

技术优势。重庆市在柑橘苗木繁育、果园建设、集约化经营、采后处理和果品深加工等方面的综合水平处于国内领先水平,达到世界先进水平,有全国柑橘"规模看赣南,技术看重庆"的美誉。作为重庆柑橘主产区的长寿区,与中国农业科学院柑橘研究所、西南大学和重庆市果树研究所等市内外科研院校的柑橘专家,建立了广泛而紧密的联系,及时引进新品种、新技术,并高起点、高标准、高水平建设晚熟柑橘种植园。目前,全区已建成年产50万株苗木的现代化无病毒柑橘良种繁育场、年加工能力达5万吨的果蔬加工厂及数条柑橘采后商品化处理线。

市场优势。纵观全国柑橘市场,2月份以后市场上柑橘鲜果量少价高,特别是到了5月份以后,高档柑橘鲜果市场基本被进口产品占领,价格居高不下,售价在20元/公斤左右。长寿区晚熟柑橘中,夏橙4月至6月成熟,果园售价2.8～3.2元/公斤,较早、中熟品种售价高出1.2元/公斤。2007年开始,长寿的晚熟柑橘品种塔罗科血橙、W.默科特杂柑等开始挂果,每年1月至4月采收供应市场,果园售价达6～10元/公斤,较早、中熟品种售价高4.8～8元/公斤,且供不应求。特别是产品大量出口,开始抢占国际市场,为长寿晚熟柑橘赢得了国际声誉。

园区化的基地建设

园区化,是现代农业的主要模式,普遍流行于发达国家。长寿晚熟柑橘的迅速发展壮大,一个重要原因,就是实行了园区化的管理模式。现代农业园区,既是长寿晚熟柑橘的重要载体,也是长寿晚熟柑橘的成功法宝。

而今,长寿已成为国内最大的晚熟柑橘集中种植区和全国最大的标准化晚熟柑橘基地,晚熟柑橘种植面积达25万亩,年产鲜果20万吨,年产值5亿元以上,辐射带动近20万果农受益。

作为长寿晚熟柑橘基地的载体,长寿区现代农业园区,也已经获得多项殊荣:2011年,被评为全国首批"国家级农业产业化示范基地";2014年,被国家农业部命名为"全国晚熟柑橘科技集成示范基地";2016年,被国家科技部批准为"国家农业科技园区"。

2003年,长寿提出了打造"三地一中心"(重庆工业高地、现代农业基地、休闲旅游胜地和区域物流中心)的战略目标。打造现代农业基地,成为农业发展的目标定位。围绕打造现代农业基地,积极探索,逐渐走上了建立现代农业园区的路子。

柑橘是长寿的传统优势产业,沙田柚、夏橙是长寿颇有影响的品牌产品。晚熟柑橘,更是长寿柑橘的转型方向。基于此,要打造现代农业基地,晚熟柑橘产业自然而然成为一个重要选项。而寻找现代化的农业企业,合作建立现代农业基地,更成为长寿晚熟柑橘产业发展的重要路径。

2003年12月5日,重庆市恒河农业科技有限公司(简称恒河公司)成功进驻长寿。这是一家由澳门恒河集团投资,经市外经贸委、市工商行政管理局批准成立的农业开发公司,注册资本金3000万元,主要从事柑橘和其他果蔬产品的引进、研究、种植、加工和销售。根据与长寿签署的合作协议,该公司计划在长寿区发展6万亩以W.默科特杂柑为重点的优质晚熟鲜销柑橘基地,并建设一座每年10万吨果品采后商品化处理厂,产品绝大部分出口东南

恒河农业园区

亚和中东地区。企业采取公司+基地+农户或公司+专业合作组织+农户的产销结合方式开展生产经营活动,为基地农民供种苗、技术培训,负责产品销售服务。

2004年8月,恒河公司6万亩优质晚熟鲜销柑橘基地项目在合兴乡(今龙河镇)正式启动。在与一家一户农民进行土地流转时,却困难重重,结果公司只得插花式地流转了600多亩土地,用于发展晚熟柑橘,而不得不把投资重点转移到了其他区县。

从2005年开始,长寿以龙河、双龙两镇为核心,围绕长寿湖周边大力发展晚熟柑橘鲜销产业,采取组建专业合作社和引进业主发包种植两种方式,实施效果均不理想。因为专业合作社规模不大,产销脱节,且先进的种植技术、管理技术推广较慢,标准化程度不高,产品品质提升迟缓,而引进的农业企业又往往对基础设施要求较高,当地政府很难适应。

这些问题既是长寿晚熟柑橘产业遇到的瓶颈,也是中国传统农业的"通病"。长寿晚熟柑橘要快速崛起,必须来一次深刻的变革。

经过几年的逐渐摸索和经验总结,为改变传统农业的"先天不足",从2009年起,长寿区提出引进"园区模式",建设现代农业基地,即借鉴工业园区的发展经验,将发展工业的模式"复制"到农业中来,由政府斥巨资建设、完善农业园区的道路、供水、供电等公共基础设施和服务。同时,出台了当时重庆市最为优惠的补助政策,鼓励社会资本入园创业,并帮助企业协调农民关系,确保成功流转土地。

2010年5月,建设总面积50余平方公里的长寿区现代农业园区正式启动,随之建立起"布局区域化、投入多元化、产业链条化、生产标准化、产品品牌化、服务社区化"的园区模式,大力发展晚熟柑橘,并大力对外招商引资。

园区实行"六化"后,外来企业不再需要跑部门、办手续,不再需要进行土地整治、基础设施建设,一入场就栽植果苗。正是由于农业园区完善的前期建设和产业配套,缩短了外来企业的投产周期,很大程度上刺激了企业投资的积极性。

在实施"六化"的同时,长寿区还以市场化运作模式,专门成立了农村投资发展有限公司,对农业园区等农业项目进行投融资,加速了长寿现代农业摆脱基础设施建设的难题。园区成立不到两年,先后投入数千万元用于基础设施建设,建成了双向四车道宽8米的沥青路面环形干道10多公里,建成10多个骨干水系项目和10座变压器,投资规模超过过去总和的两倍。

政策的倾斜、设施的完善,一举解决了以往专业合作社实力弱难做大,以及业主投资面临土地、基础设施瓶颈等问题,让园区的招商引资形势迅速"逆转",成为一个"香饽饽",从难招商、招不到大商,变成了大商、强商主动"抛绣球"。

园区自建立以来,先后与近200家企业进行洽谈,因希望进入园区的企业数量太多,园区方面不得不提高"准入门槛":发展晚熟柑橘基地面积必须在500亩以上。对入园企业的资金及技术均有科学化的评估体系,入园企业不仅要求资金雄厚,还得拥有技术优势。

纵使如此,前来投资的客商仍然络绎不绝。截至2011年底,已有恒河、尚蔬坊等28家大型农业龙头企业落户晚熟柑橘园,总投资达6.16亿元,几年时间,就建成了晚熟柑橘基地4.5万亩。

一时间,现代农业企业,成了长寿晚熟柑橘基地的主角。

恒河公司虽然在长寿的种植规模不大，但却是长寿最早引进的具有跨国公司背景的农业企业，而且是长寿晚熟柑橘优良品种的重要引进者。其母体公司澳门恒河集团从1995年以来一直从事水果的国际贸易和加工业务，具有良好的国内外水果业商务关系。其上海分公司采用货到码头即时批发方式，利用已有的100多家分销商，每年批发销售进口水果4万多吨。1998年公司成立广州水果配套物流中心，配置完善的果品分级、打蜡和分选设备，具有果品药残检测和监测能力，面向全国520家分销商和广东省42家超市分店批发销售（包括世界商业巨头沃尔玛、麦德隆、家乐福和著名的好又多、百佳、吉之岛等超市连锁企业），每年柑橘和其他水果销售额达1.5亿元。2001年起，恒河公司利用广泛的国际水果商业网络关系、市场信息，从江西、广西、重庆奉节等地采购脐橙经商品化处理后出口，已开拓了东南亚、中东、香港等国家和地区市场，并成功打入了欧盟市场。

尚蔬坊果园基地

重庆尚蔬坊饮料食品有限公司，成立于2005年7月，坐落于长寿经济技术开发区晏家工业园区，是一个由社会投资团队创办的股份制民营企业，也是中国首家和唯一一家以蔬果汁为主要经营内容的农工贸一体化、产加销一条龙的农业产业化龙头企业。公司基础设施完备，包括大型榨汁浓缩车间、蔬果汁灌装车间、质量检验检测中心和长寿地区最大的低温冷冻库。公司除了在长寿湖边建有5000亩国际高标准果蔬示范园区外，还在长寿周边12个区县合作发展原料产业基地2.5万亩，惠及农民20万人。

重庆宗胜果品有限公司，2005年10月开始筹建，2006年2月底建成果园，公司股东509个，注册资本金360余万元。入股农户508户，入股土地514亩，评估价值250余万元，农民入现金股15万元，种植晚熟柑橘面积1300亩。

　　重庆民生农业开发有限公司,成立于2002年6月25日,从事柑橘种苗生产、销售等农业综合开发项目。育苗基地位于长寿湖和葛兰镇天台村,面积300亩,主要品种有特洛维塔、红肉脐橙、早金等。2003年,成为"重庆市百万吨优质柑橘深加工项目"定点育苗单位,为三峡库区提供大量的无病毒优质合格良种壮苗,取得良好的经济效益和社会效益。

　　重庆江山农业开发有限公司,成立于1999年4月,具有较强的科技创新能力和丰富的生产管理经验。现种植有夏橙、血脐、沙田柚、桃李等6000多亩,产品畅销全国10多个省市。

　　重庆市长寿区城郊农贸有限公司,是1998年由23个集体企业合并后改制组建的股份制农业开发公司。2002年10月,在石堰镇双滩村发展晚熟柑橘2000亩,主要种植夏橙、塔罗科血橙新系等优质晚熟柑橘品种。

　　在引进企业投资发展晚熟柑橘的同时,长寿特别重视基地建设的标准化。长寿现代农业园区成立伊始,就围绕生产、管理、验收三个关键环节,制定了一套标准化体系,即统一的生产、管理和验收标准,让晚熟柑橘在规范化、标准化轨道上发展。

　　尤其是规范化种植,让晚熟柑橘亩产值猛增10倍之多。从最初的种子开始,到后来的林间管理,一直到最后收获果实,都有相应的规范技术进行指导。随着标准化技术的推广应用,长寿晚熟柑橘彻底脱胎换骨,产量也由每亩600公斤上升到2000公斤,亩产值由1000元提高到1万元以上。园区周边的果农也纷纷效仿标准化管理栽植。长寿区标准化果园面积已达到15万

标准的基地建设

亩,占晚熟柑橘面积的一半。长寿一举成为世界一流、全国面积最大、标准化规模化程度最高的晚熟柑橘基地。

全力打造产业链,让小柑橘找到大市场。长寿现代农业园区启动不久,就非常注重晚熟柑橘产业链的整体打造,引进了大量的精深加工、冷链物流等大型企业,形成了从苗木繁育、基地生产、冷链运输、鲜果销售、果品加工等完整的产业链条,使晚熟柑橘产业焕发出了前所未有的活力。在柑橘园建设之前,长寿的柑橘基本就在重庆及周边地区销售,每年数万吨的产量,经常由于气候、市场等原因,出现滞销的情况,不仅种植者遭受了损失,对整个产业的发展也形成了冲击。按照园区模式建设柑橘园后,一方面,园区引进众多精深加工企业保障果品的销路,同时还引进冷链物流企业建设冻库,拉长晚熟柑橘的销售时间和销售半径。以2011年为例,长寿晚熟柑橘产量达12万吨,全部销售一空,其中出口就占重庆柑橘外销总量的45%,充分彰显了现代农业园区的魅力。

国内最大晚熟柑橘基地

在全国多个晚熟柑橘种植区中,重庆的地位可谓首屈一指。2006年和2008年,时任国务院总理温家宝视察重庆时,对晚熟柑橘产业带动三峡库区农民致富和解决农民工就业提出了明确要求,并嘱咐重庆市领导:"我期待着3年后重庆顺利举办全国独有的'5月脐橙节'。"同时,温家宝还两次为重庆柑橘产业发展作出重要指示,责成国家相关部委要加强对重庆柑橘产业发展的支持。2009年,国务院出台《关于推进重庆统筹城乡改革的发展意见》,进一步明确了"支持重庆柑橘产业发展,继续实施柑橘种苗直补"政策。同年2月,农业部又选择在重庆召开全国水果工作会议,农业部常务副部长危朝安站在全国高度,要求重庆坚持走晚熟柑橘产业发展之路,并在政府和资金方面扶持重庆发展晚熟柑橘产业。

重庆三峡库区地处国家"长江上中游柑橘优势产业带"的核心地带,是全

鸟瞰现代农业园区的果园基地

国唯一的柑橘无疫洁净区域，自然资源、生态条件得天独厚。尤其是冬无严寒和霜冻，无霜期长，适合各类柑橘生长，晚熟柑橘品种可以安全越冬。中国工程院院士、华中农业大学校长、全国柑橘首席专家邓秀新寄语重庆，要抓住得天独厚的自然优势，加大投入和人才培养力度，打造中国最好的晚熟柑橘生产带，成为全国乃至亚洲最大的优质晚熟柑橘基地。

围绕全国乃至亚洲最大优质晚熟柑橘基地的发展目标，从2011年起，重庆市调整了柑橘产业的发展计划，要求经过几年的发展，全市柑橘种植总面积达到300万亩，其中晚熟柑橘为100万亩。

重庆市柑橘种植主要分布在长寿、奉节、万州等长江沿线区县，到2011年，全市柑橘种植面积达216万亩，其中，晚熟柑橘种植面积达45万亩。

长寿，是国家唯一无公害柑橘产地。2011年，塔罗科血橙新系、W.默科特、夏橙、晚熟脐橙等晚熟柑橘品系种植面积已达15万亩，占重庆全市的1/3，年产量约21万吨，产值近10亿元，不仅是重庆市最大的晚熟柑橘种植基地，也是全国最大的晚熟柑橘种植基地。

长寿区从2011年开始，再次确定了晚熟柑橘发展的新目标，致力于打造环长寿湖50万亩标准化晚熟柑橘基地，目标是建设亚洲最大的晚熟柑橘生产基地。环长寿湖50万亩标准化晚熟柑橘基地建设项目，由长寿区与垫江县联合打造，主要区域布局在长寿境内，品种主要选择目前世界最先进的W.

默科特杂柑、鲍威尔脐橙等，种植方式采取业主负责制、农业专业合作社、农企合作等多种模式。项目于2011年2月19日在长寿区龙河镇保合村正式启动。

目前，长寿晚熟柑橘种植面积达25万亩，年产鲜果20万吨，年产值5亿元以上，辐射带动近20万果农受益，已经成为国内最大的晚熟柑橘集中种植区和全国最大的标准化晚熟柑橘基地，长寿在中国果业中的地位进一步得到凸显。

优良品种的引进

晚熟柑橘是一个庞大的家族。一个地方种植什么品种，要根据当地的自然地理特点和某一品种的植物特性作出选择。

长寿的晚熟柑橘基地，主要品种为长寿夏橙、塔罗科血橙新系、W.默科特、鲍威尔脐橙、班菲尔脐橙等。

长寿夏橙，是长寿晚熟柑橘的最早品种和优势产品。1972年最早从中国农科院柑橘研究所引进的是伏令夏橙，这个品种为长寿夏橙品牌的创立，奠定了坚实基础。20世纪80年代中叶，因为创建长寿湖夏橙基地，种植规模快速扩大，于是引进了福洛斯特、奥林达、卡特、康培尔等新品种。2000年开始，引进蜜奈夏橙，长寿夏橙的品质得以大幅提升。与此同时，长寿还培育出了长寿一号、长寿二号等新品种。2006年，长寿夏橙种植面积曾达7.3万亩，产量6.5万余吨，是当时中国面积最大、产量最高的夏橙生产基地。后来，长寿夏橙改换品种，压缩规模，现有面积5.1万亩，投产面积4.5万亩，产量4.83万吨，主要分布在长寿湖、云集、龙河、石堰、双龙5个街镇。

塔罗科血橙新系，是塔罗科血橙的升级品种。原产于意大利，果面橙红光滑，肉质细嫩化渣多汁，香气浓郁，无核，是当今意大利主栽的鲜食品种。1965年，我国首次从阿尔巴尼亚引入，1972年后，又再次从意大利、阿尔及利亚引入。经过十多年的比较选育，最终由中国农科院柑橘研究所培育出了塔罗科血橙的提升品种，就是集色、香、味三绝于一体的塔罗科血橙新系。1995年，该品种获第二届"中国农业博览会金奖"，这是血橙中的唯一金奖。1986年秋，塔罗科血橙引进到长寿县回龙乡大坪村和响塘村试种，并获得

塔罗科新系

成功，这是塔罗科血橙首次引种到长寿，1997年被评为重庆市优质农产品。1997年秋，长寿狮子滩镇紫竹村果农，将正在进行品种比较试验和区域适应性试验的塔罗科血橙新系引种到长寿，并开始培育种苗，为塔罗科血橙新系引种长寿之始。长寿现有塔罗科血橙3.15万亩，投产面积近1万亩，产量近2万吨，主要分布在石堰、龙河、长寿湖、云集、洪湖5个镇。

W.默科特，是世界著名的晚熟优质杂柑，由美国佛罗里达州迈阿密农业试验所育成，品种来源于摩洛哥。中国农业科学院柑橘研究所2001年通过"948"项目从美国加州布洛卡瓦苗圃引进脱毒接穗。该品种树体及长势中庸，果实扁平，皮薄、光滑、橙红色，易剥皮，肉质细嫩化渣。果实在种植单一品种地区少核，混栽情况下多核。果肉橙色、多汁，风味浓。果实成熟期为2月，但挂树性能好。由于该品种综合性状好，广泛种植于摩洛哥、南非、澳大利亚、美国及西班牙等国。2003年，W.默科特开始引进到长寿，种植表现丰产，品质极佳，单果重170～200克，成熟季节正是新春佳节。长寿现有W.默科特杂柑5.7万亩，投产面积1.2万亩，产量1.5万吨，主要分布在石堰、龙河、双龙、长寿湖、葛兰5个镇，是重庆市集中种植面积最大的地区，主要应对国内高端市场和出口外销市场。

鲍威尔脐橙与班菲尔脐橙，是脐橙的两大晚熟品种，皆于2002年由恒河公司获得专利授权，从澳大利亚引入长寿试种。鲍威尔脐橙，为20世纪80年代在澳大利亚华盛顿脐橙的芽变植株中选出的专利品种，并在新南威尔士州得到推广。该品种果实中大，扁球形至椭圆形或倒卵形，果脐突出不显著，基

部截形,顶端圆形,有印环。果皮平滑,油胞明显,中等密度。果实基部果肉枯水粒化程度较低,果汁中多,汁液黄色至橙色,果酸低,可溶性固形物含量高,无种子。尤其耐低温寒害能力比较强,越冬性好。12月下旬开始着色,次年3月至4月成熟,可挂树至次年5月采收,具有明显的晚熟特性,丰产性好。班菲尔脐橙,由华盛顿脐橙芽变,在长寿试种表现坐果率高,果实越冬性较好。其果形、果皮、果肉、果汁、果酸、可溶性固形物含量等,与鲍威尔脐橙相近。12月下旬开始着色,次年4月至5月成熟,采收期可延至6月,晚熟特性十分明显。

技术难关的突破

长寿的晚熟柑橘,无一不是从国外引进的品种。这些品种,如何适应当地的自然地理条件,从而确保品质和效益,会遇到很多技术难关。因此,对晚熟柑橘进行技术攻关,就成了长寿晚熟柑橘发展中绕不开的一个大事情。

技术人员检查受冻果子

如何确保安全过冬,是晚熟柑橘生产面临的突出问题。

近年来,长寿处于低洼谷地的晚熟柑橘,几乎连年遭受低温霜冻落果和枯水问题,经济效益大幅受挫,严重影响晚熟柑橘产业可持续发展。特别是2013年,由于冬季寒潮影响,晚熟柑橘大部分被冻坏而短收,果农损失惨重。

为此,长寿区气象部门

先后与重庆市气象科学研究所、中国农业科学院柑橘研究所等单位合作,开展晚熟柑橘园低温监测指标确定、低温实况监测及预报预警模型系统的研究。通过查阅文献、咨询专家、试验数据分析等方法,长寿区确立了低温监测指标;基于突发事件预警信息发布平台,开发晚熟柑橘园12个易受冻害点低温监测、预报、预警系统,并于2014年12月全面投入应用,检验效果好。

黄化低产,冬季落果,已经成为制约晚熟柑橘发展的瓶颈,以及晚熟柑橘技术攻关的重点。重庆市组织专家团队,对全市2000多个果园土壤营养状况化验后发现,柑橘越冬时掉果与土壤中的营养状况相关。为了更精准化掌握情况,专家们发明了"叶片营养诊断"方法。这好比从人体直接"抽血"化验,可以对营养状况进行综合的判断,因而更精确。运用这一方法,成功解决了长寿晚熟柑橘冬季大面积落果问题,同时还解决了晚熟柑橘的施肥问题,施肥量减少了70%左右。而施肥量的减少,又让晚熟柑橘的品质变得更好,为部分柑橘出口到欧盟、北美创造了良好条件。

如何科学合理地施肥,是晚熟柑橘生产中的又一技术问题。就像人的营养是有讲究的一样,晚熟柑橘的施肥,也是很有讲究的。由于施肥不当,长寿晚熟柑橘开始出现落果严重,坐果率减低,果实不饱满,形态欠佳等问题。从2010年起,长寿区推广了测土配方施肥技术。专家因地制宜,根据土壤特点,提出了套餐施肥方案。同时提醒种植户注意大年树施足花前、壮果、采后三次肥,并喷叶面肥补充营养;小年低产树要重视增加磷钾肥使用量,促发强壮枝梢,增强光合作用,提高品质。2016年2月25日,高产高效柑橘测土配方施肥试验示范观摩培训会在长寿召开,与会专家见证了使用配方肥晚熟柑橘在树形、产量、单果重量、果子颜色、抗逆性、落果程度、水分、口感等方面的差异性,对长寿晚熟柑橘的测土配方施肥技术给予了高度评价。

重视科技专家的作用,是长寿晚熟柑橘技术攻关的一个特点。除沙田柚专家大院外,长寿还建立了晚熟柑橘专家大院,着力建设优质晚熟柑橘试验基地2000亩,引进晚熟柑橘班菲尔、鲍威尔、W.默科特等新品种,进行晚熟柑橘栽培技术研究和冷链物流示范技术研究,基本形成"专家+企业+农户"的良好机制,使晚熟柑橘的品质、产值等得到进一步提升。长寿区农业部门

长寿晚熟柑橘展销馆现场

的专家,针对晚熟柑橘的特点,总结出"平衡营养,合理施肥;生草栽培,调控水分;防治病虫,提高果面光洁度;适时控花,合理挂果;实施保护性栽培;规范果实采摘"等技术要点。长寿区东源农业开发有限公司的专家,从"培肥园土;促花控冠,提高品质;病虫害安全防控;越冬防寒"等方面总结出了 W. 默科特的高效生产技术。

技术攻关,为长寿晚熟柑橘带来了好品质和好效益。2015年4月,长寿所产3.5万吨晚熟柑橘销售率达到90%。除国内市场外,还外销至俄罗斯、哈萨克斯坦等欧洲国家和泰国等东南亚国家。价格方面,晚熟柑橘售价最高达到6.6元/公斤,平均售价5.6元/公斤,比2014年同期高出近20%。长寿的晚熟柑橘为什么能够高价俏销市场?答案就是科技的力量。据专家介绍,长寿晚熟柑橘始终坚持走科技兴业之路,全程按有机食品标准组织生产,大量运用"四挂一喷"生态防控、测土配方施肥等技术,产出的柑橘果形饱满、味道纯正,因而深受市场青睐。科技魅力在长寿晚熟柑橘生产中的有效展示,为长寿的现代农业赢得了声誉。2014年12月23日,长寿现代农业园区被国家农业部命名为"全国晚熟柑橘科技集成示范基地",这是继2011年被评为全国首批"国家级农业产业化示范基地"后,又一项国家级殊荣。2016年1月,在国家科技部批复的第七批"国家农业科技园区"建设名单中,长寿现代农业园区榜上有名。2016年4月28日,重庆市晚熟柑橘产业技术体系学术交流暨2016年工作部署会在长寿区召开,作为国家级农业科技园区,长寿现代农业园区成了与会专家考察学习的样板。

品牌打造与市场营销

园区模式的构建,优良品种的引进,科技含量的提升,加上适宜柑橘发展的优越条件,成就了长寿晚熟柑橘的品质和特色,奠定了长寿作为中国最大晚熟柑橘基地的果业地位。然而,晚熟柑橘市场,竞争依然激烈,既有国内市场的竞争,更有国际市场的竞争,如果没有品牌观念,没有品牌策略,没有品牌影响力,就无法在激烈的市场竞争中立于不败之地。

基于这样的认识,长寿把晚熟柑橘的品牌打造,上升到整个产业的战略高度,高起点策划,大手笔运作,致力于打造长寿晚熟柑橘的亮丽名片,致力于提升长寿晚熟柑橘的品牌价值,为树立长寿晚熟柑橘的果业形象和市场地位,奠定了坚实的基础。

2011年2月19日,以"橙红正当时,晚橘分外香"为主题的首届"重庆晚熟柑橘节"在长寿湖畔举办。2008年,国务院总理温家宝视察重庆柑橘产业时的期待终于变成了现实。

中国(重庆)晚熟柑橘节

首届重庆晚熟柑橘节,之所以选择在长寿举办,是由长寿在晚熟柑橘产业中的地位决定的。重庆市晚熟柑橘种植主要分布在长寿、奉节、万州等长江沿线区县,种植面积达45万亩,而长寿就占15万亩,遥遥领先于其他区县。这届晚熟柑橘节期间,长寿晚熟柑橘基地暨环长寿湖50万亩晚熟柑橘景观带建设项目正式启动。通过这次活动,长寿在中国晚熟柑橘中的产业地位和市场形象,开始明晰起来。

在长寿举办首届"重庆晚熟柑橘节",只是长寿晚熟柑橘品牌打造的一次"热身训练",真正的大戏还在后头,那就是2012年的"中国(重庆)晚熟柑橘节"。首届"中国(重庆)晚熟柑橘节",是国家层面的晚熟柑橘节会活动,是中国晚熟柑橘产业的第一次集中亮相。

2012年2月14日,重庆市政府召开"2012年中国(重庆)晚熟柑橘节"新闻发布会,宣布2月25—26日在长寿举办"2012年中国(重庆)晚熟柑橘节暨中国柑橘年会"。这次活动中,全国有20多位柑橘业界的院士、专家,以及澳门企业团和国内大型果品经销商共计1000余人到长寿把脉中国晚熟柑橘产业发展。

2012年2月25日,"2012年中国(重庆)晚熟柑橘节"在长寿区盛大开幕。

这次盛大节会,以"绿化长江·四季橘香"为主题,由重庆市政府与中国柑橘学会联合主办,是中国晚熟柑橘业界的一次最高规格的活动,可谓群贤毕至,嘉宾云集。全国政协副主席何厚铧,全国政协港澳台侨委员会副主任杨崇汇,农业部副部长陈晓华,重庆市委常委、市政府常务副市长马正其,中央政府驻澳门联络办公室副主任徐泽,国务院三峡办党组成员张宝欣,重庆市人大常委会副主任郑洪,全国政协港澳台侨委员会副主任、澳门中华总商会

全国政协副主席何厚铧视察晚熟柑橘基地

会长马有礼,全国政协委员兼经济委员会副主任颜延龄,全国人大常委、中国工程院院士邓秀新,重庆市政协副主席于学信,澳门中华总商会副会长、南光集团董事长许开程,全国人大常委高开贤,澳门中华总商会副会长、澳门大丰银行董事长何厚镗,中国柑橘学会理事长周常勇,以及科技部、国家林业局、重庆市有关部门、长寿区的有关领导和美国、澳大利亚、韩国的柑橘专家,出席了开幕式。

开幕式由重庆市农委主任夏祖相主持,马正其、陈晓华、邓秀新等领导先后致辞,何厚铧宣布晚熟柑橘节正式开幕。

马正其强调,三峡重庆库区被誉为世界柑橘生产最适宜地区之一,柑橘是重庆最具潜力、最具优势、最具竞争力的传统特色产业,基本形成了集柑橘科技研发、苗木繁育、标准化生产、贮藏加工、市场营销于一体的完整产业链条。到"十二五"末,全市晚熟柑橘面积将达到150万亩,产量达到80万吨以上,到2017年基本建成亚洲最大的晚熟柑橘基地、全国最大的橙汁加工基地,把重庆柑橘打造成中国柑橘第一品牌。

2012年中国(重庆)晚熟柑橘节现场

陈晓华致辞,高度评价重庆市发展晚熟柑橘产业取得的成效,希望将重庆建设成为亚洲最大的晚熟柑橘生产基地、全国最大的橙汁加工基地,为全国柑橘产业发展作出贡献。

邓秀新院士致辞,肯定重庆是我国柑橘主产区,晚熟柑橘产业发展成绩喜人,促进了全国柑橘品质的大幅度提升和品种类型的多样化,期待重庆晚熟柑橘产业坚持走规模化发展道路,让柑橘树既能绿化长江、保护水源,又能帮助老百姓增收致富。

参加开幕式的还有600多名来自全国20多个省市的中国柑橘学会代表,70多家果品批发市场、配送中心、大型超市的代表,以及重庆柑橘主产区县的有关负责人。

在为期2天的节庆活动期间,还举办了晚熟柑橘营销对接洽谈、长寿湖晚熟柑橘景观带参观、重庆晚熟柑橘产品展示展销、优质柑橘评比及免费品尝等系列宣传促销活动。代表中国柑橘最高学术水准的2012中国柑橘学会年会也同时举行,全国柑橘业界专家济济一堂,共同把脉重庆晚熟柑橘产业发展。

这是中国晚熟柑橘的第一次全国性盛会。众多官员、专家、经销商与会,众多媒体的采访报道,让长寿晚熟柑橘的知名度大大提高。从此,长寿晚熟柑橘给人们留下了这样的深刻印象:中国最大的晚熟柑橘基地,在长寿;亚洲最大的晚熟柑橘基地,在长寿湖畔。

品牌的宣传营销,直接刺激了长寿晚熟柑橘的市场表现。

2014年1月6日,晚熟柑橘还挂在树上未成熟,就已被接踵而来的客商订走了大部分。农正农业发展公司产果500吨,来自上海市场的订单已达到

250吨。东源农业开发有限公司，一直注重开拓北方市场，而当今来自郑州、石家庄以及江浙一带的订单已达320吨，占总量的40%。据长寿区城乡统筹服务中心主任王涛透露，当时农业园区内的晚熟柑橘已有超过750吨签下销售订单，落实了买主。当年园区所产3万吨晚熟柑橘全部销出。其中有2万吨销往东南亚市场，1万吨销往北京、上海、郑州等地。

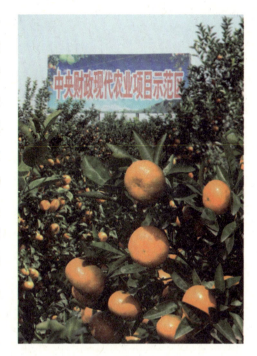

长寿晚熟柑橘之所以畅销，除了品质可靠外，与宣传营销关系极大。"在中国(重庆)晚熟柑橘节上挣下响亮名头"，这是长寿晚熟柑橘畅销的重要原因。此外，当年春节前，长寿柑橘量大质优的信息就在北京、上海等地传开，于是订单雪片般飞来。由于东南亚地处热带，对柑橘类水果需求量非常大，江西、浙江等地的客商获此信息，迅速进入长寿，将2万吨晚熟柑橘销到了东南亚。

令人不解的是，长寿晚熟柑橘的畅销，却给果园种植业主带来了意想不

晚熟柑橘节加工展区

到的"烦恼"。据农正农业发展公司董事长韩平介绍,2014年他的果园产果500吨。春节前,来自上海市场订单就达到250吨。春节一过,来自江西、湖北、浙江等地的客商蜂拥而来,一开口就是50吨以上,不到两周时间,500吨晚熟柑橘就销售得差不多了。正在这时,郑州客商张继财来到长寿,准备采购200吨晚熟柑橘。然而,张继财到了长寿才发现,晚熟柑橘早就有了买主。得知农正公司还有50吨柑橘准备拿到北京市场铺点,张继财立即找到韩平,经过连续几天的软磨硬泡,韩平终于答应把最后50吨柑橘卖给了他。

2015年,长寿晚熟柑橘又是一个畅销年。4月初,双龙镇天堂村的晚熟柑橘基地,成片的柑橘林里已很难再看到柑橘的踪影。据长寿区城乡统筹发展管理服务中心的信息,当年园区所产3.5万吨晚熟柑橘,已经销售90%,除国内市场外,还外销至俄罗斯、哈萨克斯坦等欧洲国家以及泰国等东南亚国家。长寿晚熟柑橘的畅销,与园区企业主动开拓市场关系极大,晚熟柑橘不仅卖到全国各地,还顺利打开了国外市场。据专家介绍,长寿晚熟柑橘在2月前后上市,这时俄罗斯、哈萨克斯坦、泰国等市场上新鲜水果比较缺乏,具有很大的市场空间。

第八章

梨花堆雪　金色玉质

梨子,是长寿果业传统产业的重要品种,是长寿柑橘类水果之外种植规模和果实产量最大的果品。长寿梨子的起源如何,栽培历史怎样,当前布局有何特点,生产技术上有何突破,果品的品系品种如何构成,这是研究长寿果业发展历史必须回答的问题。本章围绕这些问题,对长寿梨子的栽培历史进行梳理,对产业的现状进行描述,对技术突破作出解读,对品系品种作出介绍。

长寿梨子栽培简史

　　梨,是中国传统的水果品种。多年生落叶乔木果树,叶子卵形,花多白色,果子外皮多呈金黄色或暖黄色,果肉为通亮白色,鲜嫩多汁,口味甘甜。

　　中国人吃梨的历史十分久远。梨果鲜美,含有85%的水分,肉脆多汁,酸甜可口,风味芳

梨子

香优美,历来是中国人食用的重要水果,自古被尊为"百果之宗"。东汉时期就有"孔融让梨"的著名故事,宋代宰相丁谓有"寻芳尚忆琼为树,蠲渴因知玉

有浆"的诗句,更是对梨的清爽适口大加褒赏。

中国人对梨的重视,还因其药用价值。相传,唐朝初年的宰相魏徵曾经在中药中加入梨和糖,做成梨膏糖,为母亲治疗咳嗽。据《本草纲目》记载,梨性微寒味甘,有生津、润燥、清热、化痰的功效,经常食梨对滋阴、降压、保肝、助消化、减肥等大有裨益,还可以治疗感冒咳嗽、热病烦躁、便秘以及解酒毒等。据现代科学研究,梨子富含糖、蛋白质、脂肪、碳水化合物及多种维生素,对人体健康有重要作用。多吃梨的人远比不吃或少吃梨的人感冒概率要低,因而有科学家和医师把梨称为"全方位的健康水果"或"全科医生"。

中国是梨属植物的中心发源地之一,境内蕴藏着丰富的梨属植物资源。一般认为梨的原种,起源于我国西部或西南部的山区,现有的白梨、沙梨、秋子梨等品种,都原产于中国。至少4000年前,梨已经成为中国普遍栽培的果树。《史记·货殖列传》记载,"淮北、荥南、河济之间,千株梨其人与千户侯等也"。汉代的辛氏《三秦记》记载,"含消梨大如五升器,坠地则破,须以囊承取之。汉武帝尝种于上苑,此又梨之奇品也"。三国时期,魏文帝曹丕曾经下诏云:"真定御梨,大如拳,甘如蜜,脆如菱,可以解烦释。"由此可见中国梨子栽培历史之悠久。

那么,长寿从什么时候开始种植梨子呢?

长寿最早的县志明朝成化年间(1465—1487年)《重庆府志·长寿县志》,不见关于梨子的记载。而康熙五十三年(1714年)《长寿县志》卷六《方物果类》记载的水果有"桃、李、梅、黄柑、栗、梨、枇杷、橘"等八类水果,这是目前已知长寿本土文献第一次关于梨子的记载。

不过,这个记载,并不能反映长寿梨子的早期栽培历史。至少在唐朝时期,长寿就有梨子的栽培。元和四年(809年)春,著名诗人元稹以监察御史身份奉命出使剑南东川。元稹在《使东川·江花落》一诗中写道:"日暮嘉陵江水东,梨花万片逐江风。江花何处最肠断,半落江流半在空。"白居易在《酬和元九东川路诗十二首·江岸梨花》中写道:"梨花有思缘和叶,一树江头恼杀君。最似婵娟少年妇,白妆素袖碧纱裙。"可见,在嘉陵江东部一带,唐朝已经盛产梨子,白居易更有"白妆素袖碧纱裙"形容梨花如雪之美。

其实,长寿出产梨子,并非起始于唐朝。据专家研究,中国柑橘的最早起源地在西南山区,然后沿江东下,蔓延到华中、江南和华南。在柑橘由西南山区沿着长江向东南方向转移过程中,长寿留下了"枳"的名称。同理,梨子的最早起源地也在西南山区,也经历了沿江东下而后北上南下的过程。也就是说,长寿的地理位置,处于中国梨子的起源地与后来主要种植区的过渡地带,理所当然应该是梨子的早期种植区,其种植历史应该与整个中国梨子的种植历史同步。

自从康熙五十三年(1714年)《长寿县志》第一次记载梨子之后,长寿本土文献对梨子的记载就开始多了起来。

光绪元年(1875年)《长寿县志》卷二之《物产类》记载:"果如桃、李、杏、枣、梨、栗、葡萄、枇杷之类俱适口。"

而民国十七年(1928年)《长寿县志》卷八《物产果类》记载:"梨,青皮、早谷诸种,均粗涩,必桑树接过则结子早而佳,藏法隔以萝卜,盛以竹篓,可经久。"这是长寿本土文献关于长寿梨子栽培的第一次详细记载。当时,长寿梨子主要有青皮和早谷两个品种,可是品质粗涩,而如果嫁接于桑树之上,则结果时间早而且味道上佳,在储藏上,如果用萝卜间隔竹篓盛装,就可做到长时间保鲜。从这个记载看,民国时期,长寿对梨子的种植,已经达到相当水平。

民国时期,长寿梨子栽培还有一个突出特点,那就是果园化栽培的兴起。据民国十七年(1928年)《长寿县志》收录的《长寿果园调查记·李氏果园》记载,李其章(述文)创办于三洞沟的李家果园,栽培有"梨子,计一百株,系施南种。其成熟后色黄而汁细,味甘而永,目下试花者仅十余株,售价每斤值银一角"。从这个记载看,李其章果园栽种的梨子,不同于当时长寿流行的青皮和早谷,而是引种于施南(湖北恩施)的黄金梨,汁细味甘,市场售价不菲。除了三洞沟李家果园外,民国三十年(1941年),太平乡的任氏梨园,成为当时长寿县最为著名的梨子果园。

民国时期,长寿县政府对梨子的发展也非常重视。民国二十三年(1934年),当时的长寿县政府公布《县有林场五年计划书》,要求在民国二十四年(1935年)开办大规模苗圃,培育幼苗十万株,其中"梨,一千株"。

民国三十三年（1944年）《长寿县志》卷四《农桑之农家副业》记载："吾县土质，桃、李、杏、梨、花红、枇杷之属，随意栽植，无地不宜，春日怒华，夏秋熟实，不特点缀风景，撷之入市，并可获利。"可见，梨子是长寿果业中比较普及的一个品种。而同书卷十三《植物》之"果树类"，则对梨子有比较详细的记载：

> 黎，俗作梨。干高二三丈，叶作卵形，端尖，夏初开花，五瓣，色白，实为浆果，大而圆，至秋成熟，皮有细点，以产于直隶之河间、山东之莱阳者为最良。李时珍曰，上巳无风，结实必佳。故古语云，上巳有风，梨有蠹；中秋无月，蚌无胎。吾邑有青皮、黄皮两种，贮藏之法，盛竹篓，隔以萝卜，可经久。

民国三十八年（1949年），长寿已经引进了苍溪、昭通等地的梨子品种，全县产梨155吨，占水果总产量的7.6%。

新中国成立以后，梨子仍为长寿果业的重要品种，受到政府的重视和扶持。

1951年7月，川东园艺实验场涪陵分场筹备处《关于长寿县果树调查总结报告》记载，"梨，太平、罗围、石堰等地亦有栽培，生长尚好，有苍溪、叙府、昭通等品种"。1953年，长寿县有梨树8800余株，其中零星栽培近8300株，产果约160吨。1964年，长寿县引进苍溪梨树24万株。1965年，长寿县为国家收购梨子55吨。

1965年之后的十年间，由于受"文化大革命"冲击，长寿梨子的发展和整个果树产业一样，处于停滞状态。从20世纪70年代中叶开始，长寿以名优梨为重点的梨子产业发展，持续掀起高潮。

1974年，《关于长寿县"五五"期间果树生产初步规划的报告》，在谈到果类品种时强调，"应重点发展柑橘，特别是以锦橙为主的甜橙类和名品梨。同时注意早、中、晚熟品种的搭配，做到四季水果常新"。正是因为强调名品梨的大发展，1975年，长寿县引进四川苍溪梨、山东莱阳梨苗25万余株，在石堰、葛兰、云集区栽培苍溪梨，其他地区栽培莱阳梨。1976年，又从山东莱阳引进莱阳梨苗20余万株，除大堡、沙溪、晏家、邻封未栽培外，其余各公社均有栽培，其中幸福山公社栽植1万株，葛兰区栽植近6.2万株。

1978年10月16日，中共长寿县委发出《关于大力发展多种经营的意见》，要求全面规划，统筹安排，努力提高单产，确定了全县柑橘基地、名产梨基地、蚕桑基地、甘蔗基地、油橄榄基地、茶叶基地布局。可见，名产梨发展，是长寿果业的一个重要方向。1978—1980年，又先后从九龙坡区花溪公社、井口农场、江北农场以及贵州引进4万余枝穗条，涉及品种达11个之多，其中有长十郎、吾妻锦、二十世纪、博多青等早熟品种，主要在石堰、葛兰、云集、洪湖等地嫁接，大多种于深丘低山脊部，空气相对适度较小、气候干燥的地方，因而生长好、结果早、产量高。这批梨树1982年试花投产，1984年最高单株产梨95斤。据测定，可溶性固形物含量一般为12%～14%，最高达16.5%，果甜味浓，汁多，石细胞少，品质好。

1985年，长寿县梨子果园面积发展到855亩，有梨树6.9万株。另有零星种植梨树15万株，其中结果树2.55万株，当年产果244吨。

长寿西山梨子基地

20世纪90年代，长寿又引进新品种黄花梨、翠冠梨、金花梨、丰水梨等，其适应性较强，品质较好，主要栽种在海棠、云台、石堰、葛兰、洪湖等镇，其他各地亦有零星栽植。

长寿县撤县设区后，区委、区政府提出建设"三地一中心"的战略目标，其中之一是要将长寿区打造成现代农业基地，而果业，正是建立现代农业基地的重要支柱。基于这样的时代背景，梨子在长寿获得了长足发展。

2005年，长寿区梨子栽培面积达到1.97万亩，总株数118万株，结果树71万株，年产量约4500吨，比1949年增长28倍，比1985年增长17.4倍，占全区水果栽植面积的8.5%，水果总产量的6%，其面积和产量均居全区水果生产第四位；2007年，总产量达到5200吨；2012年，增产到7000吨；2015年，栽培面积增至2.1万亩，总株数增至123万株，结果树达到75万株，产量猛增到1.5万吨；2016年，长寿区的梨子在栽培面积和总株数不变的前提下，结果树增至80万株，产量达到1.61万吨。

纵观长寿果业版图，除了沙田柚、夏橙、广柑、红橘、脐橙、血橙、晚熟柑橘等柑橘类优势品种外，梨子，无疑是一个不可忽视的重要果品。

长寿梨子分布版图

民国时期，梨子在长寿的传统栽培区域，主要是义和、大坝、海棠、石堰、云台、太平、云集、华中等地，其中太平的梨子颇有名气。早年的栽植品种有青皮梨、猪嘴巴梨等古老地方品种，后来引种了早谷梨、叙府梨、麻团梨、水冬瓜梨等。

新中国成立以后，长寿的梨子，承袭原有的种植习惯，不断扩大规模，种植区域主要集中于低山地带。长寿的地形地貌，长江之南，主要为五堡山和江边丘陵；长江以北，主要为"三山两槽"地貌，即由东向西，分别为黄草山、明月山和铜锣山，而三山之间，呈现出东北向西南走向的两大槽地。从梨子的地域分布来看，主要就集中于黄草山、明月山和铜锣山海拔500～800米之间的低山区地带。

长江以南的五堡山和江边丘陵,原来叫江南区,历史上曾经设置有扇沱、千佛、大堡三个乡,撤区并乡后合并为江南镇,重钢环保搬迁到江南后更名为江南街道。

翠冠梨

江南之地,有低山,有丘陵,本是梨子种植的适宜区。不过,江南的梨子种植面积并不算大,集中种植和零星种植合起来,不过100余亩。五堡村的张玉全,自家果园种植有黄花梨40~50亩,是江南街道最大的种梨大户。

黄草山的低山地带及其附近丘陵,是长寿梨子的重要种植区域,涉及到但渡、邻封、长寿湖、云集等四个镇。

但渡镇,梨子栽培面积约800亩,集中种植约500亩,零星种植约300亩,没有挂果的约100余亩。从20世纪90年代开始,但渡镇在黄草山大面积栽植梨树,现已形成楠木院村、升高村2个主要产区,总面积500余亩,主要有唐家辉、罗建林、王明友等农户的果园,年产量500吨,年产值约450万元。但渡镇的梨子,主要品种为翠冠梨,因梨子品质高,每年的销售都供不应求,已经形成"黄草山翠冠梨"品牌。同时,但渡镇政府鼓励梨树种植与乡村旅游相结合,形成了观花、品果、采摘与农家乐相结合的旅游产业模式。

邻封镇,是长寿沙田柚的核心种植区,梨子虽非果业发展重点,但也有一些种植。全镇梨子栽培大约1000亩,集中种植400亩,零星种植600亩。主要品种是黄花梨,其次为翠冠梨。邻封镇梨子的集中种植区主要是汪塔村,约400亩,其中汪塔村5组的江伟,有30亩的梨园种植翠冠梨。

长寿湖镇,包括原来狮子滩镇、回龙乡、石回乡、云集乡和双龙乡的部分村,是长寿夏橙、晚熟柑橘的核心栽培区,梨子不是产业重点。位于原云集乡玉华山凉风垭的茶场,原有梨树200亩,因个头偏小,品质不好,后来改种了

塔罗科血橙。属于原云集乡的大石村,现有梨树几十亩,是长寿湖镇梨子的集中种植区。

云集镇,包括原来的华中乡和飞龙乡,曾经是长寿梨子的早期种植区域,现在是夏橙和晚熟柑橘的核心产区。全镇梨子种植面积大约500亩,其中成片种植200余亩,零星种植约300亩。云集镇梨子的集中种植区域是飞龙村,面积约300亩,其中飞龙村7组的蓝启和,果园栽培梨子150亩,品种为翠冠梨,品质很好,供不应求,优质产品售价高达20元/公斤,普通产品6元/公斤。同村的张廷友,果园栽培梨子50余亩,也很受市场欢迎。此外,飞龙村零星种植的梨子,大约100多亩。

明月山的低山地带及其附近丘陵,是长寿梨子的又一个重要种植区域,涉及晏家、八颗、凤城、菩提、葛兰、石堰、云台、海棠等八个街镇。

晏家街道,梨子主要是房前屋后的零星栽培,且以自食为主。20世纪90年代,金龙村出现少量种植梨子的果园,面积约200亩,但现在已被长寿经开区征地拆迁,果园不复存在。

八颗街道,梨子栽培面积约200亩,主要品种有六月雪和黄金梨,主要在长寿范围内销售。其中,傅家鹰栽种梨子多年,种植规模较大,一直是当地的科技示范户。

凤城街道,其管辖范围,既涉及黄草山余脉,又涉及明月山余脉。原古佛乡过滩村4组、6组,现有梨子种植面积107亩,品种为2000年引种的六月雪,现正式取名为"牛心山六月雪梨"。进入盛产期以来,亩产2000~2500公斤,年产量约50吨,市场最高价达20元/公斤。

菩提街道,包括原凤城街道和渡舟街道的部分村,其中原属于渡舟乡的田坝村,后来划入菩提街道的菩提村,有梨树约80亩。

葛兰镇,曾经是长寿梨子的著名种植区域,不过目前规模只有100多亩。盐井村的王发明,在葡萄园里间种了几十亩梨子,是葛兰最大的种梨大户。大坝山上曾经有大片梨树,由于品种老化,经济价值不高,已经改种其他果树。

石堰镇,梨子种植面积约2000亩,其中集中种植约500亩,零星种植约

1500亩。集中种植梨子的,主要是张培银的华燕家庭农场,韦金华的人头山家庭农场和高德全的麒麟寺果园。特别是麒麟寺果园,100余亩梨树矗立在半山腰,大小不一的梨子把梨树压弯了腰,香甜的气息扑鼻而来。果园主产翠冠梨,脆甜可口,汁多化渣,销售形势一直很好,2016年6月底即开始销售,销售已达20多万元。

云台镇,梨子栽培面积约1000亩,其中果园化规模栽培500亩,农户零星种植500多亩。2003年,落户于桥坝村周家祠的重庆五丰农业开发有限公司,培育优质梨苗20万株,年产梨子100吨。五华山的雷泰然果园,种植梨子规模较大。

海棠镇,是长寿历史上的梨子栽培区域,目前栽培面积约1000亩,其中集中种植约600亩,主要分布于明月山上的小河村,其余400余亩为零星种植。

明月山的西侧和铜锣山东麓之低山与大洪湖周边丘陵地带,是长寿梨子的重要种植区域,主要涉及洪湖、万顺两个镇。

洪湖镇,包括原洪湖乡、芦池乡、称沱镇的范围,是长寿梨子的主产区。种植面积8000余亩,约占全区梨子种植面积2.1万亩的40%,集中种植在明月山西侧600米以上的低山地区。1995年,洪湖镇果技员程光全带头承包200亩荒山,种植黄花梨,第二年试花投产,因早熟,品质优良,市场售价高,每公斤卖到4～6元,带动了洪湖梨子产业的大发展。1996—2000年之间,其他10余户业主承包荒山4000亩种植黄花梨,都取得了较好的收益,每亩产值高达3000元以上。由于重庆市黄花梨发展迅猛,面积达100万亩,市场竞争激烈,而黄花梨成熟期又正值高温季节,贮藏性差,种植效益下降,于是,从2005年起,洪湖镇又大量引种翠冠梨,大受市场青睐,每公斤卖到6～8元;2010年以后,不少业主又将黄花梨高位换接成翠冠梨,效益良好。

洪湖镇的梨子种植,主要分布在表耳村、凤凰村、码头村和三合村,其他村梨子种植比较零散。特别是表耳村,位于明月山西侧大洪湖畔,幅员6.4平方公里,特色产业以翠冠梨、黄花梨最为出名,果园面积3500余亩,年产2000吨,全村以"村委+专业合作社+微型企业"的发展模式,促进村内微企抱团发

洪湖梨园

展，目前发展微型企业33户，注册资金400余万元，从业人员近200人。

洪湖镇的梨子，除了黄花梨、翠冠梨，还有喜水梨、丰水梨、苍溪雪梨、酥梨，共八个品种，其中，黄花梨是洪湖产量最高、声誉最好的品种；翠冠梨引进最为成功，对外销售形势最好；苍溪雪梨和酥梨都是晚熟品种，是化渣率最低的品种。黄花梨、翠冠梨主要在重庆、省外等地销售，而苍溪雪梨、丰水梨、酥梨等品种主要在洪湖、长寿、邻水等地就近销售。

洪湖镇把梨子作为全镇的主导产业，镇政府对梨子生产给予大力扶持，对全镇范围内成片种植梨子的农业公司、专业合作社、家庭农场、农业微型企业、种养殖大户等，以申报项目的形式，向上级争取农业补助资金，支持果农建设梨园，收到良好效果。镇农业服务中心，每年以发展科技示范户的农技推广项目，联系指导种植梨子的农业种植大户，通过技术指导和项目经费，给予果农实实在在的支持。

洪湖镇梨子产业最有影响的事件是举办梨花节。洪湖镇的梨子基地，大多地处大山深处，如何才能将梨子卖出，是一个紧迫的现实问题。于是，该镇决定举办梨花节，以花为媒，借助"眼球效应"，让更多的人了解洪湖的梨子品牌，从而把资源优势转化为竞争优势。在镇政府的主导和支持下，经营表耳村梨园的长寿茂益农业有限公司,自2011年春天起,已经连续举办了五届梨花节,不仅大大提高了洪湖梨子的知名度和美誉度,还成为长寿区春季旅游的亮丽名片。表耳村的种梨大户吴从礼表示,通过梨花节,他每年都能接到订单,重庆的几家大公司还专程上山买梨,自家的梨子竟然比往年提前半个月售完。

相对于洪湖镇梨子产业的显著优势,毗邻的万顺镇则是另外一番风景,全镇以纽荷尔脐橙为主导产业,而梨子仅有100余亩。

考察长寿梨子的种植版图,会发现一个现象:随着时代的变迁,长寿梨子的种植区域已经发生变化。洪湖镇,历史上并非梨子的主产区,而今却成了长寿梨子产业的核心产区。渡舟街道所属的原太平乡,曾经是长寿最为著名的梨子之乡,而今却风光不再,民国时期赫赫有名的任家梨园,已经无人知晓,现有的梨子,已经不成规模,只有一些零星种植。整个渡舟街道范围,梨子种植面积也不过区区300余亩。

洪湖梨花节

矮化密植丰产技术

回顾长寿梨子产业的发展,可以清晰看到其巨变的轨迹。1949年,长寿梨子总产量不过155吨,而2016年,长寿梨子总产量高达1.6万余吨,两者相较,增长了近104倍。

这个巨变的发生,除了种植规模的扩大,优良品种的引进外,还有一个重要因素,那就是栽培技术的革命。梨树矮化密植丰产栽培技术,就是梨子栽培技术革命最为突出的成果。

梨子的矮化密植丰产栽培技术,起始于欧洲。1917年,英国报道矮砧对苹果生产和结果的促进作用后,引起了世界各国的重视,由此引发了对矮化密植栽培技术的研究。第二次世界大战前后,美欧各国掀起了矮化密植的热潮,美国、加拿大等国,开展矮化密植研究,取得了良好效果。尤其是法国,因为矮化密植技术的应用,很快从苹果进口国变成了苹果出口国。随后,德国新栽培果树全部实现矮化密植,意大利、法国、保加利亚、苏联等国家有的矮化密植发展非常迅速。

矮化密植栽培技术,能够使果树做到早产、丰产、稳产、优质,因而受到世界各种果业界的认可和追捧。苏联克里米亚果树站的西洋梨密植园,栽后第三年亩产1075公斤,第十年亩产高达8966公斤,产量之高,令人难以置信。

矮化密植梨树之所以能够增产、增质,主要是基于几点:一是充分利用了空间和土地,提高了单位面积的果树覆盖率,为提高产量提供了前提和保障。二是由于树冠体积小,受光面积大,树冠内光照条件好,有利于光合作用的进行,光合作用效率高。三是矮化梨树光合作用较强,光合产物在体内的分配有利于果实的形成,制造的干物质产量40%用于果实形成,60%用于器官建造、脱落与呼吸消耗等。

中国是世界果树生产性矮化密植最早的国家,比欧洲苹果生产性矮化密植早600多年。近几十年来,我国在苹果矮化密植方面取得了长足进步,苹果矮化砧运用系列已通过鉴定，并提出了我国主栽苹果与相应矮化砧的适宜组合。而梨子的矮化密植，与苹果相比虽有很大差距，但也取得了不少成绩。特别是20世纪70年代以来，我国有志于

果农在给梨子套袋

梨树矮化密植的果树科学工作者，在矮化砧木及中间砧的筛选、栽培制度改革、矮化品种的选择、生理机制的探索等方面，进行了大量的研究，取得了有益的成果。

梨子的矮化密植丰产栽培技术，如何与长寿的地理特点结合，是长寿梨子产业发展的一个关键性技术问题。

长寿区农业植保站的农艺师苏明和长寿区洪湖镇农业服务中心的农艺师吴崇礼，联合进行了梨树矮化密植高产栽培技术的探索性研究，并将研究成果撰写成《长寿区梨树矮化密植高产栽培技术》的学术论文，发表于《北京农业》2014年第21期。这篇论文，以提升梨子产量和品质，增加农民收入为宗旨，根据长寿区的土壤地质及气候特点，提出了适宜梨子矮化密植的丰产技术。

从气候特点看，长寿区地处中亚热带湿润季风气候区，冬暖春早，雨量充沛，盛夏炎热常伏旱，无霜期长，昼夜温差大，多雾少日照，年平均气温17.5℃，极端气温以8月最高，平均达到28.4℃，最低为1月6.7℃。

从地形和土壤结构看，长寿境内从东向西依次为黄草山、明月山、铜锣山，土壤分为潮土、紫色土、黄壤土和水稻土等4个大类92个变种。以紫色土和水稻土为主要的农业生产基地，其次是黄壤。

长寿的梨树，主要分布于海拔450～500米的中低山丘陵坡地，以黄壤为主的坡瘠地和闲置地块。从成熟采摘期看，采取早、中、晚搭配，实现从7月上旬到9月中旬均是新鲜梨子上市期。

苏明和吴崇礼将长寿区梨树的矮化密植丰产栽培技术总结为栽培、修剪、套袋、肥水管理及病虫防治等五大要点。既符合这一栽培技术的一般要求，又符合长寿特有的气候与土壤特点，并在生产实践中得到验证，为长寿梨子产业的大发展作出了积极贡献。

长寿梨子品种略说

从全国梨子的品种分类上看，由于种植区域与果实特点之差异，主要存在七大品系。

白梨

白梨品系，主要分布于华北地区，果实为倒卵形。优良品种如河北的鸭梨、雪花梨、秋白梨、蜜梨，山西的油梨，山东莱阳的茌梨。秋子梨品系，分布在华北及东北各省，果实圆形或扁圆形。优良品种有北京的京白梨、辽宁的南果梨等。沙梨品系，分布在长江流域和淮河流域，果实近圆形，果皮绿色或褐色，著名品种有安徽砀山梨、四川苍溪梨、威宁大黄梨、云南宝珠梨、严州雪梨、黄花梨。西洋梨品系，分布于山东烟台与辽宁大连，果实瓢形或圆形，熟后果肉脆嫩多汁，石细胞少，香味浓，有巴梨、茄梨等品种。新疆梨品系，分布于新疆各地，有香蕉梨、茌长把梨、可克二介等品种。褐梨品系，分布于华北、西北地区，以河北昌黎、抚宁，甘肃河西走廊一带最多。主要品种为糖梨、麦梨。软肉型品系，分布于山东，有大南果梨、五九香梨、北丰梨、冬蜜梨、伏香梨等品种。

中国南北的各个梨子种植区域，都拥有适应各地栽培的品种。从目前长寿的梨子品系看，以沙梨品系为主，共有黄花梨、翠冠梨、苍溪梨、金花梨、丰水梨、酥梨、叙府梨、昭通梨、青皮梨等10余个品种。从栽培面积看，黄花梨约占60%,翠冠梨约占20%,其他品种约占20%。

从长寿梨子的品种变化看,经历了从传统到现代、从低级到高端的发展过程。

新中国成立以前,长寿梨子主要有青皮、早谷、昭通、猪嘴巴、水冬瓜等古老地方品种。

青皮梨,果皮呈青色,源自四川苍溪,是苍溪雪梨的变种,皮薄肉厚,心细汁多,酥甜爽口,含有多种营养化合物、糖分、维生素等物质,是营养比较丰富的水果之一,鲜果利尿通便,可治疗口舌生疮、咽喉肿痛;早谷梨,原名二宫白梨,是来源于日本的品种,为鸭梨(母本)和真愉(父本)杂交育成,果皮黄绿色,果面光滑,果点小而稀,外观美,果心较小,果肉白色,肉质细嫩,酥脆,石细胞少,果实7月下旬成熟,因采果期与双季早稻的收割期相吻合,故被称为"早谷梨";昭通梨,源自云南昭通,主要为大黄梨,因色皮黄褐而得名,是云南著名水果之一,果形卵圆形,平均单果重330克,最大可达1000克,果面平滑无斑点,果肉很厚,为白黄色,肉质细脆,汁液多,酸甜适度,耐贮藏,8月下旬成熟,自然贮藏一般可存放到第二年春节,风味更佳;猪嘴巴梨,源自山西之酥梨,缺点为口感硬,颗粒粗,因形如猪嘴,故名。

水冬瓜梨,源于四川金川县,是金川雪梨的主要品种之一,其色如金,体大肉厚,皮薄核小,汁甜香浓。

新中国成立以后,特别是20世纪70年代中叶以来,长寿大量引种名优梨品种苍溪梨和莱阳梨,实现了长寿梨子品种与品质的大飞跃。

苍溪梨,1949年开始少量引种,1975年则大量引种,源自四川苍溪,以短果枝结果为主,果实9月下旬成熟,瓢形,平均果重400克,果皮黄褐色,果肉白色,肉质细脆,汁多,可溶性固形物12%,味甜,丰产稳产,果实耐贮;莱阳梨,1975年和1976年,分两次大量引种,亦称茌梨,因产于莱阳市而得名,是山东省的著名特产之一,为中国白梨品系之著名品牌,果实硕大,多为倒卵形,果皮为黄绿色,表面粗糙,有褐色锈斑,蒂部凹入,果肉质地细腻,汁水丰富,口感清脆香甜,是梨中的上品。

1978—1980年之间,长寿先后引种了长十郎、吾妻锦、二十世纪、博多青等早熟品种。

长十郎梨,源于日本。果皮黄褐色,果点中大且多,果面欠光滑。果肉白色,肉质中粗,较紧,石细胞中多,汁液多,味甜。

吾妻锦梨,日本品种。果实中大,平均单果重143克。果实圆形或扁圆形。果皮黄褐色,较平滑,果点多而密,外观较好。果肉白色,质细酥脆,石细胞少,果汁多。

二十世纪梨,原产日本。始果期早,以短果枝结果为主。果实7月下旬至8月上旬成熟,近圆形,平均果重136克。果皮绿色,果肉白色,肉质细脆,汁多,味甜。品优,丰产,适应性强。

博多青梨,源于日本,为著名之早熟沙梨品种。

1990年以来,长寿先后引进黄花梨、翠冠梨、金花梨、丰水梨等新品种,为长寿梨子产业上量增质提供了强大支撑。

黄花梨

黄花梨,是一种新颖的梨中珍品,呈现出皮薄、核小、味甜、肉嫩、质细、水足的特征。果皮呈黄褐色,一般单果重250克左右,果心较小,肉白而脆嫩,汁多而味甜,口味明显比一般梨要佳。由浙江大学园艺系沈德绪教授培育而成,1984年开始种植,栽培面积不断扩大,逐渐成为中国沙梨的主栽品种。

翠冠梨,是中国南方早熟梨的主要品种,由浙江省农科院培育而成,具有成熟早、长势强、产量高、品质好等特点,因而被广泛引进栽培。果实扁圆,果面洁净,果肉呈白色,果核小,果大,肉厚质细嫩爽,汁丰味甜,风味带蜜香,别有滋味,果实可食率96%。成熟期早,7月上中旬上市,比黄花梨早20余天,比北方鸭梨早2个多月。

金花梨,由四川省农业科学院果树研究所和金川县园艺场于1959年从金川雪梨的实生后代选出,品系较多,以4号为优。果实大,平均单果重350

克,大果重970克。果面光滑,果皮绿黄色,贮后金黄有光泽,果皮细薄,果点小、中多,外观美丽。果肉白色,石细胞极少,质细脆嫩,汁多,味浓甜,香味浓,品质上。果实9月中下旬成熟,耐贮藏,可贮存至翌年3—4月份,贮藏期间病害少。

丰水梨,原产于日本农林省园艺试验场。高产稳产,品质上等,平均单果重240克,最大单果重750克,果实扁圆形,含糖量高达16%,多汁味美,口感极佳,成熟颜色为红褐色,成熟期为8月份。

从长寿梨子品种发展的历史和现状看,引种是长寿梨子品种形成的主要方式。凡是适合长寿气候和土壤的优良品种,长寿都及时引种,并注重这些品种栽培技术的本土化。这也是长寿梨子产业在短短数十年间实现巨量增长的科技动力。

第九章

杂果清芬　各擅其美

人们在赞美长寿沙田柚、夏橙、脐橙、血脐、梨子、晚熟柑橘等大宗产品时,可别忘记那些我们生活中经常都离不开的杂果。桃、李、枇杷、葡萄、樱桃、西瓜、草莓、荔枝,还有丰富的干果,这些相对于大宗果品的杂果,各有各的精彩,各有各的价值,是长寿果业中不可或缺的角色。然而,长久以来,人们对这些果品似乎关注不够,对它们的栽培历史、发展规模、品种结构、品质特性等,往往知之甚少。本章围绕这些问题,钩沉索隐,爬梳剔抉,展示这些奇珍异果的别样风景。

灼灼其华长寿桃

桃,俗称桃子,是长寿重要的传统果树品种。

自19世纪以来,国内外学术界已经公认,桃原产于中国。西南地区,是其发源地。考古发现表明,云南的昆明桃距今大约260万年,比203万年前中国最早的巫山人还早50万年。距今约9000~8000年前的湖南临澧胡家屋场、7000年前的浙江河姆渡新石器时代遗址,都出土过野生的桃核。

桃的人工栽培,至少起源于3000年前。河北藁城台西村曾经出土过约3000多年前的栽培桃的桃核。而专家研究,甲骨文中的"果"字,很可能就是桃的本字。我国的第一部诗歌总集《诗经》,有很多篇章提到桃花和桃。其中《诗经·魏风·桃有园》中有"园有桃,其实之肴"的句子,清楚地表明桃在当时

的魏国（今山西南部安邑附近）是栽培的果树。而《诗经·国风·周南》有"桃之夭夭，灼灼其华"，"桃之夭夭，有蕡（fén）其实"，"桃之夭夭，其叶蓁蓁（zhēn）蓁"的诗句，对桃树的花朵、果实作了很生动的刻画，说明桃是周朝洛阳一带非常普遍的果树。此后，历代文献关于桃的记录，可以说俯拾即是。

从起源地区与传播路径看，桃应该是从西南起源后，沿着江河水系而向外传播的。长寿，是桃从西南山区经过长江河道而向外传播的必经之地，故桃栽培的历史应该十分悠久。

长寿何时开始栽培桃，目前没有史料记载。据明朝成化《重庆府志·长寿县志》记载，当时已有"桃花溪"、"桃花洞"之名和长寿八景之"桃源洞天"，而长寿栽培桃则至少可以上推到唐宋时期。康熙五十三年（1714年）和光绪元年（1875年）的《长寿县志》都有关于桃的明确记载，而且都排列在水果中的第一位，足见桃在古代长寿果业中的分量。

民国十七年（1928年）《长寿县志》卷八《物产果类》记载：

> 桃，不耐久。五年即老，十年即死，以皮紧也。若四年后以刀自树本坚削其皮至生枝处，使胶出尽，则多活数年。柿接者为金桃，李接者为李桃，梅接者为脆桃，不接则曰毛桃。

这段文字，反映出当时长寿对桃的栽培嫁接技术，已经达到相当程度。而民国十七年（1928年）《长寿县志》之《长寿果园调查记·李家果园》则记载了李其章的三洞沟李家果园栽种桃子的盛况：

> 桃子，计五百株，分香桃、梨桃两种。色味最佳，其种子宜用靠法乃不变种，栽种之后忌用肥料，每岁宜去害虫。现试花二百余株，

结果甚繁。

一个果园栽种桃树500株,应该是相当大的规模了。从品种看,有香桃与梨桃之分,且栽培技术颇有心得,因而结果很多。这是目前长寿关于果园栽培桃子的最早记录。

民国三十三年(1944年)《长寿县志》卷十三《植物之果树》记载:

桃,吾邑种植成园者,以白花桃、仙桃为最多。

这个记载说明,民国时期长寿桃多以果园形式种植,品种主要为白花桃和仙桃。白花桃是一种优良的水蜜桃品种,因其具有品质优、口感好、果大、较耐贮运、丰产性好等特点,深受消费者和果农喜爱,是长寿桃的大宗品种。仙桃,即蟠桃,果形扁圆,味甘美,汁不多,传说西王母在瑶池举办蟠桃会,故有仙桃之称。

1951年7月,川东园艺试验场涪陵分场筹备处《关于长寿果树调查总结报告》中,记述"长寿县的果树有红橘、柚子、甜橙、桃李梨等",说明桃是当时重要的水果品种。

1960年前,长寿的桃子品种有白花桃、红桃等,黄草山、明月山有少数野生桃。1960年,长寿县从天津、上海引进水蜜桃,在长寿县示范农场的云峰寺定点栽培,获得成功。水蜜桃皮很薄,果肉丰富,宜于生食,入口滑润不留渣子。其蛋白质含量比苹果、葡萄高1倍,比梨高7倍,铁的含量比苹果多3倍,比梨多5倍,富含多种维生素,其中维生素C最高,具有美肤、清胃、润肺、祛痰等功效。由于水蜜桃的品质高,后来,长寿湖渔场、渡舟、云集、双龙等地也相继引进栽植。

1976年,长寿县桃树总株数3.6万余株,主要分布为复元8158株、渡舟2万株、菩提山470株、长寿湖839株、兴隆100株、洪湖506株。在品种结构上,传统的白花桃、蟠桃等日渐减少,而水蜜桃比重越来越大。

1980年后,长寿桃的主要品种成了水蜜桃系列,主要种植在凤城、渡舟、洪湖等街镇，其他各地在宅旁屋后零星栽植。

1981年，长寿县桃子面积642亩，有桃树1.8万余株，结果树近1.5万株；1985年，发展到3.8万余株，结果树近2.4万株，年产果280吨。

长寿桃业的快速发展，是在2002年撤县设区之后，主要原因是受到长寿区建立现代农业基地的驱动。2006年，长寿种植桃树约8295亩，16.5万株，产量约2200吨，比1985年增长近7倍。2016年，全区种植桃树约8400亩，28.7万株，结果树19万株，产量约5100吨。

金黄蜜香黄腊李

在中国的众多水果中，李与桃时常相提并论，都是温带地区重要的果树之一。

据专家研究，目前野生李树在中国的西北山区和西南山地都有分布，说明西北和西南很可能是李的起源地。与桃的栽培历史大体相当，李在中国南北早已广泛存在。

河南安阳殷墟出土的甲骨文，已经有"李"字，说明至少商朝已经有李树的栽培。《诗经》中多次提到"李"，其中《诗经·大雅·抑》"投我以桃，报之以李"演化成投桃报李的成语。

春秋战国以后，经过历代的发展，到明朝时期，李的品种已经很多。

黄葛的黄腊李

李时珍《本草纲目》称："李，绿叶白花，树能耐久，其种近百。"

根据最近的研究调查表明，西方栽培的欧洲李，原产于我国新疆，目前新疆地区已经找到欧洲李的自然野生群落。

长寿,什么时候开始栽培李子,目前没有确切记载。从野生李树在四川地区的发现看,长寿栽培李子的时间,应该是历史悠久。康熙五十三年(1714年)和光绪元年(1875年)《长寿县志》均记载李子是长寿的重要水果品种。民国十七年(1928年)《长寿县志》记载长寿李树"性耐久,种类颇多"。该书附录之《长寿果园调查记·李氏果园》记载李其章三洞沟果园种植李子的情况如下:

> 李子,计五百株,系巫山种。汁脆而味鲜,远胜垫江之李,栽种后忌用肥料。现试花百余株,结果甚多,销路甚旺。

从这个记载看,民国前期长寿近百种李子中,巫山李是颇受重视的一个品种。巫山李,又名巫山脆李,巫山大李子,是巫山县的特产,果形端庄,皮肉浅黄,肉质致密,汁多味香,口感脆嫩,酸甜适度。经考证,巫山李种植始于唐宋年间,距今已有上千年历史。

而民国三十三年(1944年)《长寿县志》对长寿李品种更有详细记载:"吾邑种植成林者,以青翠李、黄腊李、鸡血李为多。"这个记载,表明当时长寿的李子有三大品种。其中,青翠李,应该叫青脆李,形态、口感与黄腊李近似。鸡血李,核果近圆形,果皮紫红色,果肉红褐色,因色如鸡血,故有此名。

从新中国成立初到1985年以前,长寿的李树多为零星种植,栽植品种有青翠李、黄腊李、鸡血李、玫瑰李等,主要分布在黄葛、天台、石堰、云集等地区,以黄葛产果最多。其中,1965年全县收购鲜李165吨,李干15.4吨,创历史最高水平。1985年以后,长寿李树的栽植品种主要为布朗李、垫江李、黄腊李等,主要分布在洪湖、石堰、海棠、邻封、云台等镇。布朗李原产于美国,是一种色、香、味俱佳的高品质水果,果面鲜红色,完全成熟时呈紫黑色,果实酸甜适口,核小,肉质柔软,口感好,富有香气,味甜,含糖量达13%以上,主要品种有安格诺、紫琥珀、美蛇李、秋姬等,有"李子王"的美誉。垫江李,已有400多年栽培历史,颜色鲜艳,饱满多汁,口感清脆爽口,还带有一丝淡淡的

果熟人欢

蜂蜜味道，是垫江李子的第一品牌，其形态与味道，跟黄腊李相似。

李在长寿的果业中，虽然不是大宗产品，但始终保持了一定的发展规模。1976年，全县李树总株数近2万株，主要分布江南、复元、葛兰、兴隆、洪湖等地。1981年，长寿李树总株数为1.36万株，结果树1.34万株，呈下滑趋势。不过，这种趋势很快有了变化。1985年，全县有李树近9.3万株，结果树5.4万株，年产果量505吨；2006年，全区李树种植面积约6015亩、34万株，结果树20万株，产量1000吨左右；2016年，面积6500亩、36.25万株，结果树25万株，产量5100吨。

长寿李，最为著名的是黄腊李。这种李，果形均匀圆润，果皮金黄透亮，晶莹剔透，对果实形成严密的保护层。其果肉脆嫩，酸甜适中，且带有清淡的蜂蜜味，多年来一直颇受人们的青睐，被誉为李子中的"贵族"。

长寿黄腊李的主要产地在云台镇原黄葛乡一带，栽培面积大约2000亩，其中黄葛村、鲤鱼村、梅沱村分别大约500亩，其他村社零星栽培约500亩，总产量约2000吨。为发展黄腊李产业，云台镇成立了黄葛黄腊李专业合作社，负责栽培、剪枝、病虫防治、施肥、果品管理与市场销售。除黄葛乡之外，长寿其他地区，也有黄腊李的零星种植。

民国三十三年（1944年），黄腊李已经是长寿李的三大品种之一，说明此前已经种植有年。从品种特性看，黄腊李与巫山李、青脆李、垫江李等，都有很多相近之处，应该是同一品系的变异品种。只是由于长寿黄葛乡一带特有的日照、雨水、土壤等条件，黄腊李才形成了特有的品质特征，逐渐形成了"黄腊李"品牌。

冬花夏果枇杷黄

枇杷原产于中国,因果子形状似琵琶乐器而得名。

四川的汉源、泸定、会理、普格,湖北的长阳、恩施等地,都有野生枇杷分布。经专家研究,贡嘎山东南坡的大渡河中下游地区,即大相岭以南的石棉、汉源、峨边等地,可能是普通枇杷的起源地。还有一

江南大五星枇杷

种观点,认为枇杷起源于中国的东南部。

中国栽培枇杷,至少起源于西周,已有两千年的历史,主要分布在长江以南各省。1975年,湖北江陵发掘的西周墓,在出土的随葬品中就有枣、梨、桃、枇杷等果品,果肉已烂,仅留种子。西汉时,司马相如在《上林赋》中就有"枇杷十棵"的记载,枇杷被视为名果异树。《史记》、《广志》、《名医别录》、《齐民要术》、《图经本草》、《本草纲目》、《授时通考》等古文献,对枇杷的产地、树性、品种分类、繁殖方法、药用价值等,都作了记载和说明。到了唐代,枇杷已被列为贡品,产地逐渐扩展到大江南北。唐朝诗人杜甫有"杨柳枝枝弱,枇杷对对香"的诗句,白居易有"淮山侧畔楚江阴,五月枇杷正满林"的诗名,来形容当时枇杷栽培的盛况。宋代诗人杨万里"大叶耸长耳,一枝堪满盘"的诗句,则道出了枇杷树浓荫如幄的特点。枇杷冬月作花,夏月结果,故《群芳谱》称赞它"秋荫、冬花、春实、夏熟,备四时之气,他果无与类者"。

长寿,地处中国枇杷原生地带之内,因而枇杷的栽培时间相对较早。尽管长寿枇杷栽培的最早时间已经无从考证,但是从康熙五十三年(1714年)起,历代《长寿县志》均有关于枇杷的记载。枇杷是长寿历史上的八大水果之一。

从古代到民国，直到新中国成立，长寿的枇杷多为宅旁屋后的零星种植，一般为实生种苗，且为传统品种。1960年，长寿县从外地引进大红袍枇杷，于国营农场云峰寺栽植。大红袍枇杷曾经是中国枇杷著名的主栽品种。其果实呈圆形，单果重约37克，最大可达70克，大小整齐；果面深橙红色，果粉厚，茸毛长，果皮韧而厚，易剥；果肉厚，橙黄色，肉质致密，较粗，汁液量中等。可溶性固形物含量12%～13%，可食率为70%以上，味甜稍酸，风味浓，品质佳，具有丰产稳产特点。

20世纪90年代起，长寿县先后引进的大五星、龙泉一号、解放种等新品种的种苗，新市、江南、罗围等地专业户种植较多。大五星枇杷，系四川省成都市龙泉驿区于1978年通过实生选种而育成的优质大果型枇杷新品种，因其脐部呈大而深的五星状，故命名为大五星。

果实近圆形，平均单果重60克，重大果重77.7克，果皮与果肉皆为橙红色，可溶性固形物达12%～15%，可食率在73.24%以上，味浓甜，汁多，肉质软而细嫩。因其品质优、果形大、丰产性能好，在1999年昆明世界园艺博览会上获银奖（枇杷类最高奖）。龙泉一号，由成都市龙泉驿区果树研究所和龙泉驿区果树推广站从龙泉驿区本地实生枇杷中选育而成。嫁接苗定植第二年，60%～70%植株可试花结果，第三年结果植株率可达100%，第五年开始进入丰产期，亩产可达400～500公斤，成年树亩产可达750～1000公斤。解放种，产于福建莆田，果实特大，单果重70～80克，最大果重达172克，果皮橙红色，果肉橙黄色。肉质细密，汁多。

在长寿的众多果树中，枇杷只是一个小宗产品。2006年，全区栽植面积6780亩、36万株，结果树20万株，总产量900吨；2007年，面积7783亩、36万株，结果树22万株，产量达到2100吨；2016年，种植面积7800亩、36万株，结果树25万株，产量3970吨。

从区域分布看，主要分布于江南、双龙、石堰、新市等街镇。

江南街道，种植面积达1000余亩，主要集中在龙山社区、天星村、锯梁村、大元村、扇沱村。其中，天星村的枇杷种植大户田茂洋，是江南街道最大的枇杷专业种植大户，从2004年引种大五星和金丰一号，目前种植面积200

江南枇杷园

亩,结果树100余亩,年产5万斤。龙山社区和锯梁村,近年来也有大片栽植。

双龙镇,种植面积约150亩,多为零星种植。其中,罗围村五组的冷树明,是枇杷种植大户,从2009年开始种植枇杷,果园面积20余亩。罗围山石谷子夹泥的土质,非常适合枇杷生长,但是由于海拔较高,枇杷的生长周期要长一些,总是比别人晚一些上市。冷树明千方百计加强果树管护,确保了晚熟的枇杷味道纯正,因而受到市场欢迎。

石堰镇,种植面积约700亩,主要集中在麒麟村、石堰村,品种为大五星,多数为零星种植。余亚利,是最大的枇杷专业种植大户,种植面积约110亩,分布于麒麟村、石堰村和范家桥一带;张长寿,也是专业种植大户,种植面积约80亩。

新市镇,历史上最大种植面积为500亩,主要集中于河石井村和惠民村,品种为大五星。河石井村的张兵,是最大的枇杷专业种植大户,果园面积约100亩。

枇杷,是一种特别适合房前屋后零星种植的果树。除上述四街镇外,凤城、但渡、长寿湖、云集、八颗、葛兰、云台、洪湖、万顺等地,都有一些零星种植。

露浓压架葡萄熟

在世界众多的果品中,葡萄的资历最老。有学者认为,在2.3亿年前至6700万年前,地球上就有类似葡萄的植物。据古生物学家考证,在新生代第三地层内就发现了葡萄叶和葡萄种子的化石,证明距今650多万年前,就已经有了葡萄。

葡萄,原产于欧洲、西亚和北非一带。据考古资料记载,最早栽培葡萄的地区是小亚细亚里海和黑海之间及其南岸地区。大约在7000年以前,南高加索、中亚细亚、叙利亚、伊拉克等地区也开始了葡萄栽培。

中国何时开始种植葡萄? 一般认为,中国栽培葡萄已有2000多年历史,相传为汉代张骞出使西域时引入内地。李时珍《本草纲目》有这样一段记述:

> 葡萄,汉书作蒲桃,可以入酺,饮人则陶然而醉,故有是名。其圆者名草龙珠,长者名马乳葡萄,白者名水晶葡萄,黑者名紫葡萄。汉书言张骞使西域还,始得此种。而《神农本草经》已有葡萄,则汉前陇西旧有,但未入关耳。

可是,新的证据表明,中国出现葡萄的时间,远远早于张骞出使西域。20世纪末,中美两国联合考古发现,约在9000多年前,中国中原地区就有葡萄酒的存在。其实,中国是世界葡萄属植物的重要起源地之一,在世界葡萄属植物之中,约有近40个品种起源于中国,其中如山葡萄、秋葡萄、刺葡萄等都是中国特有的葡萄属植物。

中国的葡萄种植区域,主要在长江流域以北,主要产区有新疆、甘肃、山西、河北、山东等地。而四川和重庆,也是葡萄的重要产区。

长寿种植葡萄,起始时间比较晚。康熙五十三年(1714年)《长寿县志》,

记载了当时的八种水果,但只字未提葡萄。而光绪元年(1875年)《长寿县志》在记述原有八种水果之外,增加了葡萄,这是长寿地方文献关于葡萄的最早记载。由此说明,葡萄在长寿的种植,应该起始于清朝中叶。

葡萄引种长寿后,受到广泛欢迎。民国十七年(1928年)和民国三十三年的(1944年)《长寿县志》,皆对葡萄有比较详细的记载。其中,民国三十三年(1944年)《长寿县志》有如下记载:

> 葡萄,名目颇多。圆者名草龙珠,长者名马乳葡萄,白者名水晶葡萄,黑者名紫葡萄。日本有百余种,大概分酿酒果子二种。……吾邑所产,特果子葡萄耳。

可见,民国时期,长寿种植的葡萄,主要用于鲜食,而非酿酒。

新中国成立以后,长寿葡萄较之从前有了较大发展。1960年,长寿县从新疆引进无核葡萄,在国营农场云峰寺繁殖推广。1980年以前,多为宅旁屋后零星种植,品种有里汉、龙眼、牛奶葡萄等。1980

村民欢天喜地摘葡萄

年,从北碚缙云山引进白香蕉、巨峰等良种。1984年,又引进红富士、黑澳林、七一六、新玫瑰、大紫、金皇后、白马兰等新品种,渡舟、罗围、桃花、晏家、沙石等地专业户成片种植,少数为宅旁屋后零星种植。

这些优良品种的引进,大大促进了长寿葡萄产业的发展。2006年,长寿区种植葡萄总株数达到52万株,结果树43万株,年产量1000吨;2007年,产量增加到1200吨;2011年,种植面积4100亩,总株数和结果株数与2006年差不多,产量与2007年持平。

平伟农业公司葡萄园

然而，2016年，全区葡萄种植面积增至8000亩，总株数增至85万余株，产量增至4100吨，品种从不足10个扩展至40多个，销售方式从散卖裸卖变为"精美包装、创牌营销"。

短短几年内，长寿葡萄产业实现了一次质与量的飞跃。这次飞跃，来自于六个方面的动力：一是引进专业公司，实现了规模化、科技化栽培。随着美高农业、平伟农业、沃圣沃农业等公司涉足葡萄产业，长寿的葡萄种植水平上了一个大台阶。过去，葡萄种植大多"望天吃饭"，自然环境成为决定葡萄品质的关键因素。现在种植葡萄大都用上了大棚，有天网地膜覆盖，配备了杀虫灯、驱鸟剂、滴管喷灌设施，科技已成为葡萄产业抵抗极端天气、防御病虫害的重要力量。二是品种丰富，产品上市结构更加合理。几年前，长寿葡萄品种仅有本地葡萄、巨峰、无核、马奶提等常规品种。而今，长寿已新增水晶、玫瑰香、蓝色妖姬、大紫葡萄王、金手指、夏黑等30多个新品种，未来两三年，还将增加10~20个新品种。以前，受种植技术的限制，长寿的葡萄只能在盛夏上市。现在，一些农业公司和种植大户已发展出早熟、中熟、晚熟葡萄，实现反季节上市，经济效益比常规葡萄高出很多。三是打造品牌，提高产品知名度。全区已有近10家葡萄种植企业注册了商标，如葛兰镇的葡萄种植大户张春祥注册了"明桥坝"商标。四是农超对接，为产品打开销路。长寿城内的永辉、新世纪等大中型超市，每天约销售5万斤本地葡萄。在积极进驻超市的同时，改变以往沿街叫卖的销售方式，葡萄销售普遍重视精美包装。葡萄种植大户广泛开辟各大水果专卖店和社区便民店市场。一些包装精美、品种优良的葡萄进入超市的"精品水果区"，卖出了更高的价钱。五是农旅结合，为葡萄拓展销售空间。不少种植大户搞起葡萄采摘节、短线乡村游、亲子活动。葛兰镇种植大户王发明和张春祥联手举办"葛兰葡萄采摘节",仅仅半个月,4万多斤葡萄就被抢购一空。六是电子商务,让葡萄销售更快更好。一些葡萄种植业主,利用微信手段,打开了销路。新市镇新同村葡萄种植大户刘成立,把葡萄销售信息发在微信上,他的儿子又发送到朋友圈,一传十,十传百,越来越多的人知道了新市镇的刘家葡萄园,每天都要接到几十个电话。30亩葡萄园产出的8万斤葡萄,居然通过微信就全部卖光。

一树樱桃带雨红

当代中国人吃的樱桃,其实分为两个大类:一是中国樱桃;二是西洋樱桃。

中国樱桃,也就是小樱桃,又叫毛樱桃,是中国的传统樱桃。这种樱桃,果小皮薄,肉软汁多,在全国种植地域非常广泛。早在周代,樱桃作为祭献给祖宗

长寿江南樱桃

的佳肴,就被送到宗庙里供奉。当时,人们以果实的状貌来划分樱桃的品种,大深红者称朱樱,果紫而布细黄点者称紫樱,果正黄者称蜡樱,果小而红者称樱珠。以朱樱和紫樱味最甜美。东汉宫廷晚宴,有食樱桃的传统。唐代,樱桃更是帝王喜爱的果品。李世民在一次酒宴上,与群臣赋樱桃诗作乐,在限"春"字韵作的一首《赋得樱桃》诗中,就赞誉樱桃"昔作园中实,今来席上珍"。唐代的科举制度中,出现了"樱桃宴"。皇帝对新科进士,往往赐予樱桃品尝。唐朝诗人王维的《敕赐百官樱桃》记录了皇帝恩赐樱桃时"芙蓉阙下会千官,紫禁朱樱出上阑"的盛况。此后,南唐冯延巳的"惆怅墙东,一树樱桃带

雨红",宋代蒋捷的"红了樱桃,绿了芭蕉",清初纳兰性德的"深巷卖樱桃,雨余红更娇"等,都是赞美樱桃的名句。

西洋樱桃,原产于美洲的加勒比海地区。伊朗北部可卡撒斯山脉的南部,直到欧洲西部山区,樱桃的野生种有广泛分布。中国栽培西洋樱桃,始于19世纪70年代。据《满洲之果树》记载,1871年,美国传教士带进首批10个品种的甜樱桃、酸樱桃和杂种樱桃苗木品种种植于山东烟台东南山。西洋樱桃的大面积推广,始于20世纪90年代,并陆续从国外引进了近200个品种,并在河南、山西、陕西、甘肃、安徽、浙江、新疆及云南、贵州、四川的高海拔地区广泛试种及发展。

长寿何时开始种植樱桃,没有相关记载。唐代诗人杜甫流落四川,曾经写有《野人送朱樱》一诗,诗中有"西蜀樱桃也自红,野人相赠满筼笼"的名句。由此说明,至少从唐朝开始,巴蜀地区已经种植樱桃了。因此,长寿应该是从唐朝开始种植樱桃的。

也许是樱桃的产量有限,长寿地方文献对樱桃的记载是从民国十七年(1928年)《长寿县志》开始的。而民国三十三年(1944年)《长寿县志》则对樱桃有比较详细的记载:

> 李时珍曰,其颗如璎珠,故谓之樱。树不甚高,叶椭圆而阔,有巨齿。春时开小白花,结实如小球,一枝数十颗,生食外可以蜜渍及和糖作羹尤美。但经雨则虫自内生,人莫之见,食时用水浸良久则虫皆出,乃可食。

而《长寿农业志(1949—1986)》对经济作物之果树就有这样的记载:

> 蔷薇科有苹果、梨、樱桃、桃、李、杏、枇杷等。

这里记载的樱桃,显然是中国传统的品种。而长寿之引种西洋樱桃,已经是2000年之后的事情,且产量很少。

中国传统的樱桃,果实偏小,经济价值不高,于是良种樱桃的引进,成为趋势。长寿引种的樱桃主要是歪嘴樱桃。优良品种的引进,促进了长寿樱桃的发展。2007年,长寿樱桃栽培面积562亩、10万株,结果树5万株,产量100吨;2015年,栽培面积600亩,总株数、结果树产量与上年同;2016年,面积仍为600亩,总株数10万株,结果树7万株,产量120吨。

长寿的樱桃,主要为零星栽培,罕有专业种植大户。从区域分布上,全区各个街镇都有分布,最大的产地是江南街道,以大堡村、锯梁村栽培相对集中成片。尤其是锯梁村,在农民种植樱桃基础上,正规划发展300亩的樱桃基地,即将成为长寿最大的樱桃种植区域。

个大瓤红西瓜甜

西瓜,对于长寿人而言,几乎是不可或缺的消夏果品。

中国是世界上最大的西瓜产地。但是,西瓜之名,说明它并非中国原产。较为流行的观点认为,西瓜的原生地在非洲,原是葫芦科的野生植物,后经人工培植成为食用西瓜。早在4000年前,埃及人就种植西瓜,后来逐渐北移,最初由地中海沿岸传至北欧,而后南下进入中东、印度等地。

大约5世纪前后,由西域传入中国,始有"西瓜"之名。明代科学家徐光启《农政全书》记载:"西瓜,种出西域,故之名。"而李时珍在《本草纲目》中记载:"按胡娇于回纥得瓜种,名曰西瓜,则西瓜自五代时始入中国,今南北皆有。"这说明西瓜在中国的栽培已有悠久的历史。

不过,西瓜进入中国的时间可能远远早于5世纪前后。1976年,广西贵县西汉墓中曾发现西瓜籽;1980年,江苏省扬州市邗江县汉墓随葬漆笥中出土有西瓜籽,墓主卒于汉宣帝本始三年(公元前71年)。从这些迹象看,西瓜引种到中国的时间,很可能是西汉丝绸之路开通之后不久。

西瓜,是长寿农业的五朵金花之一;而长寿,是重庆重要的西瓜产地。可是,西瓜引种到长寿的时间,至今不过40余年。历代长寿地方文献,都没有

西瓜新鲜上市

关于西瓜的记载。至今,关于西瓜进入长寿的最早记载见于《长寿农业志
(1949—2006)》。该书"大事记"部分之1972年里有这样的记载:"是年,长寿
县首先在十字、称沱种植西瓜3.3公顷,产瓜35吨,自产西瓜首次上市供应群
众。"而同书又记载,长寿于"1971年引进试种"西瓜。由此说明,西瓜于1971
年引入长寿试种,1972年正式在十字乡、称沱乡种植共50亩,并获得成功,让
长寿人第一次吃上了本地西瓜。

西瓜在十字、称沱的成功种植,引起了其他乡村的重视,云集、海棠、大
坝、义和等地纷纷跟种西瓜。当时,主要利用新开茶梯、果梯及麦田间套种等
形式种植,无固定基地,生产发展不稳定,1985年前,常年产量约750～1000
吨。1989年,长寿县农广校开展农业科技承包225亩新澄杂交西瓜高产技术
示范等项目,借此引领长寿西瓜栽植水平的提高。

20世纪90年代,是长寿西瓜种植的分水岭。90年代前,主要品种有青
梅、红梅、密宝、解放、西安及北碚山峡等品种。90年代后,主要以引进的一代
杂交新宝、新澄、京欣一号等种植为主,其他还有无籽西瓜苏蜜一号、广西二
号、桂蜜、湘蜜P-2、富宝2号等品种。尤其是一代杂交种大丰牌新红宝西瓜,以
产量高、个头大、瓤肉红、味甜润、质地化渣爽口而最受瓜农和消费者喜爱。

1991年，长寿县进行大力推广种植西瓜新品种。这些新品种，主要分布在长寿湖、云集、华中、龙河、乐温、朱家、芦池、大坝、义和、三坪等乡镇。1993年，全县种植面积5000亩，产瓜8000吨，并开始形成以长寿湖、大洪湖为中心的良种西瓜生产基地。

1998年，长寿县引进早熟西瓜京欣一号，很快扩大推广。1999年，西瓜种植面积增至1.8万余亩，产瓜2.7万余吨，成为当时重庆范围内最大的西瓜产地。尤其是长寿湖西瓜，成为重庆自产西瓜的知名品牌。2002—2006年，长寿区每年种植西瓜面积2万亩，产瓜3万吨左右。此后，由于水果业的产业结构调整，长寿西瓜种植面积有所减少，但产量依然持续维持在这个水平。2015年，面积1.3万亩，产量3万吨。2016年，面积产量略有增加。

红嫩晶莹草莓香

在长寿的果品世界中，草莓虽然只是一个小宗，却是一个不可忽视的品种。

在人们熟知的食用草莓培育之前，人类早已开始了野生草莓的栽培。欧洲、亚洲及美洲，曾经长期栽培小果野生草莓。中国是世界上草莓野生资源最丰富的国家，很早就开始利用野生草莓，并一直沿袭至今。长寿乡间的刺苞（音抛）、蛇苞，其实就是野生草莓。

现在市场上销售的草莓，都是大果草莓，又叫凤梨草莓，大约1750年发源于法国，距今只有250年的历史。

大果草莓于20世纪初传入中国。据最早的文字记载，1915年，一个俄罗斯侨民从莫斯科引入草莓品种到黑龙江栽培，这是大果草莓进入中国的最早记载。此后，又有铁路司机从高加索引种草莓到黑龙江栽培，也有传教士引种草莓到上海宝山区栽培。后来，各地通过教堂、教会学校、大使馆等渠道，纷纷引入。20世纪40年代前，草莓作为一种奢侈品，主要在一些大城市零星栽培；50年代中后期，中国一些研究单位开始从国外引种；60年代，我国的草

长寿园林山庄草莓基地

莓生产曾经一度粗具规模。

　　20世纪80年代以后,中国的草莓生产进入快速发展时期。各个地方重视草莓生产,开始通过各种渠道从欧美和日本引进了一大批优良品种,从中筛选出的全明星、戈雷拉、宝交早生等迅速取代了过去的老品种而成为主栽品种,栽培面积逐年扩大甚至成倍增加,栽培形式也由原来的单一露地栽培转变为露地与多种保护地形式并存,经济效益大大提高。草莓以其周期短、见效快、经济效益高、适于保护地栽培而成为中国果业中发展最快的一项新兴产业。

　　长寿对草莓的引种栽培,与全国基本同步,起始于20世纪80年代。到2015年,全区栽培面积169亩,产量89吨。到2016年,栽培面积增至229亩,产量增至120吨。

　　长寿草莓的栽培,主要集中在凤城、渡舟、新市、八颗、龙河、长寿湖、海棠等街镇。凤城街道的代表,是位于东新村的园林山庄草莓基地;渡舟街道的代表,是位于巴乡谷的安心草莓家庭农场;新市镇的代表,是位于河石井现代畜牧园区对面的草莓种植基地;八颗街道的代表,是位于干滩村的美莱草莓基地;龙河镇的代表,是位于仁和村2组的袁七草莓种植基地;长寿湖镇的代表,是位于长寿湖东岸的崇美草莓园;海棠镇的代表,是位于海棠镇海棠村的卓培林草莓园。这些草莓园,引进了优势品种,都是大棚栽培,并且采用了规范化的栽培技术。

龙溪河口荔枝林

说起长寿曾经盛产荔枝,一些人总是投以疑惑的目光。然而,历史事实告诉我们,长寿,曾经是中国顶级的荔枝之乡。

长寿的乐温县时代,大约相当于唐宋元时期(约618—1368年),有700多年时间。这一时期,长寿是国

长寿龙溪河荔枝

内著名的荔枝产地,并形成了"妃子园"和"乐温荔枝"的品牌。

唐朝中叶的著名宰相李吉甫编纂《元和郡县图志》,将所属各府州县的户口、沿革、山川、古迹以至贡赋等依次作了叙述。该书卷三〇在记述涪州乐温县时写道:"东南至州一百一十里……因乐温山为名,在县南三十里。此县出荔枝。"到了北宋初年,《太平寰宇记》卷一二〇《涪州之乐温县》则记载:"县地颇产荔枝,其味尤胜诸岭。"

这两个记载,相距约200年,而且宋代的记载较唐朝更详细,强调乐温荔枝产量颇丰、品质之佳,超过岭南。

而且,据专家考证,杨贵妃喜食的荔枝,明确无误来源于乐温,即今天的长寿。南宋孝宗淳熙四年(1178年)七月十四日,著名诗人范成大从四川制置使(四川最高军政长官)离任,沿江赴杭州旅途中,船泊乐温江边码头,写下了《大热泊乐温有怀商卿德称》一诗。诗中描写当时的长寿景物,其中"城郭

廪君国，山林妃子园"的句子，可以作为"妃子园"在长寿的佐证。

正当人们怀疑长寿曾经是否确实盛产荔枝之时，荔枝林却突然现身于龙溪河口，给人们平添了几分惊喜。

一个偶然的机会，人们发现了龙溪河口有一片荔枝林！

河街，羊角堡，龙溪河入江口。这里曾经是长寿八景之一"龙溪夜月"的所在。从龙溪河大桥西桥头岔口分路，沿着龙溪河西岸的乡村公路前行，大约一公里处，就是一个10多户人家聚居的小湾，名叫林家湾。经打听，这里属于凤城街道走马村6组。从林家湾继续前行约半里，就到了龙溪河边一片茂密的竹林。穿越竹林，攀上小坡，到了一个名叫鱼浪子的坡地，一片郁郁葱葱的荔枝林顿时映入眼帘。

挨个清点，这片荔枝林共有8株荔枝树，分布在两层台地上，上一层3株，下一层4株。除2株稍微偏小外，其余6株树干直径均大约50厘米，完全符合古人所说的"合抱之木"的标准。抬头仰视，树高与树冠，高度与宽度几乎等齐，足足有10多米，龙干虬枝，遮天蔽日，树下空间开阔，凉风习习，是天然的避暑休闲、消遣娱乐之所。

家住林家湾的李波，常年在长江和龙溪河上以打鱼为生，是这片荔枝林的承包人。据李波介绍，这片荔枝林，20世纪80年代初土地包产到户时，共有11株，后来由于保护不当而枯萎，现在只剩下8株。荔枝大约每年3、4月间开花，到7月中旬成熟时，果实累累，红缯紫绡，味道香甜如蜂蜜，十分惹人喜爱。每年果实成熟后，很快销售一空。李波特别提到，这片荔枝树产量颇丰，常年产量约4000斤，每斤均价约15元，年收益大约6万元。

据了解，这片荔枝林，应当是清末民初栽种的。李波母亲廖洪芳称，新中国成立初她从江南嫁到走马村时，荔枝树就像现在这么大，一晃50多年过去了，荔枝树似乎没有长大多少。

李克文，70多岁，走马村5组农民，新中国成立前家住荔枝林。据李克文介绍，这片荔枝林，原来是黄楚樵的。据说，这片荔枝林是黄楚樵清末民初从上海运来栽种的，又说树种来源于泸州、合江一带，新中国成立前已经长成了结果树，并进入盛产期。

黄楚樵,原名黄开府,原长寿县称沱乡黄印坝(今属重庆市渝北区黄印镇)人,是长寿赫赫有名的工商业者和社会活动家。早年从军,在雅安川军中任职。经过孙仲山的引荐,黄楚樵出任民生公司副总经理,后任重庆三百公司、楚大公司总经理。1945年7月,长寿县召开参议会,黄楚樵与刘伯能、张伯莉、孙由美等一道当选为候补参议员。由此可见,黄楚樵在长寿的地位,确实非同寻常。

不过,黄楚樵没有想到,当年他引种的荔枝,会让后人感到弥足珍贵。而今,龙溪河口的荔枝园长势良好,果丰味美,成为长寿适宜栽培荔枝的铁证,更让人追怀盛产荔枝的乐温时代!

干果出山韵味殊

相对于水果而言,果实成熟时果皮呈现干燥状态的品种,习惯上称为干果。在长寿,干果的规模与影响,虽然远远不能与水果相比,但却是人们日常生活中的必需果品。

长寿的干果,主要有核桃、板栗、枣子、白果四大品种。这些果品,主要分布在明月山、黄草山、铜锣山、五堡山四大山脉之中,属于典型的山货之列。

核桃、板栗、枣子、白果,是长寿的传统果品,早在沙田柚、红橘、广柑、夏橙、脐橙、血橙、晚熟柑橘等柑橘类果品引种之前,就已经长期栽培于四山之中了。

核桃,又称胡桃、羌桃。核桃原产于中亚,西汉武帝时张骞出使西域,引种到中国,故称胡桃。而引种到中国后,又以西北少数民族地区尤其羌族地区所产为最佳,故称羌桃。核桃,与扁桃、腰果、榛子,并称世界"四大干果",其果业地位可想而知。核桃仁含有丰富的营养素,尤其是含有人体必需的钙、磷、铁等多种微量元素和多种维生素,具有防止细胞老化、强健大脑、增强记忆力及延缓衰老之功,因而深受老百姓喜爱,被誉为"万岁子"、"长寿果"。核桃何时传入长寿,已经不得而知,民国十七年(1928年)《长寿县志》有关于核桃的记载。清末光绪年间,李其章创办三洞沟李家果园,曾经建有核桃园,栽培核桃200株,"其种来自西山,桃肉极厚肥,壳甚薄,剖解易如反掌,的是良种"。由此可知,至少清朝,西山一带已经有核桃的栽培。新中国成立以来,核桃一直是长寿重要的干果产品。据长寿区林业局提供的数据,核桃在长寿区主要集中于以山区丘陵带地形为主的5个街镇,共计6400余亩,其中海棠镇2468亩、石堰镇1472亩、云台镇1465亩、万顺镇588亩、洪湖镇415亩,全年产量约100余吨。主要栽植品种有川早系列和南福1号。川早系列,全称四川杂交早实核桃系列品种,由四川农业大学通过新疆早实核桃、漾濞薄壳核桃和巴中、广元优良亲本杂交选育而成,具有早实、丰产、薄壳的特点,特别适合成渝两地栽培。南福1号是四川省南充市林业科学所通过嫁接杂交选育出来的新品种,具有抗病力强、耐旱耐涝、挂果率高等特点,适宜在低山、丘陵区等地推广种植。

板栗,又名栗、栗子、风栗。板栗营养丰富,维生素C含量比西红柿高,更是苹果的十几倍。板栗含有钾、锌、铁等矿物质,尤其是含钾量,比苹果高出3倍。板栗原产于中国,至少4000年前,中国就有板栗的栽培。板栗在长寿的栽培历史相当悠久,其名称长期叫"栗"。康熙五十三年(1714年)《长寿县志》记载的八种果品中就有"栗"。光绪元年(1875年)《长寿县志》记载的八种果品中也有"栗"。而民国十七年(1928年)《长寿县志》记录的25种果品中依然有"栗",且强调"欲干收,莫如曝之,欲生收,莫如润沙藏之"。清末光绪年间李其章的三洞沟李家果园,曾经建有规模400株的板栗园,并强调"此树宜植荒地,忌用肥料"。民国三十三年(1944年)《长寿县志》,又有"栗即板栗"的记载。可见,板栗,在长寿长期被称为"栗",清末之后始有"板栗"之称,且主要称"板栗"。目前,其种植主要集中分布于6个街镇,共计近2400亩,其中葛兰镇1637亩、海棠镇306亩、江南街道174亩、万顺镇133亩、云集镇106亩、云台镇38亩,全年产量约30余吨。

枣,别称大枣、刺枣、贯枣。枣在中国有悠久的栽培历史,自古以来就被列为"五果"(桃、李、梅、杏、枣)之一。枣最突出的特点是维生素含量高。国外的一项临床研究显示,连续吃大枣的病人,健康恢复比单纯吃维生素药剂快三倍以上。因此,大枣又有"天然维生素丸"的美誉。枣在长寿早有栽培,明朝初期四川布政使李敩所撰《乐昌十景诗》之《桃源洞天》,就有"隔溪羊起石,经宿枣如瓜"的诗句,说明当时的长寿三洞沟一带,枣的个头很大。光绪元年(1875年)《长寿县志》记载的八种果品中有"枣"。民国十七年(1928年)《长寿县志》记载长寿的枣为"陕西种"。而民国三十三年(1944年)《长寿县志》记载"产于直隶山东者谓之北枣,产于浙江金华者谓之南枣,皆称佳品,吾邑间有种者",说明当时长寿种植的枣子,既有北枣又有南枣。从民国到新中国成立后,枣子一直是长寿果品中的一个品种。目前,其种植主要分布于6个街镇,共计2100余亩,其中双龙镇681亩、但渡镇566亩、海棠镇422亩、万顺镇277亩、云台镇150亩、凤城街道68亩,全年产量约50余吨。主要品种为武隆猪腰枣,因腰部稍瘦,略微凹陷,形似猪腰而得名,产自重庆市武隆县羊角镇,是一个鲜食枣的品种,经长期栽培自然选择变种而来,其口感佳,产量高,很受市场欢迎。

白果,是银杏树的果实。银杏出现于数亿年前,有"活化石"的美称。银杏树生长较慢,寿命极长,自然条件下从栽种到结果要20多年,40年后才能大量结果,因此又有人把它称作"公孙树",取其"公种而孙食"的含义。白果具有通畅血管、改善大脑功能、增强记忆能力、延缓大脑衰老、治疗老年痴呆症和脑供血不足等功效。银杏在长寿曾经广泛栽培,至少有上百年的栽培历史,在石堰镇干坝村干坝湾,有1株150余年银杏古树,胸径达86厘米,高20余米,是长寿重点保护的古树。民国十七年(1928年)《长寿县志》,对白果的特点有这样的记述:"叶似鸭掌,其核两头尖,三棱为雄,二棱为雌,须雌雄同种,其树相望,乃结实。或雌树临水亦可。或凿一孔纳雄本,一块泥封之,亦结实。阴阳相感之妙如此。"白果树雄雌同种才能结果,确实是一大特点。目前,长寿银杏栽植面积达7500余亩,其中菩提街道234亩,渡舟街道721亩、新市街道94亩、八颗街道8亩、云集镇6351亩、国有林场180亩。其主要用途为生态和景观,所产白果尚未商品化,而云集镇的白果树,则主要以中药材为发展方向。

第十章

果业功臣　青史流芳

欣喜于长寿果业的骄人成就，回顾长寿果业走过的漫长历程，不能不感谢那些为长寿果业的发展壮大作出特殊贡献的人们。他们或者是官员，或者是乡绅，更多的则是来自四面八方、深怀绝技的果业专家。正是这样一群人，凭借他们的筚路蓝缕，凭借他们的执着追求，凭借他们的聪明智慧，成就了今天的长寿果业。本章选录的23位有功之臣，是长寿果业发展史上的杰出代表。尽管他们中的不少人已经作古，但是他们对长寿果业的无私奉献，值得我们永远追慕景仰。

孔合清

孔合清是长寿沙田柚的引种者，是长寿沙田柚产业的引路人，为长寿沙田柚的成功引进立下首功。

"清光绪十三年（1887年），孔合清出任广西苍梧巡按史期间，由广西同僚赠送沙田柚二三果，品之味佳，特留种子200余粒，邮回家乡种植，得苗10余株，后选4株果优味美进行繁殖栽培，逐步发展，遂成果园。"

这是孔合清引种沙田柚至长寿的最早记载，源于四川省建设厅柑橘专家杨定伦大约于1939—1940年间撰有的《四川柑橘调查》一文。杨定伦的记载，是根据孔合清之子孔庆翼的讲述而来的。

孔家祖上，是从垫江县包家乡迁移到长寿合兴的。孔合清，名叫孔宪介，

孔合清老宅

原长寿县合兴乡四坪村孔家花园人。其父孔昭蔚，早年在广东当官。孔合清先当秀才，然后到广东当官。孔合清的职务，并非传说中的广西苍梧巡按史，而是广东高要县巡检，职位不高，相当于正九品。

据孔家后人回忆，孔合清每次回老家，当地官绅都要派人到双龙场迎接。孔合清引进沙田柚，除了最开始是邮寄种子外，后来也曾经直接引进果苗带回老家种植。

孔合清引进的长寿沙田柚，最早的引种之地是孔家花园。开花结果有一定规模后，孔合清都秘而不宣，不想让外人知道，也不想让外人引种。本来，雷尧阶的外祖母，就是孔合清的姑妈，是孔合清父亲孔昭蔚的妹妹，嫁给今天长寿城内林庄坝的戴锡鹏，人称戴孔氏。雷尧阶的母亲，与孔合清是亲表兄妹，孔合清是雷尧阶的亲表舅。早年，雷尧阶从孔家花园引进过沙田柚，到结果时发现，全部都不是正品。不过，孔合清的正宗沙田柚，却被姑妈戴孔氏引种到了林庄坝。而第一次引种失败的雷尧阶，正是从林庄坝的外婆家，"偷"到了正宗沙田柚的两棵幼苗，并引种于邻封魏家河坎祖屋旁边，这就是今天依然结果的百年老树。

晚年回到孔家花园居住的孔合清，由于脚跛，人们私下叫他孔跛子，场面上却都尊称他七老爷。孔合清为人比较霸气，人们当着他的面不能提"跛子"二字，否则犯忌。若犯忌他就会强迫你到合兴场上请客，并邀约很多人去吃饭，让你既要花钱请客，又得当众赔礼道歉。

孔合清的夫人叫黄樵淑，生三子，依次为孔庆兰、孔庆麟、孔庆翼。孔庆兰，大约1895年前后出生于广东，小名广三，重庆老联中毕业，教书为生，曾在巴县和长寿双龙教书,晚年教村小,晚年落泊;孔庆麟一家,枝繁叶茂,子孙众多;孔庆翼,曾经做过县政府的师爷(相当于办公室主任),好抽大烟,好赌,曾经在兴隆场赌博,脾气不好,败家,新中国成立后死于重庆收容所。

新中国成立前,孔庆翼一直居住在孔家花园,自家果园有沙田柚30株,挂果的有20株。张育明、杨定伦、章恢志、陈湘芸等专家,都曾经采访过孔庆翼。关于长寿沙田柚引种的故事,就是通过孔庆翼的介绍而流传下来的。当年柚树成林的孔家花园,如今只有几株柚树,沙田柚老树更是少之又少,已经不复长寿沙田柚最早引种地的气象了。

雷尧阶

··

长寿人一说到沙田柚,就会想起两个人的名字:孔合清和雷尧阶。孔合清的贡献,在于从广西引进沙田柚。雷尧阶的贡献,在于培育提质、推广普及,实现了长寿沙田柚"源于沙田、优于沙田"的品质飞跃,极大地促进了长寿沙田柚的规模化种植。

雷尧阶创办的尧峰果园的老园和新园,培育提纯了长寿沙田柚的品质,并倡导引领了长寿沙田柚发展的第一次高潮。

当初,雷尧阶从孔家花园引进的沙田柚品质不佳。而民国初年,雷尧阶"任教于长寿县立高小"时,从旁边的外婆戴孔氏(孔合清姑妈)家"偷"得柚苗,才是正形沙田柚。雷尧阶以此为基础,渐次发展成著名的尧峰果园老园。大约20世纪20年代初,雷尧阶尧峰老园的沙田柚就已经大获成功。然而,雷尧阶对成功栽植的沙田柚,并不像孔合清那样保守,而且是大力倡导,力主推广,兼济天下,与人同乐。

在他的提倡鼓动下,长寿沙田柚掀起了第一次发展高潮,呈现出"群相竞栽,务以早成名园为快"的喜人局面。与现在的基地种植模式不同,那个时代的种植模式,是以大户人家果园种植为主。到1941年,长寿沙田柚果园发展到近20个,种植数量约1万株。

祖父雷尧阶　　祖母张其賽

雷尧阶全家福

抗日战争期间，长寿商会还组织过沙田柚比赛活动，评价最好的是雷尧阶的尧峰果园。为此，雷家曾经在家里开庆祝会，并把评选出来的柚子送到重庆，国民政府高层皆品尝赞美，于是各个地方都有人到长寿，向雷尧阶索要柚苗。

雷尧阶不仅提倡鼓动广泛栽植沙田柚，还特别注重栽培技术的研究提升。经过精心研究，育苗技术改变原始的筒压法，推广嫁接法，极大地提高了育苗速度，扩大了育苗规模。雷尧阶还将其三子雷治明送到东京帝国大学园艺系学习，回国后一面执教，一面协助经营柚园。雷家还在长寿河街的上东街开办尧峰果园营业处，门口用石灰做成两个沙田柚造型作为标志，建造贮藏室，将鲜果贮藏，保鲜一年，果汁风味愈佳。

雷尧阶根据自己的实践经验，写成了长寿沙田柚种植的第一部专著《尧峰柑橘栽培》，深得沙田柚选种、育苗、栽培、施肥、整枝、治虫等奥妙，是很好的培训研究教材。

为解决沙田柚的销路问题，1947年3月，雷尧阶倡议成立长寿县柚橘产销合作社，对长寿沙田柚实行产供销一条龙服务。从此，长寿沙田柚不仅在本地销售，还外销往汉口、宜昌、万县、重庆、成都等城市。

雷尧阶（1882—1959年），名光典，字尧阶，出生于原长寿县邻封乡平庄大屋基（即今邻封镇魏家河坎）。

雷尧阶是典型的读书人，更是成就斐然的教育家。他自幼聪颖，家庭贫寒，在亲戚资助下，攻读私塾，对古文造诣颇深，擅长诗词。在清末废科举、兴新学的历史潮流冲击下，年过二十的雷尧阶只身奔赴北平，进了师范学堂。1911年辛亥革命前，学成回乡的雷尧阶任教于长寿县立高等小学堂（长寿中学前身林庄学堂）。1914年前后，任长寿劝学所所长，后改为视学、教育局局长。抗战时期，雷尧阶任长寿教育局局长八年，新中国成立前夕曾担任河街镇的镇长。

雷尧阶执教的长寿县立高等小学堂，是新式教育在长寿的拓荒地，培养了很多优秀学生。著名报业巨子、《新民晚报》创始人陈铭德，就是雷尧阶的得意门生。

抗日战争期间协助并确保国立十二中成功迁入长寿，是雷尧阶在长寿教育史上特别值得称道的一件大事。

雷尧阶夫妇共养育三子四女。次子雷治策，新中国成立前由民生公司长期派驻香港，对父母特别孝顺，在重庆解放前，兵荒马乱之中，把雷尧阶夫妇接到了香港。1952年，雷治策全家从香港迁回广州，雷尧阶夫妇也随之回到广州。

"三反五反"之后，雷尧阶的幺女雷清如在重庆大学任教，于是先后把雷尧阶及其夫人张其贤接回重庆大学居住。1959年雷尧阶病逝于重庆市第二工人医院。

张文湘

张文湘，中国著名柑橘专家，是中国夏橙、脐橙、血橙等甜橙水果的引种者、改良者、推广者，尤其对夏橙的引种推广贡献卓著，被公认为"中国夏橙之父"。

张文湘（1900—1996年），字叔沅，1900年5月30日出生于四川省叙永县马岭镇上村陷塌井。张文湘从小聪明

张文湘

好学，1921年考入南京国立东南大学园艺系。1926年，张文湘到河南省汝南

县省立第二农校任教;1927年,任国立成都大学生物系讲师兼助教;1931年,调任四川大学农学院园艺系副教授;1934年,自筹资金在成都外东沙河堡建立文湘果园,试种苹果和柑橘。

1936年夏,张文湘利用休假的机会,自费前往美国加利福尼亚大学洛杉矶分校进修,专攻柑橘选种、育种、栽培管理和病虫害防治等专业,并于1938年8月,向加州亚姆斯脱朗苗木种子公司购得伏令夏橙、红玉血橙、罗伯生脐橙、墨野柠檬、马叙葡萄柚、汤姆生葡萄柚等柑橘类果树品种一年生嫁接苗各3株,辗转空运至成都,定植于四川大学农学院校园,全部成活。1939年,张文湘向农学院建议,以"高接换种"的办法将伏令夏橙、红玉血橙、罗伯生脐橙、华盛顿脐橙等引种至金堂县赵镇中河坝建一柑橘试验场。此后,金堂县逐渐成为供应川西各县柑橙接穗苗木的基地。

1938年冬,张文湘转任四川省农业改进所江津园艺试验场场长,又将伏令夏橙、红玉血橙、华盛顿脐橙、罗伯生脐橙等优良品种引种到此。1942年冬,张文湘因病回成都文湘果园疗养。是年,他在江安县木头灏大中坝购地30亩,开辟柑橘果园。20株伏令夏橙、红玉血橙、罗伯生脐橙、华盛顿脐橙幼树,繁育成功,建成苗木基地。

1947年秋天,张文湘重返阔别九年的四川大学。在后来土地改革运动中,将自己的文湘果园和江安大中坝的夏橙试验园,交给了当地农会。

1953年,张文湘身陷牢狱。1957年4月,被安置到重庆北碚新生农场的张文湘,特地到四川金堂县采集伏令夏橙、红玉血橙、罗伯生脐橙、华盛顿脐橙枝条各10枝。1963年,从金堂县采回的夏橙枝条,用单芽腹接法嫁接在红橘砧上,总共接活了32株,开始试花挂果。

1964年6月8日,重庆市国营农场管理处召开柑橘生产会议,张文湘将一筐夏橙带到会场展览。这些果子通过西南局送给国家领导人品尝,立刻引起中国最高层领导的重视,使其引进的美国伏令夏橙得到认可和发展。

正当夏橙在四川得到良好发展之时,1966年"文革"开始,张文湘被戴上"资产阶级学术权威"帽子,被"革命派"把他"清退"出新生农场,回到江安二龙口公社茨岩大队管理果园。张文湘又一次全身心地扑在柑橘事业上,吃住在果园,到农民家中传授栽培技术,培养了一大批"土专家"。

粉碎"四人帮"后,张文湘定居江安,建立了江安柑橘研究所,自己任顾问。1982年,张文湘彻底平反昭雪。次年,张文湘被选为四川省人民代表。他先后荣获四川省"人事科技工作五十年荣誉证书"、"全国归侨、侨眷知识分子"称号。1990年,张文湘与曾世明合著的《伏令夏橙》一书出版,填补了我国夏橙专著的空白。1992年,经国务院批准享受政府特殊津贴。

杨定伦

杨定伦,四川建设厅柑橘专家,是第一个将孔合清邮寄种子回乡培育沙田柚这一故事记录下来的水果专家,为研究长寿沙田柚的来龙去脉,作出了重大贡献。

继1938年秋冬张育明调研长寿沙田柚之后,杨定伦奉命对四川柑橘生产进行全面调研。为此,他专程赶往长寿,对长寿沙田柚的来源和影响进行考察。

根据考察情况,杨定伦写成了《四川柑橘调查》一文。文中记载:

> 长寿柚栽培历史约50年。本地合兴场有孔和清(即孔合清)者,于前清光绪年间在广西吾昌(不知是否即今之苍梧)为巡查(巡查使),由广西同僚赠送沙田柚二三果,食之味美,故特留其种子二百余粒,由邮寄回种植,得苗十余株,至结果时,仅四株味佳,余皆变劣。现时雷、舒、王三姓果园苗木,皆得之于孔姓,锐意经营成今日之大园。

这段文字,首次披露孔合清从广西邮寄沙田柚种子回长寿育苗的史实,并推定当时雷尧阶、舒雪林、王绍舫三家果园所栽培的沙田柚,都是从孔合清那里引来的。尤其重要的是,杨定伦第一次提出了"长寿柚"的概念,这是一

个很值得注意的问题。其实，长寿沙田柚，完全可以命名为"长寿柚"。

杨定伦的记载，应该是从孔合清三子孔庆翼处听到的。这个记载，为研究长寿沙田柚保存了重要史料，被后来的研究者广泛引用，对我们今天研究长寿沙田柚仍然具有重要价值。

尽管，有关杨定伦的基本情况现在已经难以查找，对其生平事迹已经难闻其详，但是，杨定伦对长寿沙田柚所投注的心血和作出的贡献，值得长寿人永远铭记。

曾　勉

曾勉，曾经三次对长寿沙田柚作过"源于沙田，优于沙田"的评价。这是对长寿沙田柚历史渊源与品质地位的高度概括，是中国顶级柑橘专家对长寿沙田柚的权威鉴评，对确立长寿沙田柚在中国水果业中的地位至关重要，影响深远。

曾勉

曾勉（1901—1988年），字勉之，浙江瑞安（温州属县）人。1925年毕业于东南大学（国立中央大学前身）园艺系。1925—1926年在湖南长沙修业农业学校园艺科任教；1926—1927年在浙江省立四中、温州瓯海中学任教；1927—1928年任中央大学农学院园艺系助教。1928年后先后在法国蒙彼利埃农业专科学校、阿累斯法国农业部农业研究所、翁热苗圃和果园以及蒙彼利埃大学植物学院学习并从事研究工作，获博士学位；1934—1943年任中央大学农学院园艺系教授；1943—1946年任云南大学农学院园艺系教授；1946—1949年任中央大学农学院园艺系教授；1949—1952年任南京大学农学院园艺系教授；1952—1960年任华东农业科学研究所研究员；1960年任中国农科院柑研所所长；1978年任中国园艺学会第三届副理事长；1985—1987年任中国农科院柑研究所名誉所长；1988年1月1日病逝于重庆。

抗日战争爆发后，中央大学迁往重庆，曾勉在讲授《观赏树木学》的同时，在峨眉山创办苗圃，收集观赏植物，并引种到重庆栽培。抗日战争胜利后，随中央大学迁回南京；1953—1958年，他带领科技人员去柑橘老产区浙江黄岩长期蹲点研究栽培技术，根据当地栽培品种的生物学特性，通过修剪结合施肥，解决了隔年结果的问题；1954—1958年，受聘在中国科学院南京中山植物园任兼职研究员，主持枣生物学特性观察和桃加工品种的杂交育种，还主持柑橘、葡萄的快速育苗和安徽、江苏、广东、广西柑橘资源调查等项试验研究；1958年担任黄河古道地区果树考察团团长时，曾制定出这一地区的果树发展总体规划，后来建设成为我国多种果树大面积生产基地。他还根据自然和社会的综合因素，提出长江流域发展柑橘的"两宜线"建议，成为建设长江柑橘带的重要依据。

曾勉晚年，主要从事柑橘生产的研究。1960年10月，中国农科院柑研究所成立，曾勉被农业部任命为第一任所长，任职25年，为中国的柑橘事业作出了重大贡献。1962年，他到广西调查考察，看到柳州、桂林一带红壤缓坡丘陵地发展柑橘生产有潜力，特别是桂林以北地区未受黄龙病危害，便向广西壮族自治区领导提出加强广西北部柑橘生产发展和建立柑橘研究所的建议，得到有关部门领导的支持。多次赴广西参与筹建柑研所的工作。1965年，广西橘研所在桂林成立。

曾勉治学严谨，毕生著作60余篇，在学术上取得重要成就，1984年获得由陈云亲笔题赠的从事农业科学工作50年的表彰状。1991年秋，在长寿沙田柚鉴评会上，中国柑研所副所长、柑橘病毒专家赵学源先生，挥毫补题曾勉教授对长寿沙田柚的八字定评："源于沙田，优于沙田"。

章文才

1991年秋天,在长寿举行的沙田柚鉴评会上,全国人大代表、华中农业大学一级教授章文才挥毫题词:"引自沙田,胜过沙田,树柚树人,富国富民。"这是对长寿沙田柚历史渊源、品质特征、社会价值的综合评价和充分肯定。

章文才

章文才(1904—1998年),浙江省杭州市人。1922年考入之江大学生物系,1923年转入金陵大学农学院园艺系,1927年以第一名的优异成绩获得金陵大学授予的"金钥匙"奖,并留校任助教。1929年,章文才与许复七、吴耕民、胡昌炽等人,发起成立中国园艺学会。1931年爱国华侨陈嘉庚在福建厦门创办集美农林专科学校,金陵大学校长陈裕光推荐章文才前去担任果树教员兼校长。到任后,他和何敬真等人在同安县天马山筹建实验果园,栽植柑橘、香蕉、菠萝、桂圆、荔枝等果树。两年间,集美农业专科学校培养了500多名毕业生,分配到广东、福建等省工作,推动了当地果树事业的发展。

1933年,集美农林专科学校停办,章文才回浙大农学院任园艺系讲师兼湘湖实验农场场长。同时,他还从事科学研究,用乙烯处理柑橘,促其提前着色成熟,取得可喜成果。1934年,他在《中国园艺学会会刊》上发表了国内第一篇有关乙烯处理柑橘的学术论文。

1935年4月,章文才赴美留学,同年7月进入英国伦敦大学研究院攻读博士学位。其博士论文《果树嫁接砧穗亲和性研究》提出果树砧木亲和性的有关生理生化指标,提高了果树嫁接成活率,并使矮化砧收到丰产优质的效果,并被推荐为英国皇家学会会员,美国康乃尔大学果树系和加州大学柑橘系分别邀请他去担任副研究员。1937年到美国后,他与施温格(Swingle)和福劳斯特(Frost)教授进行柑橘选种研究,选出一些脐橙的芽变株系,同时进行柑橘砧穗组合亲和性研究,提出枳橙作为脐橙砧木,可以达到矮化早果丰产的效果。

1938年,满怀爱国之心的章文才谢绝美国柑橘界的挽留,毅然回国,任金陵大学农学院果树学教授兼农业科学研究部主任。他一边教书,一边开展科学研究,利用寒暑假时间,带领师生,跋山涉水,跑遍四川各地,进行柑橘良种选育。1938年冬,他带领助教吴乾纪在江津庙基场林宪之的果园内,选得优良品系,编号为S-26(即"锦橙"),而之前的1937年冬,钟俊麟、郭益进在江津仁沱乡青龙湾袁鸿志氏园中选得优良品系,编号为S-20(即"先锋橙")。上述均属优良变异株。为了培育这些良种,1940年,章文才等通过中国农民银行贷款,建立中国农民银行江津园艺推广示范场(今四川农科院果研所真武实验场前身)。这是我国第一次进行的柑橘良种选育的成果,如今"先锋橙"和"锦橙"已成为全国各地的主栽品种,约计推广种植1亿株。

1945年秋,章文才任西北农学院院长兼教授。他和虞宏正、王绶等教授精心筹划,重振西北农学院的教学、科研工作,并计划在河西走廊建立苹果、梨、葡萄生产基地,后因缺少经费,愿望未能实现。1947年,他辞去院长职务,回到南京任金陵大学园艺系教授。

新中国成立后,章文才应武汉大学农学院院长杨显东之邀,任园艺系主任、果树学教授。到任后,他立即率领学生在珞珈山开辟了20多亩地的桃园、梨园、葡萄园、菜园,以培养学生的劳动观念。

1952年,章文才任华中农学院教授、园艺系主任。1956年,学院迁至狮子山,他带领师生开辟近700亩实验果园,收集250多种桃、梨、杏、梅、苹果、葡萄、柑橘等果树品种,培育了1.2万多株柑橘苗,进行柑橘抗寒育种研究。

1956年,国务院召开"12年科学技术远景规划会议"。开会期间,章文才主持编写我国果树、蔬菜、茶叶、特产的远景规划,为我国园艺事业的发展,提供了科学依据。

1957年，章文才受到不公正对待，被下放到应城县红旗大队劳动。尽管这样，他仍带领学生建立果园，办技术训练班，指导当地农民栽培果树。

1965年，章文才受学院党委派遣，在宜昌窑塆乡筹建华中农学院宜昌分院，组织师生动手自建"干打垒"宿舍，开辟梯田种柑橘，采取边建校边教学的办学方针。"文化大革命"初期，虽受到冲击，他却仍赴宜昌地区进行柑橘选种，帮助农民发展柑橘生产。

1979年，章文才出任华中农学院副院长，恢复招收研究生制度，主持的学科被国家教委和农业部评选为我国第一个果树学博士点和全国果树重点学科。

同年，由农业部推荐、国际柑橘委员会一致通过，接纳他为国际柑橘学会执行委员。

1990年，农业部决定在长江中上游，从四川宜宾到湖北阳新两岸10万平方公里的山区丘陵地带，建设我国最大的现代化果树商品生产基地即长江柑橘带，使产、制、贮、运、销形成系统工程，章文才出任农业部长江果树带科技顾问委员会主任。

章恢志

章恢志

章恢志，是长寿沙田柚发展史上里程碑式的人物。1941年冬，时任四川省园艺试验场场长的著名水果专家章恢志，偕毕业于浙江大学园艺系的技佐陈湘芸，到长寿对沙田柚的种植情况进行全面而深入的调查，先后走访当时的各个果园，采访雷尧阶、舒雪林、王章甫、孔庆翼等重要当事人，撰写《四川长寿沙田柚品系之调查及检定》一文，是迄今为止研究长寿沙田柚的重要历史文献。

章恢志(1911—1994年),浙江省永嘉县人。1926年冬,北伐军攻克浙江,正在瑞安中学读书的章恢志,开始接受革命思想,参加校内共产党员组织的学潮,因斗争经验不足,学潮以失败告终,章恢志受到留校察看处分。1927年,章恢志立志从军,不顾家庭反对,与同学相约,同往南京投考军校,时值孙传芳反攻南京,军校停止招生,转而进入浙江大学农学院园艺系读书。

大学毕业后,章恢志先后在浙江大学农学院、浙江省立农业改良场、山东省立第一农事试验场、浙江奉化武岭农业中学从事园艺技术和研究教育工作。他总结当时中国枇杷最大产区的浙江省余杭县塘栖地区农民的生产经验及国内外的先进理论,编著出版了《枇杷栽培法》一书,揭开了中国现代枇杷科学生产的第一页。

在浙江农业改良场工作时,章恢志曾对浙江全省果树栽培情况进行了调查,写出4份调查报告,提出在黄岩筹建一个果树试验场的初步方案。这个试验场后来成为现在的浙江省科学院柑研所。

1935年2月,章恢志赴日本留学,先就读语言学校,同年9月进入东京帝国大学农学部园艺研究室,研究果树生理。抗日战争爆发后,他于1937年8月毅然回国。

回国后,章恢志被浙江大学农学院聘为园艺系讲师。抗战期间,浙江大学迁至广西宜山时,章恢志在校长竺可桢的鼓励下,两次前往桂南容县和南宁一带调查,并参考了国内外资料,编写了《柑橘学》一书。竺可桢亲笔题写书名,作为教材对外交流。而后,他继续随浙江大学内迁至贵州湄潭,并受聘为四川省立教育学院教授。1941年8月,他被四川省农业改进所聘为江津园艺试验场场长,任职期间曾用高接技术将当地野生酸橙改接甜橙,进行了鹅蛋柑的优良品系调查,特别是进行了长寿沙田柚的品系调查,鉴定出5个不同品系。

章恢志于1943年2月又回到母校浙江大学,并于1946年随浙江大学迁回杭州。1949年7月,余杭塘栖枇杷黄毛虫大发生,章恢志等组织和领导治虫大军,救治了全产区的0.2万公顷枇杷。

武汉大学农学院为创建园艺系,曾三次致函请章恢志任教。1950年他到武汉大学以后,开设蔬菜课程,指导园艺场蔬菜栽培工作,还精心培育出武大1号西瓜优良品种。1951年,他在武汉大学加入中国民主同盟。

1952年,章恢志被调任华中农学院园艺系果树教研组组长。担任教学任务,编著教材,从事果树品种分类和柑橘方面的研究。1979年,在全国果树科技规划会议上,章恢志提出中国果品生产既要重视大宗水果,也应重视各种小杂果类。

章恢志晚年致力于枇杷研究。1981年,中国农业科学院指定他组织全国枇杷科研协作组,并任组长,兼任《中国果树志·枇杷卷》主编。1984年,他承担中国科学院自然科学基金资助的"枇杷的栽培起源及进化的研究"课题任务。

章恢志通过连续20年的努力,从引种驯化到杂交育种,选育出华宝2号(中熟鲜食品种)、华宝3号(晚熟制罐品种)、华宝4号(早熟鲜食品种)、华宝7号(中熟制罐品种)等枇杷优良品种。上述良种已在湖北、四川等地大量推广栽培。

张育明

张育明

张育明,是目前已知最早关注长寿沙田柚的果树专家。

抗日战争爆发后,全国大部分地区沦陷,一批工矿企业、高等院校和科研机构,随着国民政府一起内迁到大后方。在著名爱国人士卢作孚(时任四川省建设厅厅长)的重视下,四川省园艺试验场于1937年7月在江津正式建立,成为抗战大后方的水果研究中心。

1938年秋冬之际,刚刚从沦陷区逃到大后方担任四川农业改进所江津园艺场技佐的张育明,前来长寿调研沙田柚。张育明考察了雷尧阶的尧峰老园、尧峰新园，舒雪林的龙山果园，王绍舫的王家果园，形成了长寿沙田柚栽培情况的调研报告。回去以后，张育明将这次调研的报告，刊登于四川农业改进所江津园艺场民国二十八年度（1939年）的工作简报上。这篇报告很快引起了国内水果专家对长寿沙田柚的兴趣，为国内水果界研究长寿沙田柚奠定了基础。

张育明，是中国著名的果树专家，尤其擅长苹果的研究，出生于1913年9月，辽宁法库县人，早年就学于吉林、辽宁两省，后入南京金陵大学农学院读书。1938年，他毕业于金陵大学农学院园艺系，到四川谋职，任四川农业改进所江津园艺场技佐，后任中国乡村育才学院讲师、国民党政府农业部垦务总局技士，转赴美国衣阿华州州立爱屋华农学院留学，进修农业科技推广专业。

新中国成立以后，张育明历任沈阳农学院副教授、沈阳农业大学教授；1953年加入九三学社，曾任九三学社沈阳市委委员、沈阳市第四届人民代表大会代表；1983年加入中国致公党，曾任致公党辽宁省委主委、致公党中央委员会委员、咨议；曾连任政协辽宁省第四至七届委员会委员、常委，中国归国华侨联合会辽宁省委员会副主席、侨联中央委员会委员。

张育明长期从事教学、科研和农业科学技术推广工作，共发表科研论文30多篇，取得了非凡的业绩。其担任的社会职务有辽宁省农学会理事、省果树学会副理事长、沈阳市果树学会理事长。

张育明参与东北大区农业科学院进行的辽南苹果丰产栽培技术调查研究，汇编成《辽南地区苹果丰产栽培技术》，完成了全国果树劳动模范张金厚的修剪技术总结，形成《土专家张金厚》《苹果幼树整形修剪》，对新中国成立初期辽南苹果栽培生产的恢复和发展，起到显著的主导作用。1958年，张育明从兴城果树研究所培育的杂交苹果苗中选育出沈农2号抗旱新品，在辽宁中部、北部及内蒙古部分地区推广栽培。1960年，张育明主笔完成了中国农业科学院主编的《中国果树栽培学》一书中的"整形修剪"、"繁殖技术"、"栽培管理技术"及"榛子"等章节。

杨大昭

1976年初，重庆市新建果园改土培训现场会在长寿县云集区召开。四川省果树良种繁殖站专家杨大昭负责主讲果树建园技术要点，并带领学员到云集安顺、华中玛瑙等现场实习。从此，长寿湖夏橙基地建设正式拉开帷幕。除了技术培训，杨大昭还亲自负责同心岛规范化样板园的设计。整个样板园面积140亩，共计14个岛屿，用堤坝连成一片，1985年建成。是年冬，重庆市农牧局柑橘专家余书琴访问意大利西西里岛回来，立即赶赴长寿县云集区同心样板园视察，她看后指出："这个果园的设计已经超过了周坡果园（由杨大昭设计的四川省井研县周坡区的柑橘示范园），其先进性至少可以保持到1990年。"之后，农牧渔业部高级农艺师杨振霞先后两次视察同心岛样板园，并向联合国粮农组织的果树专家推荐，将同心果园列为长江水果带生产基地之一——长寿湖夏橙基地的样板园。

杨大昭（1924—2015年），一名杨大钊，四川新津人。1950年11月，杨大昭毕业于西南人民革命大学，分配到金堂县工作；1956年，响应周总理关于"向科学进军"的号召，以第一志愿考入西南农学院园艺系果蔬专业本科学习；毕业后，被分配到四川省农科院果树研究所工作；1978年，调往广汉农业现代化综合科研基地工作，同年调入四川省农牧厅果树良种繁殖站工作；1987年，获评高级农艺师；1992年8月退休。

杨大昭长期从事园艺工程的研究和推广，尤其擅长园艺工程，特别注重对果树建园理论和方法的研究，解决了果树建园中的系列技术问题，成为国内果树改土建园的权威专家，还成功发明了果园建设中的作图法。

围绕果园标准化建设，杨大昭先后编写了温江区《新建园技术学习资料》、四川省《新建园训练班学习资料》、成都市《先建园训练班讲义》等培训专著。1974年起，他先后为四川省各高等农业院校和省、地、县建园训练班讲授建园课程并带实习38期，培训学员1500多人次，为推广建立新型果园及果树产业的发展作出了贡献。

庄宝仁

庄宝仁,是国内著名的果树专家,1926年5月出生,江苏武进人。他长期执教于西南农业大学园艺系,对重庆地区的果树发展做过大量科学研究和实际指导工作,特别是对奉节脐橙、梁平柚、长寿沙田柚、长寿夏橙等,多有指导。

1985年11月,第一届全国优质农产品鉴评会在北京举行,长寿沙田柚应邀参加。鉴评会由当时的国家农业部部长何康主持。为增强柚类鉴评的权威性,专家小组确定了多项鉴评指标和评分办法。经过鉴定评选,长寿沙田柚比广西沙田柚多出0.5分,成为当时参评柚的冠军。

广西沙田柚名满天下,参评分数居然比长寿沙田柚低,让鉴评专家大感意外。何康闻讯感叹:"过去从来没有听说过的长寿沙田柚,居然一炮走红,分数最高,比广西沙田柚分数还高!"

出人意料的评分结果,有人主张调整分值,还是让广西沙田柚当冠军。此时,作为参评专家的西南农业大学柑橘专家庄宝仁教授第一个站出来仗义执言,强调既然结果是专家评选出来的,就应该尊重专家的权威意见,不能更改。最终,长寿沙田柚凭借分数第一名,被评为农业部"优质水果",并获得全国沙田柚系统的金奖,不仅金榜题名,而且独占鳌头。

1987年和1988年,庄宝仁主持长寿沙田柚的人工授粉研究,对不同授粉品种对长寿沙田柚的坐果率、单果重量、果实等级、果实品质等的影响,进行科学实验,并与人合写《长寿沙田柚授粉品种筛选试验》一文,得出结论:人工授粉确实是长寿沙田柚的一项重要增产措施。根据试验结果,长寿沙田柚的人工授粉品种首推舒氏柚。他建议沙田柚幼树定植时,间栽少量授粉品种树,已建园可高接一些授粉品种枝。开花时在柚园放蜂,以代替人工授粉。此外,施行人工授粉技术,还必须配合疏花、疏果等其他技术措施。

庄宝仁还对长寿湖夏橙进行了技术指导，认为长寿绝对是整个四川省最适合夏橙产业发展的地区。20世纪80年代中后期，长寿夏橙多次在省和市级评比中夺魁，长寿夏橙声名远扬。

余书琴

余书琴(1928—2004年)，长寿城内凤岭街人，高级农艺师，重庆果树生产有名的组织者、领导者。新中国成立前，先后就学于长寿中学、重庆求精中学，1951年7月毕业于四川大学园艺系(西南农学院园艺系前身)，分配到重庆江北农场工作，后来先后调入重庆市建设局、园林局、农业局工作；1983年，重庆市计划单列，重庆市农业局的经蔬科升格为经作处，余书琴担任负责人，主持全面工作。她对果树发展情有独钟，对建设长寿夏橙基地更是鼎力支持。

1964年6月，张文湘培育的重庆夏橙送到北京，引起了中央高层的重视。不久，重庆市召开发展夏橙的专门会议，夏橙在重庆的发展局面迅速打开。1972年，长寿湖渔场从中国农科院柑研所引种夏橙，植于湖中岛上，两年后试花投产。1974年，在巴县青木关召开的全市果树生产工作会议上，长寿县农业局的同志提出发展夏橙生产的规划，余书琴出于对果业的专业敏感，立即表示赞同。

余书琴雷厉风行。1975年开春，利用全市果树生产大检查之机，余书琴就带着重庆市农业局农艺师张碧德、市外贸蒋经理、江北区农业局王华伟等同志，在长寿县业务干部陪同下，冒雨前往云集乡安顺村实地考察，决定利用长寿湖区的生态环境和护果条件，发展夏橙10万株。次年初，全市新建果园改土培训现场会在长寿云集区召开，长寿夏橙基地建设正式拉开帷幕。

1978年1月，长寿县提出在1980年前建成长寿湖沿岸夏橙基地，利用3000亩荒地栽植夏橙20万株；1979年9月，又提出建立1万亩夏橙基地。

长寿湖区夏橙基地，在余书琴的全力帮助和支持下，很快上升为重庆市级重要农业项目。在余书琴的直接主持下，1982年12月24日，重庆市农业局向国家农牧渔业部提交《关于利用长寿湖湖区自然优势建立夏橙生产基地的报告》，申请国家资金支持。

余书琴主导的这份《报告》，很快引起国家农牧渔业部高层的关注。随即，农牧渔业部责成重庆市组织果树专家和科技人员进行可行性论证。1983年1月10日，余书琴又组织并陪同市、县有关负责人及专家专程赴北京汇报。同年4月5—7日，重庆市政府委托市农牧渔局，邀请国家和本市有关专家及科技人员40余名，对建立长寿湖夏橙基地进行科学论证。一致同意建立长寿湖区夏橙基地。会后，专家组向重庆市政府报送了《重庆市长寿湖地区建设夏橙生产基地论证意见书》。4月13日，重庆市政府向农牧渔业部报送《长寿湖地区夏橙生产基地论证情况的报告》，很快得到批准。

1985年冬，余书琴应邀访问意大利西西里岛。回国之后，立即专程去长寿县云集区同心样板夏橙基地视察，对这个果园的设计表示赞赏。之后，余书琴两次陪同农牧渔业部高级农艺师杨振霞前往长寿湖视察，将同心果园列为长寿湖夏橙基地的样板园。从此，长寿夏橙获得快速发展，最终成为全国最大的夏橙基地，成为重庆果业的一张名片。

后来，余书琴就整个重庆果业到底如何发展，才能发挥优势，突出特点，撰写了《重庆市水果业发展趋势的探讨》一文，先后发表于《西南园艺》1987年第1期和《四川果树科技》1987年第2期；与他人合作撰写《北碚447号锦橙的选育及丰产栽培技术要点》，发表于《中国柑橘》1990年3月号；与西南农学院庄宝仁教授一道牵头，组织长寿本土果树专家，对沙田柚进行异花授粉的试验，并联合撰写《长寿沙田柚授粉品种筛选试验》，发表于《中国柑橘》1990年3月号上，成为指导长寿沙田柚异花授粉的重要参考文献。

刘孝仲

刘孝仲（1929—2014年），重庆市人，是国内著名的柑橘研究专家，1946年毕业于位于重庆（北碚）乡村建设学院，在中国农科院柑研究所长期从事柑橘研究工作。她在柑橘生物、生理、生化、生态及建园、贮藏等方面卓有建树。有学术著作23本，其中20万字以上的13本，主编的《柑橘学》约120万字，1999年底由中国农业出版社出版，成为"当代（农业领域）重要科技著作"；公开发表学术论文64篇，在国际及一级学报发表16篇，其中6篇获中国农科院奖，16篇通过农业部成果鉴定，其5本著作列西南农科所成果，20余篇论文获重庆市优秀论文及著作证书。

刘孝仲系统研究甜橙的生长发育规律、生理基础，1985年首次在国内出版《甜橙栽培生物生理学基础》一书，受到十几个柑橘产区广泛赞誉，成为大专院校教材。她系统研究夏橙栽培技术，突破了干、酸、落等品质及返青等难关，填补了我国夏季柑橘淡季的空白，她的多篇论文集于《夏橙品种栽培生理贮藏》一书，于1993年由农业出版社出版。

刘孝仲特别关注全国各个柑橘产区的产业发展，长期担任广东、广西、江西、四川、湖南、贵州等多省及地、市、县科技顾问。长寿夏橙，是刘孝仲长期关注的一个重点。20世纪80年代后期，长寿夏橙基地建设正处于关键时期，刘孝仲出任长寿县柑橘顾问，经常前往长寿，深入夏橙果园调查，对长寿夏橙的冬季落果、果品干酸、病虫防治、光照返青、控花修剪、采收时期等技术问题，进行深入研究，为长寿夏橙的快速发展，提供了强大的技术保障。

刘孝仲对柑橘产业的突出贡献，赢得了崇高的学术地位，产生了广泛的社会影响。除担任中国农科院柑研所研究员外，刘孝仲还是世界教科文卫组织专家成员、重庆市柑橘学会理事长、美国佛州园艺学会成员。她于2005年获得世界教科文卫组织首批特殊贡献专家金色勋章和中华杰出妇女创新与发展突出贡献奖；于2006年获"爱国专家贡献人物奖"、"共和国杰出人物"称号。

叶绍甫

叶绍甫（1929—2014年），重庆市长寿区人，高小文化。长寿脐橙的引种者。1950年10月参加工作，叶绍甫先后担任石堰区武装部干事、区公所生产助理员、副区长，撤区并乡后任海棠乡党总支书记、三条沟水库工程部党总支副书记等；1958年9月，被错划为反社会主义分子，下放到西山农场劳动；1962年2月，调入四川省地方国营菩提山园艺场工作，先后担任分队长、生产干事、副大队长兼生产股股长、大队总支委员、正科级调研员；1978年平反；1990年3月退休。

叶绍甫最大的成就，是为长寿引进、培育、发展了脐橙。菩提山园艺场建场后，为了发展生产开始种植柑橘果树，叶绍甫于1965年开始学习柑橘栽培技术，承担了菩提山园艺场柑橘的改土建园、树果管理等主要工作。为了发展果树优良品种，叶绍甫于1969年先后两次从重庆市松山农场引进罗伯逊脐橙2100余株，在菩提山场进行示范栽培种植。

通过10多年的学习探索，叶绍甫终于闯出了发展脐橙优质品种的路子。1983年，菩提山园艺场脐橙发展到平均每亩2093公斤，最高株产150公斤，使园艺场种植的罗伯逊脐橙在当地风靡一时，叶绍甫因此享有"脐橙大王"之称。1985年，重庆市果树协会在菩提山园艺场召开脐橙调查会，肯定菩提山园艺场为长寿县发展脐橙优质品种做出了示范，为国家利用世界银行贷款，开发"长江上中游水果项目"提供了重要依据。1990年长寿县果树选种鉴评会，菩提山园艺场选送脐橙8个单株，全部中选为优良母本树，其中89-18号获得最高分94.5分。1992年四川省脐橙博览会，菩提山园艺场选送的脐橙被评为省优农产品。1995年全国农业博览会，菩提山园艺场选送的脐橙获得优质证书。

20世纪80年代，叶绍甫曾经在《重庆果树》杂志发表《罗脐丰产栽培初步效果》等多篇文章。1982年7月，叶绍甫被重庆市公安局批准为助理农艺师；1987年12月，晋升为农艺师。

李学柱

20世纪90年代前后,有两位来自中国柑橘研究所的专家刘孝仲、李学柱,活跃在长寿的夏橙基地。刘孝仲是长寿县政府聘请的柑橘专家,李学柱则是长寿湖渔场聘请的柑橘专家。当时,夏橙生产普遍存在着干、酸、落的困惑。李学柱来到长寿湖渔场后,重点开展三个科研项目,即预防冬季落果试验、土壤改良试验和砧木比较试验。经过多年试验,李学柱提出解决夏橙生产中技术问题的对策措施。其研究成果和学术指导,为长寿湖夏橙上规模、上品质,提供了有效的技术保障。

李学柱,广东梅县人,出生于1931年,是国内有名的柑橘专家。1961年,他于北京农业大学研究生毕业后,到中国农科院柑研所主持柑橘栽培生理与技术研究,历时30年。1989年,他晋升研究员,退休前系柑橘栽培研究室主任。

柑橘生产,有大年与小年之分,这成为影响水果持续丰产的重要因素。李学柱开展了柑橘大小年结果成因及克服途径和花芽分化机理及调控的研究。李学柱的前期成果获1982年中国农科院技术改进二等奖;后期成果,通过农业部鉴定,达到国内领先水平。

柑橘的矮化密植丰产栽培,是国际柑橘界的一项成熟技术。可是,在不同的气候和土壤条件下,又有不同的讲究。李学柱在四川4个不同类型产区设点,多年研究柑橘栽培矮化密植早结丰产的理论与技术,总结出6条可行技术在四川产区推广,获得1984年中国农科院技术改进二等奖。

伏令夏橙果实在冬季平均温度低于12℃时开始落果,温度愈低落果愈甚,四川产区落果率可达60%。李学柱深入长寿湖区,经过多年研究,发现适时适量喷布2,4-D,落果率可降低至10%以下。这一研究成果,大大提高了夏橙坐果率,增加了夏橙的产量。

四川和重庆地区的柑橘园多系紫色土,其中许多含有碳酸钙而呈碱性,铁的可溶性大大降低,致使柑橘缺铁黄化,减产以至无产。李学柱经过研究,用香橙作砧木或靠接,土壤局部施用硫黄粉,均可大大提高产量。这一成果,1991年被作为四川省科委的科技成果登记。

围绕柑橘的整形修枝,李学柱提出以生物学特性为基础,认树、认枝,调节生长势与花量的柑橘整形修剪的理论与方法。

李学柱从事柑橘研究的同时,将自己的研究成果写成专著和论文。先后著有《柑橘的整形修剪》(小册子),参加《中国果树栽培学》(编写"柑橘栽培"部分)、《柑橘栽培学》、《柑橘栽培手册》等书的编写。公开发表署名论文40篇,参与发表论文11篇。其中,第一署名发表在国内一级刊物上的论文达11篇。

1991年底,李学柱从中国柑橘研究所退休,赓即回到久别的广东老家,受聘于东莞农科所,从事脐橙、荔枝、桂圆、芒果、青枣、火龙果等南方水果优质丰产技术的研究,发表有关文章8篇,获东莞市科技奖一项。

邓秀新

2013年2月25日,中国(重庆)晚熟柑橘节在长寿隆重举行。活动期间,邓秀新接受长寿媒体专访,为长寿沙田柚支招,并为长寿农业种植园区题词:"利用气候优势,发展晚熟柑橘。"

邓秀新

邓秀新,生于1961年11月,湖南省郴州市宜章县人,全国人大常委、中国工程院院士、华中农业大学园艺系果树学博士生导师、长江学者,现任华中农业大学校长。他先后毕业于湖南农业大学、华中农业大学,获得学士、硕士、博士学位,曾经多次赴美国佛罗里达大学从事科学研究;1992年晋升为教授,后任博士生导师、华中农业大学园艺系主任、华中农业大学副校长、长江学者奖励计划特聘教授;2007年6月,任华中农业大学校长;同年12月,当选中国工程院院士;2008年3月,当选为第十一届全国人大常委会委员,第九届、第十届全国政协委员,民盟中央委员;2013年3月当选第十二届全国人大常委会委员。

邓秀新还先后担任中国柑橘学会理事长,农业部果树顾问专家组组长、国际柑橘学会执行主席、国家"973"项目首席科学家、国家自然科学基金创新研究群体首席科学家;2007年10月起,任中国现代农业(柑橘)技术体系首席科学家;2011年获美国园艺学会"杰出国际园艺学家"称号;2012年11月被授予国际柑橘学会会士称号。

李永福

李永福,涪陵区百胜镇人,出生于1933年8月。新中国成立前,李永福受到相对良好的教育,初中文化。新中国成立初期,具有初中文化程度的人,已是少有的知识分子了。1950年,年仅17岁的李永福,由于文化程度高,办事果断,当上了村农会主任。仅仅两个月,就调到百胜区从事土改工作。不久,调到云集区工作,1956年又调到双龙区工作。

1957年,李永福调到长寿县商业局从事水果工作;1958年9月,被保送到西南农业学院园艺系果树专业。1961年,供销社从商业局分离出来,李永福转入供销系统工作,担任长寿县土产公司生产股股长兼水果小组组长,负责全县水果生产。不久,国民经济进行全面调整,县委农工部下面成立多种经营办公室,李永福又成了多经办的一员。1965年,全县水果大丰收,各项指标均创历史最高纪录。"文化大革命"爆发,李永福因为抄录民国时期的长寿八景诗,其中有"菩提山上灯一盏"一句,被认为是歌颂劳改农场,有政治立场问题;当时强调又红又专,而李永福说了句"专与红",被认为是唱反调;李永福喜欢打篮球,被说成是嚣张,被排挤到白虎头抬石头。粉碎"四人帮"后,李永福重回果树战线,1980年,调到供销社担任生产科长,被派驻复元乡红橘基地,颇有成效。1982年,县里成立多种经营协会,李永福担任秘书长。1983年,李永福被评为农艺师,是长寿供销系统唯一的农艺师。后来,李永福先后当选长寿县的人大代表、政协委员、政协常委等职务。1993年退休。

参与长寿万亩果园建设,是李永福从事果树工作的第一项重要任务。1958年,受"大跃进"运动影响,长寿开展果树生产"大跃进",县委决定发展万亩果园,在阳鹤山、晶山、菩提山建立水果基地。阳鹤山,主要发展广柑,晶山主要发展红橘,菩提山园艺场及其周边4个大队主要发展脐橙。李永福负责万亩果园的规划编制、图纸绘制和技术指导。人们开始习惯叫他"李水果"。

参与菩提山脐橙基地建设,李永福至今记忆犹新。1969年,菩提山园艺场引进脐橙,获得成功,于是从70年代开始,县里依托菩提山园艺场,大力发展脐橙,于菩提山周边地区建立脐橙基地。李永福与菩提山脐橙的引进者叶绍甫是好朋友,很早与脐橙结缘。在菩提山脐橙发展过程中,李永福主要负责技术培训,除了培训菩提山园艺场的果技人员外,还要培训毗邻的菩提、红岩、田坝、丰收4个村的果技人员。

20世纪80年代前后,长寿开始建设夏橙基地。李永福全程参与长寿湖区的夏橙基地建设。测量、培训、改土、建园,他都积极参与。对夏橙普遍存在的干、酸、落问题,李永福与其他果树专家一道,查阅技术资料,结合长寿湖实际,进行技术攻关,较好地解决了这个老大难问题。

沙田柚,一直是李永福关注的重点。作为全县果树的技术带头人,李永福注重典型示范,以点带面。"文化大革命"后期的70年代,长寿非常重视沙田柚发展,于是,李永福把邻封乡邻封大队魏家河坎作为示范点,狠抓沙田柚的全面提升。李永福抓沙田柚,最有效的办法是"三包药":施肥、治虫、修枝。这"三包药"对沙田柚的发展,产生了明显效果,以至于魏家河坎的村民看到李永福来了,就习惯说"卖'三包药'的又来了"。1975年,为了促进沙田柚的发展,李永福还向县委分管农业的领导汇报,把全县的沙田柚发展现场会安排到邻封召开。为确保沙田柚提高品质,李永福还提出了划分沙田柚等级的标准:甲级,1.5斤以上;乙级,1.2～1.5斤;丙级,0.8～1.2斤。这个标准,至今还被采用。

刘增文

刘增文,是长寿久负盛名的农民果树专家,1935年7月出生,渡舟乡果园大队人,曾任两届重庆市人大代表。1983年,他获得农技师职称,是当时长寿县唯一的农民农技师。

新中国成立前,刘增文读了6年私塾,新中国成立后在渡舟中学就读一年,文化程度相当于初中。刘增文所在的果园大队,原为渡舟乡第十八村,新中国成立前就以生产水果出名,新中国成立初改名为果园大队。1954年开始,建立果树队,年仅19岁的刘增文任果树队队长;1958年,改为果树连,刘增文任连长。当时全县决定发展万亩果园,指挥部就设立在阳鹤山的砚台石,刘增文为指挥部成员。1980年,果园大队组建园林场,刘增文改任场长。1983年后,实行包产到户,由于片面强调粮食生产,农民开始毁树改粮,园林场名存实亡,刘增文逐渐淡出果树管理领域。

刘增文对长寿果树业的最大贡献,是利用果园大队这个品牌,为长寿果树新品种的引进、试种、扩散发挥了特殊作用。作为样板果园,果园大队是长寿果树生产的领头雁。20世纪70年代,果园大队把全村果树布局形象地描述为"头戴花帽子,腰拴绿带子,脚穿花鞋子",意思是山顶种杂果,半山种柑橘,山脚又种杂果;对于果园大队的发展蓝图,则被描述成这样一段话:"高山远山森林山,低山近山花果园。一山一果大发展,漫山遍野成乐园。日日采花花不断,季季采果果满园。"正是基于果园大队的影响力,长寿果树的很多新品种,都是先由果园大队引进试种,成功后再向全县扩散。1958年,果园大队从江北农场引进脐橙、血橙,是长寿第一次引种。1975年,果园大队建立夏橙苗圃,是长寿县最早的夏橙育苗基地。1980年,北碚447号锦橙,也由刘增文首先引种到果园大队,至今依然是重要的锦橙品种。

培育推广夏橙,是刘增文对长寿果业的重要贡献。1975年7月,长寿发展夏橙的设想得到重庆市农牧局的大力支持,于是从南桐(万盛)九锅菁茶场采购夏橙接穗200余枝,由刘增文和菩提山园艺场叶绍甫提供帮助,在云集乡安顺村寨上生产队嫁接枳砧夏橙625株,成活615株。同时,刘增文又在果园大队建立夏橙苗圃基地,育苗1亩多,约5000株,长寿湖渔场也曾经到果园大队购买枝条。

北碚447号锦橙的命名与引进,是刘增文果树生涯中办成的一件大事。北碚447号锦橙,系北碚区农业局于1980年在北碚歇马镇柑橘园中锦橙芽变选育出来的新品种,获国家第二届农业博览会银奖,是锦橙系列的重要产品。一般人很难想象,北碚447号锦橙的命名者,就是刘增文。原来,刘增文受重庆市农牧局经蔬科余书琴的邀请,前往北碚歇马镇柑橘园中筛选锦橙芽变新品种,其中编号为447号的那棵树上结下的果实最为优质,于是根据刘增文的提议,将这种锦橙起名为北碚447号。刘增文还参与北碚447号锦橙的鉴定和评价,并作出结论。由于刘增文的介入,长寿第一时间引种北碚447号锦橙,先在果园大队嫁接70多株,然后再扩大育苗。巴县、綦江等地纷纷前往果园大队购买枝条,从而加快了北碚447号锦橙在全市范围内的扩散和推广。

对长寿果技人员的培训,是刘增文承担的一项重要工作。20世纪60年代以来,由重庆市农牧局余书琴和长寿县果树生产技术负责人李永福举办的片区培训会,分别到每个果树乡镇培训果技人员,刘增文是主要授课老师,几乎每个乡镇都去培训过,还到长寿中学、三好中学给师生上课,总是受到特别欢迎。

饶海洋

饶海洋,长寿本土的知名沙田柚专家,被誉为长寿的米丘林,堪称长寿柑橘技术第一人。

饶海洋,生于1938年,四川省大邑县人,教授级高级农艺师,曾任长寿县

饶海洋

果品办副主任，兼任重庆市"长江上中游水果开发项目"科技委员会委员，重庆市农业高级技术职称评审委员会委员，1994年、1996年，连续两届被农业部评为"中国长江上中游水果开发项目建设先进个人"，1998年被国家农业部评为"农业技术推广员"。

1964年7月，饶海洋毕业于西南农业学院（现西南大学）园艺系果蔬专业，成为长寿农业系统的首批农业大学生，从此扎根长寿，与长寿沙田柚结下不解之缘。

1971年，受到政治运动冲击而多年沉身基层的饶海洋，回到长寿县农业局，开始从事农村调查和技术指导并于1972年任长寿县柑橘研究所副所长，负责长寿夏橙改土建园等工作。1984年，他参与国家计委和国家科委下达的"长寿湖区夏橙丰产优质栽植部技术研究"，1987年提前一年完成该科研。此后，长寿夏橙多次在省级和市级的评比中夺魁，因而声名远扬。

1984年起，饶海洋承担市、县科委下达的"长寿沙田柚选种"、"长寿沙田柚最佳成熟采收期研究"和"长寿沙田柚人工授粉提高坐果率试验"等研究课题。饶海洋首开沙田柚人工授粉的先河，效果良好。特别是1985年，饶海洋研究出了沙田柚的最佳成熟期采摘期，采摘的长寿沙田柚获得第一届全国优质农产品鉴评会一等奖，且分数为沙田柚类第一名。

饶海洋经常深入田间地头，为果农授课，并进行现场指导，坚持每年下乡培训40多场、超过10万人次。

饶海洋结合柑橘课题研究和指导果农的具体实践，在《中国柑橘》、《重庆果树》、《中国南方果树》、《四川省农业科技》等刊物和全国、省、市果树生产及学术研讨会上发表、交流科技论文数十篇。1986年和1993年，应美国佛州园艺学会和日本信友商氏会社邀请，随重庆市代表团和中国农业部代表团分别赴美、日考察，学习借鉴国外的柑橘生产经验。

退休后的饶海洋，依然心系沙田柚的发展，曾经受焦家乡、邻封镇、但渡镇邀请，担任果树技术顾问，并承担柑橘全程技术培训课程。应县农广校之邀，他先后承担长寿县长江移民有关乡镇的果树技术培训工作，并被多家果业公司聘为技术主管和专家技术顾问。他还撰写了《论部优地方名特产品长寿沙田柚存在问题及其对策》，对长寿沙田柚的发展提出了许多真知灼见。

何天富

1999年12月，历时三年编写的《中国柚类栽培》出版，这是一部集中国柚类栽培之大成的著作。本书第二篇有"长寿沙田柚栽培"一节，详细介绍了长寿沙田柚的基本情况和栽培技术。这部专著的主编，就是全国柚类科研生产协作组组长何天富。

何天富，出生于1939年7月，四川省成都市人。1962年7月毕业于四川大学生物系植物专业，同年10月，分配到北京市林业科研所工作；1969年9月调四川江津县石蟆区卫生院；1976年4月调入中国农科院柑研所；1986年2月任柑研所办公室主任；1989年7月任柑研所副所长；1990年3月兼任开发处处长；1992年获国务院政府特殊津贴；1993年7月任柑研所所长；1994年1月兼任柑研所党委书记。他曾任中国林学会会员、四川省科普协会会员、四川省园艺学会理事、中国果品流通协会特邀理事、中国柑橘会副秘书长等职，曾赴日本、新加坡参加农业部组织的多项科技考察。

何天富长期从事柑橘品种和宏观研究，主持的"柑橘良种区域化研究"1984年获部二等奖，"上海柑橘试验研究生产服务系列"1985年获上海市科技成果一等奖，"哈姆林甜橙引种及推广"1989年获农业部科技进步二等奖，"柑橘运输途中防腐研究"通过四川省成果鉴定；参加的"中国种植业区划"1983年获农业部二等奖，"全国农业气候资源和气候区划"1988年获国家科技进步一等奖，"中国粮经作物发展研究"1987年获国家科技进步二等奖。

此外，何天富还先后主编了《中国名特优柑橘及其栽培》、《实用柑橘栽培技术》、《实用柑橘整形修剪技术图解》、《全国柚类科研生产资源汇编》等著作，发表论文50余篇。

沈兆敏

沈兆敏

1999年秋，时任中国柑橘研究所所长沈兆敏，对长寿沙田柚作出了"青出于蓝而胜于蓝"的评价。这个评价，着眼于长寿沙田柚与广西沙田柚的比较，是对长寿沙田柚的肯定和鞭策。

沈兆敏，是国内著名的柑橘专家，1940年2月生，浙江绍兴人；1965年浙江农业大学园艺系毕业；1980年10月和1986年4月两届担任中国农科院柑研所副所长；1992年获国务院政府特殊津贴证书；1995年8月—2001年8月担任中国农科院柑研所所长，兼任中国农科院学术委员会委员、国务院三峡工程建设委员会移民开发局顾问等职；2001年8月退休。

沈兆敏长期从事科学研究和管理工作，主持了国际合作项目"柑橘栽培和贮藏技术"、"八五"攻关项目中的"红黄壤地区经济林果持续发展和生态环境保护"、国家科委下达的"柑橘早、中、晚熟优良品种配套研究"等科研项目，对我国柑橘生态、品种、规划布局以及我国红黄壤地区、三峡库区大农业为主的经济林果开发等方面有精深的研究。其中，他参加的"全国农业气候资源和农业气候区划研究"、"中国粮食作物和经济作物发展综合研究"分别获国家科技进步一等奖、二等奖；主持的"柑橘良种区划研究"、"长江三峡工程对柑橘生态影响及其对策研究"分别获农业部科技进步二等奖、中国科学院科技进步一等奖。

沈兆敏的代表性著作有《柑橘与气候》、《中国柑橘区划与柑橘良种》、《中国柑橘技术大全》、《三峡柑橘》、《柑橘优质丰产技术》、《柑橘生产技术新编》等；发表论文50余篇，主要有《我国柑橘的生态适宜性区划研究》、《三峡工程对柑橘生产的影响及其对策研究》、《2000年我国柑橘生产展望》、《红黄壤地区经济林果持续发展研究》和《我国柑橘冻害及其对策》等。

肖代燕

肖代燕，重庆市江津区人，生于1942年11月，教授级高级农艺师，长期工作于长寿果树生产第一线，是一位具有理论功底的实战型果树专家。

1966年8月，肖代燕毕业于西南农学院（今西南大学）园艺系果蔬专业，因受"文化大革命"影响而暂缓分配，带薪留校实习；1968年9月，分配到长寿县农业局经作股任果技员；1969年3月，调到长寿县革委会清档办公室，担任编辑和组长；1974年8月，重新回到农业系统，任长寿县革委会农村工作队队员；1975年9月，回到长寿县农业局多经股短期从事果技工作；11月，再次担任县农村工作队队员；1976年2月，回到长寿县农牧局多经股任果技员；1980年12月，提升为农牧局经作站助理农艺师；1986年5月，升任经作站副站长、农艺师；1989年2月，调到县农牧局水果公司任农艺师；1989年5月，调任县果品办生产股股长；1995年2月，担任县果品办优质农产品开发公司顾问；1997年5月，任县果品办高级农艺师。

肖代燕在长寿果树战线工作长达30余年，完成了多项专业技术工作，取得突出成绩。1975—1978年，肖代燕主持改土建园，组建联办果园17个，面积1万亩，获评"重庆市农业学大寨先进个人"；1976—1980年，参加长寿农业资源调查和区域规划的大型课题，组建夏橙气候观测站，为搞清楚长寿湖的湖盆气候特征和湖区气候效应提供了科学根据，为长寿县农业区域规划的编制提供了可靠的第一手资料；1976—1988年，长寿开始大规模的夏橙基地和脐橙苗地建设。肖代燕蹲点华中乡的珍珠村、玛瑙村，培训果技人员，带动沿湖其他果园，主持改土建园10000亩，主持丰收计划育苗100万株，推进了长寿果业的规模扩展;1988—1990年,主持夏橙早结丰产技术及果园以短养长的课题研究,蹲点宝珠村现场,培训瓜果技术人员,在夏橙果园中套种西瓜,让偏远的乐温乡不仅成为著名的夏橙主产区,还成为长寿西瓜生产第一乡;1991年,肖代燕在华中乡主持推广夏橙优质丰产栽培技术,主办五定培训班,使华中乡成为长寿生产第一乡,被长寿县人民政府评为水果开发项目建设先进个人;1992年,主持云集乡的夏橙优质丰产栽培技术推广,主办五定培训班,使云集乡成为长寿县夏橙生产主产乡,被长寿县委和县府评为科技兴农先进个人;1993年,主持瓜果栽培技术推广,先后主办洪湖区沙田柚、夏橙、西瓜五定培训班,获得重庆市农牧局"技术优秀工作奖和长寿县人民政府、长寿县农办的两个文明集体奖";1991—1994年,参与长寿沙田柚高产技术推广、长寿西瓜丰产技术推广两个课题的研究,获得重庆市人民政府科技进步三等奖。

1995年以后,肖代燕任长寿县果树技术咨询服务部技术顾问,编著果树、蔬菜植保及栽培管理技术资料170多篇,对果树技术的普及推广,起到了重要作用。

李吉熙

长寿本土的果树专家,新中国成立前有喻长泰、李其章、雷尧阶等杰出人物;新中国成立后有叶绍甫、李永福、刘增文、饶海洋、肖代燕等实战专家。撤县设区后,长寿果业进入有史以来发展最快的时期,其辉煌成果举世瞩目。这个"黄金时期",老一代果树专家已经退出工作岗位,而一批相对年轻的果树专家接过老一辈的接

工作中的李吉熙

力棒,勇敢地站在长寿果业发展的最前沿,为长寿果业默默贡献着智慧和力量。李吉熙,就是其中的典型代表。

李吉熙,龙河镇(原合兴乡)人,出生于1956年9月。1978年,李吉熙考上重庆市农业学校,攻读园艺专业。1980年7月,李吉熙毕业后,被分配到长寿湖渔场园艺分场,担任果树技术员。此时,长寿湖渔场正在建设夏橙基地,李吉熙与同事们一起,与中国柑研所的专家保持经常联系,认真研究国内外夏橙产业的发展态势和最新技术,经常深入湖区的夏橙果园,向果农面对面指导夏橙技术,为长寿湖夏橙基地建设,作出了应有贡献。

经过几年紧张而忙碌的工作,李吉熙很快成为夏橙栽培的行家里手。1983年4月,他调到长寿县农牧局经作站工作,担任助理农艺师。为发挥李吉熙的专长,县农牧局被派驻双龙区公所,负责双龙、回龙、合兴、龙河、乐温等乡长寿湖沿岸地区夏橙发展的技术指导。短短几年间,双龙区的夏橙产业风起云涌,很快成为长寿湖西岸最大的夏橙种植片区。

1990年,长寿县成立果品办,专门负责全县果树产业的管理指导,李吉熙调任果品办政秘股副股长,晋升为农艺师。当时,长江柑橘带项目启动,夏橙是长江柑橘带的重要组成部分,鉴于双龙片区占长寿夏橙的半壁江山,李吉熙分工负责双龙片区长柑带建设的规划发展及指导;1997年,长寿县的长柑带建设项目进入关键时期,转变成负责全县长柑带建设的规划与指导;2001年11月,县果品办职能划入长寿县农业局,设置长寿县果业技术推广站,李吉熙随之回到农业局;2002年4月,晋升为高级农艺师,此时,长寿区成立柑橘办公室,开始启动百万吨柑橘产业项目和现代农业园区建设,李吉熙又出任综合部部长,负责项目的规划发展和园区建设的技术指导;2009年11月,区农委成立特色产业站,重点负责全区水果和蔬菜的产业发展,李吉熙转任副站长,继续负责农业园区建设与指导。

2004年,李吉熙撰写《试论长寿沙田柚产量和品质的潜在危机及其对策》一文,引起果业界的重视。当时,长寿沙田柚在长寿种植总面积达到5.3万亩,但受产量不高、果实较小、果汁较少、皮厚籽多等因素制约。针对这些问题,李吉熙从提高产量和品质的两个方面入手,进行了多年探索,提出采用

果园合理布局、良种定植、科学肥水管理、人工授粉、配施微量元素、科学修剪、疏花疏果、综合防治病虫害、"适时采收"等技术对策,成为长寿沙田柚产业的技术指南。李吉熙多次制订夏橙老果园改造的方案,通过高位换接,将夏橙新品种和塔罗科血脐,嫁接到夏橙树上,让夏橙老树以全新面目焕发活力。

针对近年西瓜烂市的情况,李吉熙提出加强田间排水,增施磷钾肥,及时清除腐烂根、叶、果等许多实用建议。李吉熙对小宗杂果也十分上心,对葡萄、枇杷等品种的引进、栽培提供及时的技术指导。

张 利

果树专家张利正在授课

张利,出生于1958年9月,是长寿本土知名的果树专家。张利于1978年考入重庆市农业学校,攻读园艺专业;1980年7月分配到长寿县农牧局,任技术员和助理农艺师;1990年5月,任果品办公室生产股副股长;1997年升股长;1998年6月加入中国共产党;2001年11月—2009年11月,任农业局果业站副站长、农艺师、高级农艺师;2009年12月,调到区农委农研中心任高级农艺师、副主任,兼特产站站长,负责指导全区农村特色产业的发展;2014年12月,任区农委农研中心果树推广研究员兼副主任。

张利从事长寿果业工作长达36个年头,参与多个果树科研课题,承担多个果业项目的技术指导,成绩突出:1992年1月,主持长寿县优质水果丰产栽培综合技术方案的制定、示范推广、技术培训及指导、总结等工作,先后获四川省农业丰收奖二等奖、重庆市农牧渔业丰收奖三等奖；1993年1月，主持长寿县柑橘优质高产规范化栽培技术试验、示范、推广和总结工作，先后获重庆市政府科技进步三等奖、农业部农牧渔业丰收奖二等奖；1996年1月，主持长寿县甜橙高接换种及丰产配套技术示范推广试验、示范、推广和总结工作，获农业部农牧渔业丰收奖一等奖；2001年1月，主持长寿柑橘品种结构调整与提高品质示范研究的试验、示范、推广和总结工作，获重庆市政府科技进步三等奖；2004年1月，重庆市百万吨优质柑橘深加工产业化基地建设项目全面实施，主持完成每年实施方案制定、规划、技术培训及指导、种苗安排等，建立柑橘基地1.2万余亩，栽植柑橘容器苗64万株；2004年5月—2008年12月，参与"三峡库区柑橘非充分灌溉综合技术集成"项目，主持长寿区项目实施，获农业部丰收奖一等奖；2008—2009年，重庆市农委柑橘标准化示范园建设项目开始实施，参与编写可研报告、实施方案、技术培训及技术指导、种苗安排、项目总结、验收，通过市级验收。

2008年起，长寿果业进入快速发展时期，张利几乎主持和参与了全区所有重大果业项目的实施落实，为长寿果业的大发展作出了突出贡献；主持长寿区2009—2013年度中央现代农业柑橘专项资金"柑橘营养诊断精准施肥项目"的取样、方案的制定、实施、总结，通过每年市财政、市农委项目验收；主持完成2009—2013年度中央现代农业柑橘专项资金资助"柑橘标准化果园建设项目"的方案制定、项目落实、技术培训及技术指导、建议发展品种、种苗安排、项目总结、验收等；参与完成2008—2013年度重庆市发改委的"巩固退耕还林成果后继产业柑橘基地建设项目"的项目立项、方案编制、作业设计、任务落实、规划、组织指导实施、技术培训、自查总结、验收，均通过市级验收；主持完成农业部柑橘标准园创建项目的立项、实施方案和技术方案的制定、组织项目的实施、技术培训及技术指导、测产、总结等，通过验收；主持完成重庆市农综办科技集中推广"长寿区W.默科特杂柑优质丰产栽培技术示范推广项目"项目计划任务书、项目方案的制定、落实项目实施果园、准备物资、技术培训及技术指导、收集资料、项目总结，通过市级验收；主持"柑橘产业结构调整关键技术创新与应用"课题之长寿区项目的实施、任务落实、技术培训及

技术指导、收集资料、项目总结,获农业部丰收奖二等奖;主持完成2010年度、2013年度重庆市农委"柑橘果园改造项目"实施方案审定、规划、组织项目实施、技术培训及指导、项目总结,通过验收;主持完成"长寿区长寿沙田柚优质丰产栽培技术示范推广项目"的项目计划任务书、项目方案的制定、落实项目实施果园、准备物资、宣传发动、技术培训及技术指导、收集资料、项目总结,通过验收;主持完成中央财政现代农业柑橘专项"长寿区柑橘抚育期管护项目",负责实施方案审定、规划、组织项目实施、技术培训及指导、项目总结;参与重庆市科委"重庆市核桃集成技术示范研究"课题的立项、实施、栽培技术,其中,生态轻型基质核桃容器苗快繁方法已申请专利;主持完成2012年度、2013年度重庆市发改委"巩固退耕还林成果后续产业柑橘改造建设项目"的立项、编制实施方案、作业设计、任务落实、规划、组织指导实施、技术培训、自查总结;主持完成长寿区财政资金支持的"长寿区晚熟柑橘越冬防冻技术试验示范项目",负责项目立项、编写实施方案及技术方案、技术培训及指导、观测记载、调查统计、项目总结,通过验收,初步得出长寿晚熟柑橘防冻方法;担任重庆市农委2012—2014年度基层农业技术推广体系改革与建设补助项目的专家组成员,主持完成柑橘产业技术方案制定、柑橘科技示范基地建设、培训技术指导员和科技示范户等。

在主持或参与科研课题和重大项目的同时,张利非常注重长寿果业实际问题的专业研究,先后独立或合著发表了《长寿区晚熟柑橘冻害调查分析及预防措施》《长寿晚熟柑橘产业现状与发展对策》《浅谈晚熟柑橘提质栽培综合管理技术》《2013/2014产季重庆柑橘销售调查与分析》《重庆市长寿区W.默科特安全高效生产技术要点》《长寿沙田柚土壤营养分析及施肥技术》等论著,有针对性地解决了长寿果业发展中的棘手问题,为长寿果业发展提供了及时有效的指导。

附录:长寿果业大事记

远古

云南西北高山,有常绿类野生枳,是柑橘的远系起源。云南红河流域,有野生大翼橙,是柚类植物最原始的品种。

夏朝

《尚书·禹贡》记载扬州"厥包橘柚锡贡",这是中国古代文献对柑橘的最早记录。

商朝

《吕氏春秋·本味篇》记载伊尹将柚列为"果之美者",这是中国古代文献对柚的最早赞扬。

周朝

《尚书·周书》记载"秋食栌、梨、橘、柚",这是对西周春秋果树的记录。

战国

长寿属于巴郡枳地,因盛产枳之故,折射出长寿是中国柑橘类果树的早期起源地。屈原创作《橘颂》,开启中国柑橘文学之先河。

两汉

西汉朝廷在江州(治今重庆江北嘴)、朐忍(治今重庆云阳旧县)、鱼复(治今重庆奉节东北)置橘官,专营柑橘栽培。《史记·货殖列传》记载"蜀汉江陵千树橘……此其人皆与千户侯等"。足见两汉时期以三峡为中心的长江沿线柑橘产业已经相当发达。

魏晋南北朝

西晋《广志》记载"成都有柚大如升"。南朝谢惠连《橘赋》称"园有嘉树，橘柚煌煌"。南朝任昉《述异记》记载"越多橘柚园，岁多橘税"。北朝《齐民要术》特别提到广州有雷柚，实大如升。

唐朝

乐温(长寿旧名)荔枝，成为天下名果。专家考证，杨贵妃所食荔枝即由长寿出产。《元和郡县图志》记载乐温"此县出荔枝"。元稹《元氏长庆集》有诗"小片慈菇白，低丛柚子黄"，可见柚子之名已经出现于唐朝。

两宋

北宋《太平寰宇记》记载乐温"县地颇产荔枝，其味尤胜诸岭"。南宋范成大《大热泊乐温有怀商卿德称》有诗"城郭凛君国，山林妃子园"。南宋王象之《舆地纪胜》称"妃子园，在州之西，去城五五里"，与范成大的"山林妃子园"正好互为作证，说明杨贵妃之妃子园确在长寿境内。朱熹创作七绝《柚花》，成为中国最早专咏柚花的诗作。南宋韩彦直著《永嘉橘录》，为世界第一部柑橘专著。

元朝

胡古愚《树艺篇·果部》，详细记载柑橘的特点。

明朝

广西容县沙田柚已经出名。万历十三年(1585年)《宾州志》记载"柚以容县沙田乡所产沙田柚最负盛名"，这是史书对沙田柚的最早记载。成化《重庆府志·长寿县志》，收录有四川布政使涿郡人李敩《乐昌十景诗》之《桃源洞天》，诗中表明长寿有桃子和枣子。

康熙五十三年(1714年)

《长寿县志》记述果树有"桃、李、梅、黄柑、栗、梨、枇杷、橘"。

光绪元年(1875年)

《长寿县志》记载"果如桃、李、杏、枣、梨、栗、葡萄、枇杷之类，俱适口"。

光绪十三年(1887年)

长寿合兴人孔合清，任广东高要县巡检，同僚赠送广西沙田柚，品之味佳,特留种子200余粒,邮回家乡种植,是为长寿沙田柚引种之始。

光绪二十一年(1895年)

长寿复元乡人喻长泰创办喻氏果园,"专种红橘,无副属品",栽培红橘5000株,产果约120万~130万个,是目前已知长寿最早的私家果园。

光绪末年(约1900—1908年)

长寿渡舟人李其章(述文)于三洞沟购买土块创办李家果园,"以橘为主,他则副之",除种植红橘4000余株外,还种植沙田柚、广柑、梨子、桂圆、核桃、板栗、花红、桃、李等。这是已知长寿最早的综合性私家果园。

1912年

雷尧阶从孔家花园引种沙田柚,因品质低劣而告失败。是年,长寿沙田柚产量约3万个。

1913年

雷尧阶从家住城内林庄的外婆戴孔氏家引得正宗沙田柚苗三株,植于邻封平庄老宅旁,成活二株,即今之百年老树。

1915年

广柑开始引入长寿。1951年《长寿县园艺生产情况》记述"甜橙栽培历史只有三十多年,种苗来自江津"。据此,广柑应于1915年前后从江津引种到长寿。

1920年

长寿绅士人家,竞相引种沙田柚,私家果园风起云涌。

1928年

《长寿县志》记载有花红、柿子、石榴、柚、橙、佛手柑、香橼、樱桃、无花果、橄榄、拐枣、红姑娘(锦荔枝)、甘蔗、芭蕉等果品,品种达25个之多。

1932年

10月,雷尧阶《尧峰柑橘栽培》由涪陵县新记新兴工业社出版发行,是长寿沙田柚栽培的第一部专著,对长寿沙田柚栽培技术进行了系统总结。

1937年

7月,四川省园艺试验场在江津正式建立,成为抗战大后方的水果研究

中心。11月，《尧峰柑橘栽培》再版发行。

1938年

8月，著名柑橘专家张文湘教授将伏令夏橙从美国引入中国，定植于四川大学农学院农场。秋冬之际，四川省园艺试验场技佐张育明，前来长寿调研沙田柚，这是国内果树专家首次考察长寿沙田柚。

1939年

四川省建设厅柑橘专家杨定伦，赶往长寿考察沙田柚，撰成《四川柑橘调查》一文，首次披露了孔合清从广西邮寄沙田柚种子回长寿育苗的史实。

1940年

长寿沙田柚私家果园发展到18家，主要集中于邻封、河街、但渡、城关等地。其中，雷尧阶之尧峰果园，品质最优，技术最佳，成为模范果园。

1941年

冬天，四川省园艺试验场场长、著名果树专家章恢志带领技佐陈湘芸前往长寿，对沙田柚种植进行全面调研，写成《长寿沙田柚的由来与发展历史——四川长寿沙田柚品系之调查及检定》，成为长寿沙田柚发展史上的经典文献。

1944年

四川60余县，兼湖南长沙、湖北黄冈、云南昆明等地，纷纷前来长寿购买沙田柚苗。

1945年

长寿沙田柚发展达10余万株，年产果约100万个。

1947年

3月，长寿县柚橘产销合作社在河街成立，对长寿沙田柚实行产供销一条龙服务。10月，长寿沙田柚销往汉口、宜昌、万县、重庆、成都等五个城市。

1951年

长寿县人民政府发布《一九五一年农林生产计划》，对长寿沙田柚的发展提出工作要求。根据川东人民行政公署《关于土地改革时处理森林、竹林、果园的指示》，将新中国成立前近20家私家果园，全部变成县、乡、村公有果园或者分配给农民经营。长寿县政府发出《关于加强沙田柚管理以备外购增加农村收入的通知》，对长寿沙田柚实行统购统销，保护果农利益。

1953年

随着新中国成立初国民经济三年恢复工作的完成，长寿柑橘生产得到恢复和发展，全县柑橘产量2037.9吨，比1949年增长36%。长寿县人民政府制定《一九五三年冬季工作意见》，强调"沙田柚早已享有盛名，应该力图发展，积极经营，满足城市需要"，随即出台了多项措施。

1957年

全县开始有计划地发展长寿沙田柚，在沿江和县城附近繁殖育苗。

1958年

受全国"大跃进"影响，长寿县实施沙田柚大跃进，要求平均单株产量达到70个。是年，长寿沙田柚开始出口东南亚国家。渡舟乡果园大队从江北农场引进脐橙、血橙，是长寿第一次引种脐橙和血橙。

1960年

10月，紧急召开全县柑橘外销工作会议，要求白天放哨，夜间巡逻，坚持打击偷摘现象，确保完成出口收购任务。从天津、上海引进水蜜桃，从新疆引进无核葡萄，在云峰寺之长寿县示范农场定点繁殖。

1961年

由于受"大跃进"运动和人民公社化运动的严重影响，全县柑橘产量只有230吨，比1953年锐减1800多吨。全县推广卫星（复元）公社果园大队"三包一奖"经验，对沙田柚实行"三包一奖"政策。

1962年

引进合川、江津锦橙（鹅蛋柑）嫁果苗20余万株，植于阳鹤山等一带。

1964年

6月，由张文湘精心培育的重庆夏橙送到北京，因创造了"夏天也能吃到新鲜柑橘"的奇迹，引起中央高层的重视，中央领导要求重庆加大夏橙的发展力度。8月，重庆市委召开全市夏橙生产座谈会。10月，重庆市召开发展夏橙的专门会议，传达中央领导关于发展夏橙的指示，特别邀请张文湘介绍经

验,决定将巴县的仁流乡与九龙坡区的南温泉乡,规划为重庆市的夏橙生产基地,并开始大面积育苗,夏橙在重庆的发展局面随即打开。

1965年

国家实行"调整、巩固、充实、提高"的经济方针,对国民经济进行全面调整。长寿柑橘产量迅速回升,产量反弹到2420吨,比1961年增长10.5倍,创历史最高水平。沙田柚产果240万个,国家收购207万个,精选22万个出口,均创历史最高水平。

1966年

"文化大革命"爆发,全县片面强调"以粮为纲",严重忽视"全面发展",果树业发展受到严重冲击。

1969年

11月,长寿县革命委员会生产指挥组要求做好沙田柚的收购、外调工作,严禁青果上市,所有单位和企业,一律不得到生产基地采购果品。菩提山园艺场从重庆沙坪坝松山农场引进罗伯逊脐橙2100株,定植于菩提山上,这是长寿第一次成功引种脐橙。

1970年

受"以粮为纲"影响,全县刮起沙田柚砍树风,大量成年柚树被砍。当年,产柚降到10万个。

1971年

12月,召开全县果树生产会议,解决粮果争地和粮果双丰收问题。长寿县再次从中国柑橘研究所引进血橙。

1972年

长寿湖渔场从中国柑橘研究所引进红玉(路比)血橙2000余株,种植于团山堡和马鞍山;引进伏令夏橙6000余株,定植于同心、马鞍山和先锋等岛屿。这是长寿成功引种血橙、夏橙之始。十字、称沱种植西瓜50亩,产瓜35吨,长寿自产西瓜首次上市。

1973年

10月,召开全县柑橘生产收购工作会议,提出当年全县沙田柚收购达到

50万个，比上年增长一倍。由于货源紧张，长寿沙田柚停止出口。

1974年

长寿湖引种的伏令夏橙开始试花投产。随后，夏橙种植规模扩大，产量逐年提高，成为长寿果业中的重要产品。

1975年

4月，召开全县柚子生产会议。这是长寿有史以来的第一次全县性沙田柚专题工作会议。要求当年沙田柚总产100万个，按照5%的合格率，精选5万个出口。引进四川苍溪梨、山东莱阳梨苗木25万余株。7月，长寿农业局从南桐（万盛）九锅菁茶场采购夏橙接穗200余枝，渡舟乡果园大队刘增文和菩提山园艺场叶绍甫提供帮助，在云集乡安顺村寨上生产队嫁接枳砧夏橙625株，成活615株，成活率达98.4%。

1976年

年初，重庆市新建果园改土培训现场会在长寿云集区召开，四川省果树良种繁殖站专家杨大昭主讲，并到云集安顺、华中玛瑙等现场实习，长寿湖夏橙基地建设正式拉开帷幕。全县柑橘产量猛降到402吨，比1965年锐减2000余吨，成为长寿果业史上的最大跌幅。其中，长寿沙田柚仅产5万多个，与1965年的历史最高年产量240万个相比，下降达235万个，陷入历史最低谷。

1977年

春，长寿县组织到广西容县参观学习，带回了广西沙田柚生产的很多宝贵经验，长寿沙田柚开始采用酸柚培植砧木，极大地推动了品质提升和规模扩充。长寿柑橘生产得到恢复，柑橘产量猛增至1400余吨，较1976年净增1000余吨，增长幅度约为252%。全县产柚120万个，国家收购91万个，比1976年分别增长了20倍和69倍，并恢复出口。

1978年

长寿县革命委员会下发《关于"五五"后三年果树生产发展规划的意见》，要求到1980年沙田柚从当前的7万株发展到25万株。4月，全国柑橘科学大会在北京召开，把长寿沙田柚列为中国柑橘赶超世界先进水平的品种。7

月,着手筹备长寿沙田柚品种的选优提纯工作。9月,广西容县组织10余人,到长寿考察沙田柚栽培,双方进行了技术交流。10月,决定在渡舟云峰寺建立长寿县柑橘研究所,主要负责提纯选优、丰产栽培、病虫防治、贮藏等课题的科学研究,为长寿沙田柚大发展提供技术支撑。当年,长寿沙田柚再次喜获丰收,产量达到150万个。

1979年

9月7日,长寿县革命委员会发布《关于大力发展长寿沙田柚的意见》,决定新建柚园1万亩,栽种柚苗40万株,要求1985年产量达到600万个。

1980年

5月上旬,重庆市、长寿县有关领导在长寿湖渔场主持召开筹建夏橙基地的专题会议,对长寿湖万亩夏橙基地建设作出安排部署。当月,长寿湖渔场成立夏橙基地建设联合办公室,配合支持沿湖社队建设夏橙基地。9月1日,长寿县革命委员会出台《关于发展长寿沙田柚生产的意见》,要求1983年前,新栽沙田柚果树50万~60万株,集体与社员各占一半。从北碚缙云山引进白香蕉、巨峰等葡萄良种。

1981年

2月,长寿湖渔场成立夏橙研究所,聘请西南农业大学实验农场夏橙专家赵慕唐任所长,主持长寿湖夏橙的系列科技攻关。5月31日,长寿县人民政府发出《关于扶持沙田柚生产采取"粮果挂钩"办法的通知》,决定对沙田柚收购实行"粮果挂钩"办法。历时四年的长寿沙田柚品种选优提纯工作结束,为发展长寿沙田柚提供了大量优良接穗,并发展酸柚砧木苗近77万株。

1982年

2月,重庆市长寿县夏橙研究所建立,成为长寿夏橙发展的技术指导中心。7月23日,长寿县人民政府发出《关于沙田柚生产经营中几项政策规定的通知》,对沙田柚生产实行粮食专项补贴,并提高粮果挂钩标准。

1983年

5月,著名柑橘专家、华中农业大学一级教授章文才专程来长寿湖夏橙基地考察,对长寿湖夏橙发展甚为满意。随即,章文才向长寿县提供了福洛斯特、奥林达、卡特、康培尔等四个夏橙新品种,共计883株。

1984年

4月13日,欧共体经济学家潘维努蒂和柑橘营养与储存技术专家德卢特罗蒂,参观长寿湖夏橙基地和夏橙研究所。引进红富士、黑澳林、七一六、新玫瑰、大紫、金皇后、白马兰等葡萄新品种。

1985年

5月4—6日,国家农牧渔业部副部长张修竹视察长寿湖夏橙基地。5月16日,"引种夏橙栽培成功项目"获重庆市人民政府1984年度科技成果四等奖;次月,获四川省农牧厅"农牧业技术改进"三等奖。全县柑橘栽植达到172万株,占全县总果树200余万株的85%,产量达到6060吨,占全县总产量7200吨的84%,创造历史最高水平。长寿县研究出沙田柚最佳成熟采摘期。长寿沙田柚人工辅助授粉提高坐果率和果品产量试验获得成功。11月,第一届全国优质农产品鉴评会在北京举行,长寿沙田柚凭借分数第一名,被评为农业部"优质水果",并获得全国沙田柚系统的金奖。

1986年

9—10月,长寿县组织赴广东、广西考察,特别考察了广西容县沙田村早产丰产技术。塔罗科血橙引进到长寿县回龙乡大坪村和响塘村试种,并获得成功,这是塔罗科血橙首次引种到长寿。11月,由国家农牧渔业部、四川省农牧厅、湖北省农业厅、中国科学院柑研所、华中农业大学等单位专家组成的长江柑橘带考察组,到长寿实地考察柑橘生产情况。12月,联合国粮农组织投资中心柑橘考察团在国家农牧渔业部、国家计委等单位有关负责人陪同下,再次到长寿县对柑橘生态、经济和生产等情况进行综合考察。长寿夏橙获四川省"优质水果"称号。

1987年

长寿县完成关于报送《长江上中游地区水果开发利用世界银行贷款项目长寿项目区可行性研究报告》。3月,长寿县农牧局增设长寿县水果开发服务公司。长寿开始实施育苗培苗"丰收计划项目",拟完成沙田柚、夏橙育苗100亩,嫁接夏橙苗子和沙田柚苗子各30万株,北碚447锦橙育苗5.5亩,建

立夏橙母本园160亩,采集枝条25000枝。广柑果树总数达到72.2万株,成为全县总株数最多的果树。5月8日,长寿湖夏橙在重庆市农牧渔业局主持召开的全市优质果品鉴定委员会评定为重庆市"优质水果"。12月,被四川省农牧厅评为1986年度四川省"优质水果",获得优质产品证书、奖杯和奖金。

1988年

3月,中央电视台二频道宣传长寿湖夏橙。4月,第一届国际植物新品种展览会在瑞士日内瓦展览馆举行,长寿沙田柚被评为30余个参展品种中8个最感兴趣品种之一。

1989年

10月,第二届全国优质农产品鉴评会在山东烟台举行,长寿沙田柚蝉联沙田柚系列评比第一名,再次获得金奖。开展农业科技集团承包"8000株沙田柚人工授粉",坐果率比上年提高1倍,增产沙田柚31万个。

1990年

4月,成立长寿县果品办公室,属局级事业单位,撤销长寿县水果开发服务公司。长寿县柑橘研究所、长寿县夏橙研究所划归长寿县果品办管理。开始实施长江柑橘带建设项目,拟建成以沙田柚、夏橙、脐橙三大名优水果为龙头的优质水果商品基地。先后引进大五星、龙泉一号、解放种等枇杷新品种,引进黄花梨、翠冠梨、金花梨、丰水梨等梨新品种。

1991年

由世界银行贷款实施的"中国长江上中游水果开发项目",长寿成为项目重点示范县之一,并在葛兰镇新建沙田柚示范园1000亩。12月,长寿夏橙获国家农业部"绿色食品"认证。

1992年

长寿沙田柚荣获"全国柚类科研生产协作组"评比金杯奖。

1993年

全县种植西瓜5000亩,产瓜8000吨,开始形成以长寿湖、大洪湖为中心的良种西瓜生产基地。

1995 年

长寿沙田柚产果约 285 万个，比 1965 年的历史最高年多出 45 万个。1965 年创造的沙田柚最高年产量，终于在 30 年后实现超越。

1997 年

长寿沙田柚获重庆市"十大名柚"称号。长寿狮子滩镇紫竹村果农，将正在品种比较试验和区域适应性试验的塔罗科血橙新系引种到长寿，并开始培育种苗，为塔罗科血橙新系引种长寿之始。

1998 年

引进早熟西瓜京欣一号，很快扩大推广。

1999 年

西瓜种植面积增至 1.8 万亩，产瓜 2.7 万吨，分别比 1993 年增长 262% 和 239.37%，长寿成为当时重庆最大的西瓜产地。

2000 年

全县柑橘种植面积 5.6 万余亩，比 1985 年增长 3.25 倍；总产量 3.6 万余吨，比 1985 年增长 4 倍。长寿沙田柚产果 750 万个，比 1965 年的历史最高产量高出 3.12 倍。长寿湖开始引种蜜奈夏橙。

2001 年

长寿沙田柚被评为"中国国际农业博览会名牌产品"。长寿夏橙在中国国际博览会上获得金奖。从华中农业大学引进纽荷尔脐橙、红肉脐橙、华红脐橙、耐湿脐橙、红夏橙以及 HB 柚等 13 个柑橘新品种的接穗和苗木新品种定植。

2002 年

开始实施百万吨优质柑橘产业工程项目。开始引进鲍威尔、班菲尔两大晚熟脐橙。

2003 年

W. 默科特由重庆恒河农业公司引进到长寿，标志着长寿晚熟柑橘产业开始起步。

2004 年

8月,澳门恒河农业公司在长寿发展鲜销柑橘基地6万亩项目正式启动。

2005 年

长寿沙田柚产果约1630万个,创历史最高纪录。

2006 年

长寿沙田柚被国家水果流通协会举办的"中国名品水果评选"评定为"中华名果"。长寿种植夏橙面积达7.3万亩,产量6.5万余吨,是当时全国面积和产量最大的夏橙生产基地。

2009 年

长寿沙田柚成功注册国家商标局颁发的地域性商标。

2010 年

5月,重庆市长寿区现代农业园区正式启动。11月,重庆市长寿区沙田柚种植园区成立。两大园区的启动,标志着长寿果业的产业化发展进入新水平。

2011 年

2月,中国晚熟鲜食柑橘节在长寿隆重召开。长寿沙田柚产量约2800万个,再创历史新高。塔罗科血橙、W. 默科特、夏橙、晚熟脐橙等晚熟柑橘种植面积达到15万亩,占重庆市1/3,年产量约21万吨,产值近10亿元,长寿成为全国最大晚熟柑橘种植基地。

2012 年

2月25日,以"绿化长江·四季橘香"为主题,由重庆市人民政府、中国柑橘学会联合主办的"2012中国(重庆)晚熟柑橘节"在长寿区隆重举行。6月,长寿沙田柚种植园区与西南大学开始联合进行"长寿沙田柚提质增效关键技术集成与产业化"的科研攻关项目,为长寿沙田柚再上台阶提供先进技术支撑。12月,长寿区沙田柚种植园区管委会组织远赴广西容县沙田村,寻访学习取经,重点学习沙田柚的产业化发展、品牌战略实施、标准化种植技术、产业链延伸等。

2013 年

2 月 25 日,中国重庆晚熟柑橘节在长寿隆重举行。

2014 年

长寿沙田柚产量约 4500 万个,成为一个历史性的丰收年。邻封镇沙田柚特级果产量达到 1500 万个,历史性地超过总产量的 40%。

2015 年

长寿区凤城街道走马村 6 组林家湾发现成片荔枝林。

2016 年

全区果树栽植面积 36.12 万亩,总产量 25.66 万吨,与 2000 年相比,分别增长 5.43 倍和 6.07 倍。其中,柑橘类水果面积增至 30.85 万亩,总产量达 22.7 万吨,与 2000 年相比,分别增长 4.49 倍和 5.26 倍。长寿沙田柚栽培达 9.84 万亩,产量增至 5.9 万吨,与撤县设区之前的 2000 年相比,分别增长 10.12 倍和 13.87 吨。W. 默科特种植面积达 5.7 万亩,长寿成为全国最大杂柑集中种植基地。塔罗科血橙种植达 3.15 万亩,投产面积近 1 万亩,成为继长寿沙田柚之后又一广受市场欢迎的品牌水果。

后　记

　　长寿区政协在本届换届以来,紧紧围绕区委、区政府提出的以全面建成"三地一中心"、实现"三大愿景"的总体发展思路为题材,编辑出版文史丛书。先后围绕长寿区的旅游、工业和文化发展,组织编辑出版了《天赐长寿》、《长寿工业》、《长寿民间文化》等文史专著,逐渐走上了一条"存史为本、资政为用"的政协文史工作新路,形成了寓存史于资政之中的政协文史工作特色,得到广泛好评。

　　"长寿政协文史丛书"之四《长寿果业》,以长寿区目前所打造的现代农业园区、建设都市绿色农业产业为背景,针对大农业板块中的特色板块,来挖掘和彰显长寿农业的悠久历史,展现长寿农业中的特色闪光点。经过区政协党组、主席会的多次讨论,最终确定选择长寿果业板块为题材,来展示长寿果业的起源、发生、发展等历史足迹,以期挖掘长寿果业历史,彰显长寿果业优势,总结长寿果业经验,促进长寿果业创造新的辉煌。该想法的提出,得到区委、区政府的重视和支持,也得到相关部门和街镇的积极参与和配合。

　　区政协于2016年3月成立《长寿果业》编辑委员会和编辑室,正式启动该书的资料收集、整理和文稿编辑工作。

　　在整个谋划、编辑过程中,编辑室的全体人员克服时间紧、任务重、涉及面广、资料欠缺、现场采访人员众多等难题,主动作为,竭尽全力;区农委、林业局、档案局、长寿湖旅管中心等部门单位,凤城、晏家、江南、渡舟、八颗、洪湖、万顺、葛兰、新市、石堰、海棠、长寿湖等街镇,帮助认真查找、收集资料和协调相关工作;长寿湖渔场和区农委饶海洋、张利等离退休果业专家积极主动提供资料;几位熟悉长寿果业发展的老领导、老专家给予本书特别关注,提出了很好的修改建议;编写人员穷搜材料,遍访时贤,钩沉索隐,反复提炼,最终完成了这部书稿。

随着资料的汇总和不断完善,我们越来越深刻地感受到,长寿水果产业的发展历史悠久,过程跌宕,成就卓著……有太多的仁人志士、专家学者,还有政府相关部门和单位,为之不懈奋斗,为人们展示出一幅幅令人震撼的果业发展的壮丽画卷。许多鲜为人知的历史记忆、历史故事和历史人物,被我们挖掘整理出来,有利于我们一代又一代长寿人铭记过去,创造未来。这也让我们越发感到编辑这本文史专著的重要性和必要性,以及更为深远的价值和意义!

本书的编辑出版,是集体智慧的结晶,凝结着众多领导、专家及有关人士的心血。借此,我们对所有重视、支持和参与我们工作的领导、部门、街镇和有关同志表示诚挚谢意!

《长寿果业》共有十个篇章,近百幅图片,30余万字。第一章,对远古到当代的长寿果业进行了纵向梳理,是一部浓缩的长寿果业简史;第二、三、四、五、六、七、八章,分别对沙田柚、夏橙、脐橙、血橙、红橘与广柑、晚熟柑橘、梨子等大宗水果的引种过程、发展历史、品种类别、品质特点等进行了全面梳理;第九章,对桃、李、枇杷、葡萄、樱桃、西瓜、草莓、荔枝和核桃、板栗、枣子、白果等干杂水果,作了简明扼要的介绍;第十章,用小传的形式,选录23位长寿的果业功臣作了简要记述,以表彰他们的杰出贡献;最后的"长寿果业大事记",用编年体形式,将远古到当代的长寿果业大事逐一记录,便于读者查阅。

这是一部存史性、可读性、专业性都比较强的文史专著。

尽管这部书稿力求全面展示长寿果业的发展历史和现实风采,但由于编写人员学力不济,资料搜集相当困难,错漏之处在所难免,敬请批评指正。

编 者

2016年11月